U0630854

经济全球化
相关问题
思考与探索

罗维晗 张振 等◎著

GLOBALIZATION

中国金融出版社

责任编辑：王雪珂
责任校对：李俊英
责任印制：丁淮宾

图书在版编目（CIP）数据

经济全球化相关问题思考与探索/罗维晗、张振等著 . —北京：中国金
融出版社，2022.7
ISBN 978 - 7 - 5220 - 1702 - 0

Ⅰ. ①经…　Ⅱ. ①罗…　Ⅲ. ①经济全球化—研究　Ⅳ. ①F114.41

中国版本图书馆 CIP 数据核字（2022）第 137922 号

经济全球化相关问题思考与探索
JINGJI QUANQIUHUA XIANGGUAN WENTI SIKAO YU TANSUO

出版
发行　**中国金融出版社**

社址　北京市丰台区益泽路 2 号
市场开发部　（010）66024766，63805472，63439533（传真）
网 上 书 店　www. cfph. cn
　　　　　　（010）66024766，63372837（传真）
读者服务部　（010）66070833，62568380
邮编　100071
经销　新华书店
印刷　保利达印务有限公司
尺寸　169 毫米×239 毫米
印张　14.75
字数　250 千
版次　2022 年 7 月第 1 版
印次　2022 年 7 月第 1 次印刷
定价　69.00 元
ISBN 978 - 7 - 5220 - 1702 - 0
如出现印装错误本社负责调换　联系电话（010）63263947

参与本书编写的人员还有刘振、杨欣然、余丽珊，

特此感谢。

目　　录

第1章   21世纪初全球经济概况

1.1   全球主要经济体运行情况

2020年初，新型冠状病毒（Covid-19）开始在全球范围内传播并最终形成大流行。在疫情的冲击下全球经济快速下滑，这是自2008年国际金融危机以来人类面对的最大挑战。为防止病毒传播，全球各国防疫政策从国际旅行限制扩大到居民活动限制。经济活动中劳动密集型企业最先受到冲击，随着工厂的停业，全球出现了失业率上扬，市场供给不足的现象。各主要经济体在疫情冲击下经济出现了不同程度的放缓，2020年第一季度，以不变价计价中国GDP同比-6.8%，美国、日本、英国、欧盟（27国）分别为0.63%、-2.1%、-2.17%、-2.5%。从历史数据看，自2017年第三季度开始，中国、日本、英国、欧盟（27国）GDP同比已经开始呈现下行趋势，而美国则在2018年第二季度开始下滑，这意味着各国经济可能在疫情冲击前已经处于经济周期中的衰退期，疫情作为推手起到了加速的作用。

经济增长

站在长期，经济增长取决于生产力、资本和劳动力的增长率——这三者往往被称为经济的"供给侧"。在短期内，增长可能会受到最终需求的影响，最终消费也被称为经济的"需求侧"。总体需求包括消费者消费、资本货物商业消费、政府消费和出口。消费和生产在价格的调节下走向平衡。由于价格的短暂波动，需求的增长率可能会暂时失衡于生产的增长率。经济衰退的特点往往是需求增长不够快，无法充分利用社会中所有劳动力和资本资源。经济衰退大概率会走向结束，因为政府往往会利用财政或货币政策来刺激支出，或者当价格逐渐调整时，需求会走向复苏。经济繁荣往往最终会被"过热"所取代，其特点是需求增长过快，劳动力、资本增长速度不足以跟上商品供应，价格开始上涨。为了抵消通货膨胀的上升，政府通常会通过货币政策收紧以减少总体支出，使其再次与总供给以相同的速度增长。在没有外力干预的经济过热中，高涨的价格会导致需求减少，最终经济又让位于衰退。当前虽然没有一个精确的方法或指标来区分周期性力量和结构性力量导致的经济增长变化，但从通货膨胀率的波动往往能够窥探当前经济周期的状况。当通货膨胀上升时，价格的高涨意味着需求的旺盛和商品供给的短缺，当通货膨胀下降时，价格的下行意味着需求的疲软和商品供给的过剩。但是，通货膨胀并不能完全用于揭示经济周期的位置，因为特定商品价格的突然飙升有时会导致整体通胀快速上行。例如，部分能源价格的波动往往会导致通货膨胀率的上升，但这并不能代表经济正在加速经历周期的某一阶段。同时，人类的预期在经济中发挥着重要作用，但它并不总是理性的。约翰·梅纳德·凯恩斯将原因描述为"动物精神"，即人们倾向于让情绪影响他们的经济行为，人们的经济活动往往处在过度乐观和过度悲观两种状态。例如，企业根据未来投资回报率的预测做出投资决策，而投资回报往往取决于未来的销售情况等，这些不确定性因素会随着当前条件的变化而变化。如果企业家认为经济状况在未来走弱，那么他们在短期内不会做出投资决策。同样地，如果经济状况不佳，家庭可能会推迟购买耐用品或住房。由此来看，人们对未来的预测可能会过度受到现在或过去的影响。

全球主要经济体在疫情冲击前的趋势（见图 1-1 至图 1-3）。

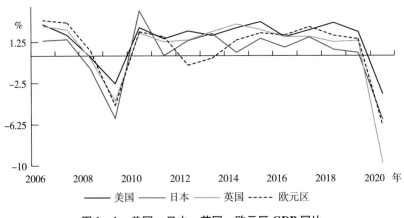

图 1-1　美国、日本、英国、欧元区 GDP 同比

（数据来源：Wind）

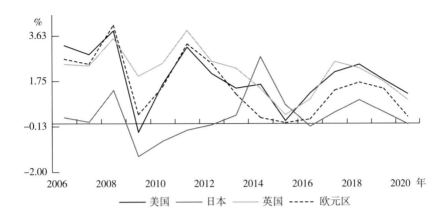

图 1-2　美国、日本、英国、欧元区 CPI 同比

（数据来源：Wind）

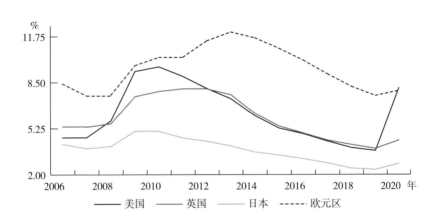

图 1-3　美国、日本、英国、欧元区失业率同比

（数据来源：Wind）

　　部分学者认为 2008 年的国际金融危机预示着全球化走弱，正是因为"条条大路通罗马"危机才会传导得如此之快。国际金融危机是大萧条以来最严重的经济和金融危机，其后希腊以及欧洲其他国家的货币风险已经威胁到欧元区的生存。令人失望的复苏引发了人们对经济长期停滞的担忧，即需求不足加上停滞不前的增长使发达国家注定要进入长期缓慢增长的趋势。现在，在危机爆发数十年后，全球化成果受到阻力。首先是 2017 年 3 月 16 日，英国女王伊丽莎白二世正式批准脱欧法案，其次 2018 年美国总统特朗普威胁要对美国在

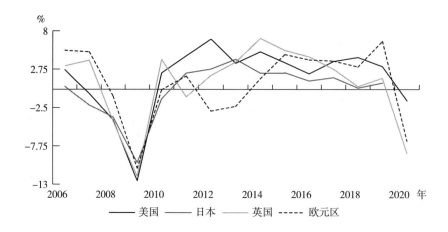

图 1-4　美国、日本、英国、欧元区固定资产投资同比

（数据来源：Wind）

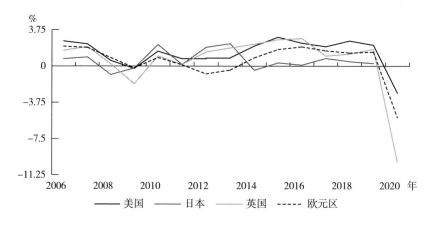

图 1-5　美国、日本、英国、欧元区消费同比

（数据来源：Wind）

全球贸易伙伴的进口商品征收关税，挑战 20 世纪末多边主义规范，人为地对全球化带来一定冲击。

2020 年开始在全球流行的疫情为全球化进程蒙上了新的阴影。疫情的出现导致全球贸易保护主义倾向上升，促使一些国家从更多维度出发重新审视其自身的区域产业布局与对外开放政策，为了稳定本国生产和促进就业所实行的保护主义思潮加速了全球供应链本地化和多元化进程。在疫情冲击下，全球化势必面临深度调整与重构，各种双边、多边的自贸协定与区域经济一体化发展也可能受到一定程度的消极影响，使得各国间的开放与合作面临考验。

疫情出现以前的十年中（2008—2018），全球经济以 3.4% 的平均年增长率增长。全球贸易继续上升：在 2009 年下降后，进出口复苏，占全球 GDP 的比例基本稳定。金融系统层面，在冲击下管理全球经济运作的体制框架系统、调解贸易争端的世界贸易组织（WTO），监测失衡的国际货币基金组织（IMF），向发展中国家提供发展援助的世界银行（World Bank）——仍然牢固地存在并稳定运作着。在 2008 年国际金融危机中，全球金融系统的稳定运行证明了 21 世纪全球经济本身坚实的基础。

美国、日本、英国以及欧盟作为全球主要经济体在 2008 年国际金融危机中均受到了较大冲击。截至疫情前，2019 年美国 GDP 同比增长 2.16%，并在 2017 年、2018 年连续维持 2% 以上增速；固定资产投资同比增长 3.12% 并自 2017 年以来维持 3% 以上增速；CPI 同比增长 1.81%，自 2017 年以来稳定在合理水平；最终消费同比增长 2.16% 并自 2014 年开始处在每年 2% 以上增速；失业率自 2010 年的 9.61 回落至 2019 年的 3.68%。整体来看，美国自 2016 年 GDP 上涨，通胀温和上涨，失业率下降，处于经济扩张期。日本 GDP 同比增长 0.27%，比 2017 年 1.67% 下降 1.47%；固定资产投资同比增长 0.87%；CPI 同比增长 0.47%，相比 2018 年回落 0.5%；最终消费同比增长 0.27%，自 2017 年开始快速回落；失业率为 2.35%，自 2017 年以来维持在 2% 以上。整体来看，安倍的货币政策作用逐渐消失，经济趋于疲软。英国 GDP 同比 1.37%，较 2018 年上升 0.12%；固定资产投资同比 1.53%，较 2018 年有较大上升，幅度为 1.15%；CPI 同比增长 1.74%，相比 2018 年 2.29% 略有下降；最终消费同比增长 1.74%，为 2017 年以来最高；失业率 3.83%，处于自 2011 年以来最低位。整体看脱欧带来的影响较大，英国经济整体处于收缩状态。欧盟 GDP 同比增长 1.52%，自 2017 年以来持续下滑；固定资产投资同比增长 6.57%，位于近十年以来最高点；CPI 同比增长 1.44%，较 2018 年回落 0.26%；最终消费同比增长 1.45%，较 2018 年略有上涨，自 2016 年以来维持稳定水平；失业率处于下行状态，为 7.57%，自 2013 年起出现持续下降，但速度维持缓慢。地区上，欧盟整体处于经济收缩状态。

除美国外，全球主要经济体 GDP、CPI、失业率、固定资产投资以及消费数据走势较为一致，GDP 及消费在疫情冲击下下滑幅度强于其他。除去系统性风险以外，2018 年出现的中美贸易摩擦也对本来不稳定的全球环境蒙上了一层面纱。2018 年初开始，中国对美商品贸易出口持续下行；2019 年 4 月至 12 月，同比增速维持零以下；2019 年中国 GDP 同比增长 6.1%，与往期相比呈现放缓态势。中美之间的贸易摩擦对第二次世界大战以后全球共同建立的贸易规则带来了巨大挑战；根据 IMF 2019 年 10 月《世界经济展望》中所描述的，贸易摩擦可能会让全球 GDP 增速下降 0.4%（相当于减少了 3400 亿美元）。至此，除美国外的全球主要经济体在疫情前（2020 年）均处于承压状态。疫情的突发加剧了各国经济回暖的压力。

图 1-6　中国对美国出口金额变化

（数据来源：Wind）

1.2　全球经济结构变化

自 2008 年国际金融危机以来，全球金融体系承受巨大压力，在全球化的助推下压力快速波及全球。危机导致金融机构遭受重大损失，动摇了投资者对信贷市场的信心。信贷繁荣的突然结束产生了广泛的金融和经济影响。金融机构的资本因亏损和减记而枯竭，资产负债表被复杂的信贷产品和其他价值不确定的非流动性资产所堵塞。不断上升的信贷风险和强烈的避险情绪将信贷利差推至历史高位，证券化资产市场（政府担保的抵押贷款证券除外）也已关闭。

系统性风险加剧、资产价值下降和信贷紧缩反过来又对企业和消费者信心造成沉重打击，最终导致全球经济活动急剧放缓，对产出、就业和财富带来了巨大损失。

从经济数据观察到，自 2008 年国际金融危机以来，美国率先实现经济复苏，且于 2017 年开启了新一轮经济增长。相较于美国，日本、英国、欧盟在 2008 年国际金融危机之后经济增长持续遇冷。美元流动性不足是其中最主要的因素。经济在遭遇冲击之后陷入虚弱，失业率恢复到正常水平需要较长的时间，滞后于生产总值的恢复速度。美国经济恢复的过程可以分为两个阶段，第一阶段：以 2009 年 6 月金融稳定和财政刺激政策措施发布为信号的经济复苏；第二阶段：经济衰退使经济陷入深渊。

第一阶段

2008 年下半年，金融危机的突然出现与快速发酵将原本可能只是普通经济衰退的美国推向了大衰退。美国真实 GDP 在美联储发布金融稳定法案（TARP）以及美国复苏与再投资法案时急剧收缩。2009 年，美国经济开始复苏并在 2009 年年中至 2017 年第四季度将平均增速维持在 2.2%。

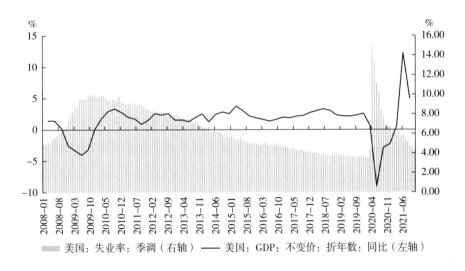

图 1-7 美国失业率与 GDP 增速

（数据来源：Wind，美联储）

在奥巴马总统和国会于 2009 年 2 月颁布《复苏法案》后不久，失业速度急剧放缓。2010 年的就业增长趋势出现放缓主要由政府职务招聘放缓所致。与之相反，私营部门从 2010 年 3 月到 2017 年 12 月，雇主在连续 94 个月的就业创造中增加了 1800 万个工作岗位，平均每月增加 191000 个工作岗位。同期总就业人数（私人加政府）增加了 1790 万（每月 190000 个）。其中，联邦政府就业减少 77000 个，州政府增加 17000 个，地方政府减少 27000 个。

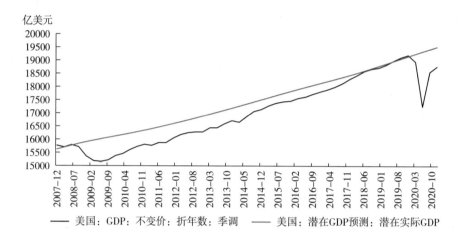

图 1－8　大衰退扩大了经济潜在增长率和实际经济增速之间的距离

（数据来源：美联储）

第二阶段：经济衰退使经济陷入深渊

美国在大衰退之前的半个世纪里，由商品和服务需求决定的实际 GDP 在国会预算办公室（CBO）对经济在可持续的非通货膨胀基础上的供应能力（潜在 GDP）的估计范围内小幅波动。实际 GDP 在经济衰退时低于潜在增长，而在经济繁荣时暂时高于潜在增长。大衰退在实际 GDP 和潜在 GDP 之间造成了异常巨大和持久的差距。这种"产出差距"表现为大量的失业和就业不足以及企业闲置产能。2007 年至 2009 年，美国经济增速急剧收缩，大幅度低于潜在经济增长水平。实际经济增速在 2017 年追平潜在经济增长水平，并在 2018 年及 2019 年开始出现快速上涨。

至此，美国经济在金融危机的冲击下自 2009 年开始逐渐恢复，实际经济增速逐渐向潜在经济增速靠拢。这一过程从 2009 年一直持续到 2017 年，直到实际经济增速与潜在经济增速水平重合。在 2017 年、2018 年、2019 年中，美国 GDP 增长分别为 2.3%、3.0%、2.2%；2017 年，特朗普政府颁布 2017 年《减税与就业法案》（*Tax Cuts and Jobs Act of* 2017），法案为美国社会创造了更多的就业机会、投资以及更高的劳工报酬，进一步拉动美国经济恢复。截至疫情前，美国经济整体处于上行阶段。

美国引领了金融危机之后的全球经济复苏，虽然此后欧洲经历挫折，但也逐渐恢复。2017 年特朗普上台后美国政府实行单边主义，通过贸易摩擦与世界各国重新进行贸易谈判。全球化逆流势力抬头，为全球经济发展蒙上阴影。

1.3　疫情对各国的冲击

2020 年，新型冠状病毒在全球蔓延，从平民百姓到政府要员，病毒面前人人平等。站在今天，疫情感染扩散的路径基本为简单的、以中心向四周蔓延的模式。疫情控制难度较大主要以其高传染性及高发病率为核心。虽然自 2000 年互联网时代以来大量服务业由实体搬迁至网络，但信息技术服务中心内部的客服人员仍然由人类担任。防疫措施的核心在于阻止疫情的传播，面对人口数量和防疫工作者数量的悬殊，全球没有一个国家可以做到不断更新所有居民的健康信息。虽然疫苗的出现让各国政府稍微可以有一丝的松懈，但是面对不断进化的病毒，人类还是不敢完全松懈。

2020 年，各国为应对疫情推出了严格的防疫政策。其中最常见的几项为：1）关停边境。对航班、地面交通以及水运进行严格管理。2）国家/区域内实施居家隔离政策。在疫情最严重的时间段，居民禁足条例被严格执行。3）外出安全条例。对于不需要居家隔离的民众，大多数政府颁布实施了必须佩戴口罩的紧急公共安全条例，同时反复强调不做不必要外出。从三项全球政府达成共识的公共安全防疫方法上不难看出，人类的许多活动均被防疫政策快速收紧。从人类文明初期到今天，人类所有的进步均是以服务人类本身为基础而进行的。人类活动的直接停滞带来的是全球各领域进程的放缓，直接导致全球经济受到冲击。

2020 年，全球各国先后面临疫情冲击，主要经济体中只有中国取得了 GDP 正增长的成绩。全球主要经济体中（GDP 总量）美国、中国、日本、德国、印度的 GDP 在 2020 年增长分别为 −3.486%、2.3%、−5.81%、−4.57%、−7.965%；全球 2020 年 GDP 增长 −3.4%。其中，中国是实施防疫政策最严格的国家，这为疫情冲击下快速复工复产争取了大量宝贵时间。

结构上，各国受疫情影响停滞时间不同，防控政策使得其中一些甚至相差较远。从停滞的角度看，可以将冲击分为近期冲击与远期冲击，这与不同国家在全球产业链（Global Value Chain，GVC）中的分工密切相关。例如，中国等制造业大国的停摆将直接造成全球部分商品供给的中断，从而引发包括物价上涨在内的多种问题。美国等发达国家的停滞更多的是带来远期科学技术进步的放缓（如研发投资放缓，技术人员无法返回工作岗位），与中国相比，研发投资放缓的后果不会快速显现。在经济体内可以按照产业结构划分，例如在中国第三产业中的线下就业人群在居家隔离中受冲击最大。

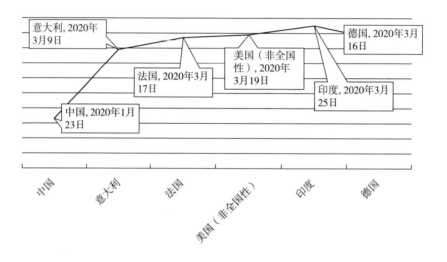

图 1−9　全球各大经济体受冲击时间

（数据来源：新闻收集）

疫情对各大经济体的冲击虽然不是同时的，但整体上单一大型经济体的停摆一定会对全球经济带来一定的影响。2020 年上半年，随着疫情逐渐蔓延到全球，各国防疫政策逐步启动，各国经济增长开始放缓并转入负增长。

疫情对全球的冲击需要着重关注两个时间点：一是该国对外来航班进行管控的时间，二是国内封锁时间。这两个时间点意味着该国的经济开始因疫情冲击而下行。一是对外贸易，对外交往开始受到影响，经济开始面临小幅下滑；二是国内经济受到全面冲击，封锁措施导致国内经济部分停滞。各国之间两个时间点的差异是全球供应链受到冲击的主要原因，既往的生产运作安排被疫情下的防疫措施所打乱。

从国家内部经济受到的冲击看，每个国家由于其产业结构的差异以及疫情来临和管制时间的差异，冲击相应的也会存在较大差异，在此主要讨论全球的三个大型经济体：中国、美国以及英国，分别代表亚洲、美洲以及欧洲。

中国

中国于 2020 年 1 月最早受到疫情影响并开始执行严格的防控措施，第一季度的主要经济指标如国内生产总值（GDP）、进出口总额、第二产业增加值经历了巨大的下行。由于中国的农业生产人口密度低，位置距离城市较远，因而农业生产的第一产业受到的影响十分有限，在疫情期间保障了中国居民的粮食安全。除此之外，值得一提的是，部分线上服务业如在线教育、在线内容等服务迎来了超预期的增长，大量实体服务业的需求被线上服务业所短暂代替。

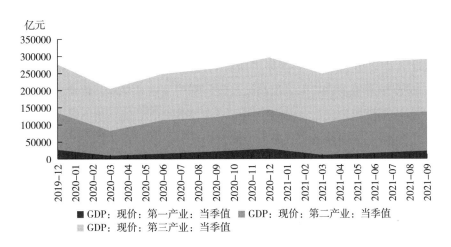

图 1–10　中国三大产业对 GDP 贡献值

（数据来源：Wind）

疫情对于经济的冲击主要在于人员流动骤降导致经济活动减少。中国政府通过严格的疫情管控使新型冠状病毒在中国境内实现"清零"，逐步消除居民

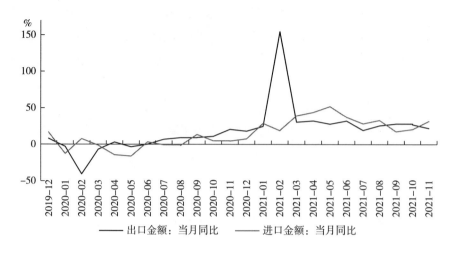

图 1-11　中国进出口金额月度同比

（数据来源：Wind）

对新型冠状病毒的恐慌情绪，并以高效的防疫措施保障居民在国内的外出旅行，全方位减缓疫情冲击以推动中国经济快速恢复。中国政府采取了包括但不限于：点对点输送劳动力以保障制造业正常运转、发放针对中小企业的低息无息贷款等措施，带动中国经济快速从疫情深坑中恢复。在上述组合措施的作用下，居民开始恢复外出，服务消费和商品消费开始缓慢升温，尽管并未出现"报复性消费"，但中国的消费在境内解封的背景下得以回暖。中国人民银行在这一过程中并未采取货币宽松政策，政府部门受制于化解存量债务的约束也并未进行大规模的投资，这使得中国经济在稳健低风险的环境下快速恢复，有效控制了通胀。中国经济是疫情下恢复最快的。

美国

美国国民生产总值主要来源于第三产业，部分线下服务业如酒店业、航空运输业等在封锁以及居民对疫情的恐惧情绪下需求骤减，带来行业大量裁员；部分线上服务、线上内容提供服务受到的影响有限，甚至部分还迎来了增长。由于美国农业劳动人口密度低且机械化程度高，疫情对于美国农业的冲击十分有限。第二产业增加值在这一阶段与部分线下服务业一样经历了强烈的冲击。对于未来的恐慌和焦虑情绪蔓延在美国居民之中，在美国高度发达的市场机制下，恐慌情绪迅速蔓延到美国股市，美国股市在 2020 年 3 月经历了巨大的恐慌情绪，纳斯达克综合指数从 2 月的 9731 点下跌到 6879 点。

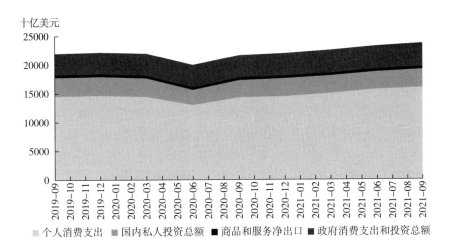

图 1-12   美国 GDP 结构

（数据来源：Wind）

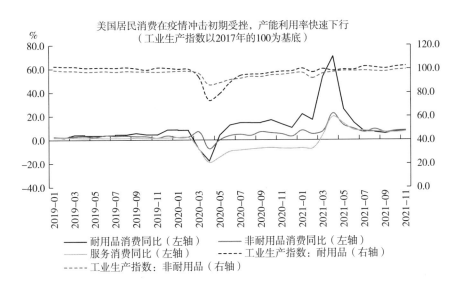

图 1-13   美国居民消费数据

（数据来源：Wind）

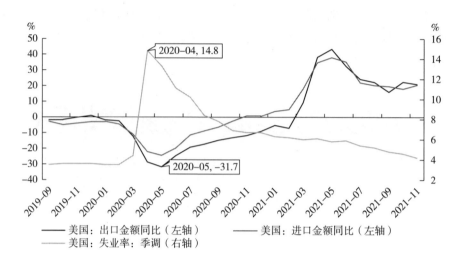

图 1–14　美国疫情前后贸易与就业对比

（数据来源：Wind）

　　疫情带来的经济影响核心在于居民的出行受限，或由于自身恐惧，或由于政府的限制性措施。美国政府的限制性措施并非是全国性的，各州根据自身情况制定了不同的管理措施。整体上，美国的疫情防控措施相对宽松，居民仍可以自由的流动。随着居民对于新型冠状病毒认识的加深，恐惧开始逐步消散，这为美国的经济恢复提供了基础条件，居民预期改变将推动经济活动重新繁荣。

　　除了疫情缓解推动经济活动回暖外，在经济面临长期衰退的可能下，美联储介入，通过货币政策减少疫情对经济带来的冲击。2020 年 3 月 15 日，美联储将联邦基金利率降低至 0 并开启新一轮的量化宽松，无限制购买美国联邦政府债券以及其他长期债券以满足货币供给，提升国内货币流动性。除了向失业者支付失业保险金外，美国政府对居民采取了包括但不限于对本国中低收入、无收入居民直接发放救济金，提供儿童税收抵减；颁布驱逐暂停令，房东暂时不得驱逐无法足额支付租金的租户等措施。美国政府还对企业采取了包括但不限于对中小企业提供的低息贷款、债务减免、低息长期限的经济受损灾难贷款（Economic Injury Disaster Loans）以及保障疫情期间鼓励企业对员工持续雇佣的薪资保护计划（Paycheck Protection Program），以促进企业在疫情期间保持正常运转以及对员工的雇佣。在上述组合政策下，美国居民失业率开始下行，消费复苏，美国资本市场情绪改善，美国纳斯达克综合指数等股票指数不断创下新高。美联储量化宽松的作用立竿见影，但是后期高涨的通货膨胀以及多次疫情暴发将对美国经济的复苏带来新的考验。

英国

疫情暴发初期，英国科学界曾提出群体免疫的设想，试图通过大量居民的感染来应对新型冠状病毒对经济造成的冲击。短短十几天后英国政府放弃该计划，于 2020 年 3 月 23 日开始实施封锁措施。英国的实体服务业受到封锁措施的冲击较大，英国服务业对于 GDP 增长的贡献率为 −15.7%，其在三次产业中受到的冲击最大。其次是建筑业和制造业，由于社交距离、短期的封锁导致英国的酿酒业以及食品生产厂等需求受限，大量员工被迫失业。英国的农业受到的影响相对有限。

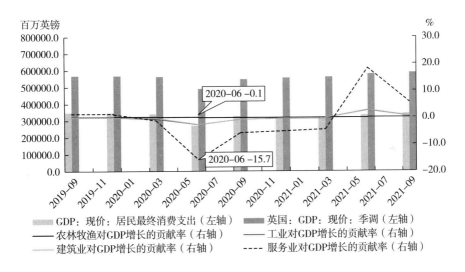

图 1−15　英国 GDP 及其分行业贡献率

（数据来源：Wind）

在失业保险的托底下，英国居民对未来形势的预期相对温和，消费并未出现大幅度滑落。在疫情后，英格兰银行通过量化宽松政策投放了约 4500 亿英镑，其中大多数用于购买政府债券以降低政府借贷利率，以帮助抵御疫情带来的经济下行压力。英国政府向大多数受疫情影响的企业提供贷款优惠政策，对劳动者提供技能培训、求职津贴等，帮助企业和劳动者快速从疫情的冲击中走

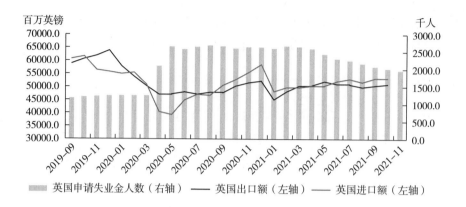

图 1-16　英国失业与贸易情况

（数据来源：Wind）

出。英国的量化宽松相对克制，不及美国的量化宽松规模，其后期带来的通胀压力也相对有限，但恢复速度也相应的偏慢，在疫情反复下经济增长也持续承压。

1.4　经济恢复

　　疫情带来的经济冲击核心主线仍是居民外出受限导致经济活动减少，最终对经济造成影响。在 2021 年初，疫情迎来了小幅缓和叠加死亡率一直维持在低位 1% 左右，部分国家开始放宽本国疫情防控措施。部分国家的居民对于疫情的恐惧正在逐渐消散，人们逐渐开始走上街头，开始正常外出社交，经济活动开始逐步恢复。

　　为了维持社会秩序确保经济恢复有效有序，各国政府通过各类政策为居民、企业托底，帮助其应对新型冠状病毒大流行带来的冲击。居民对于未来资金的担忧在失业保险的支撑下开始边际放缓，消费者信心指数在这一阶段开始回升。居民一方面有充分的现金用于消费，另一方面外出活动的自由使得居民的资金能够有消费的渠道。从美国和德国的消费者信心指数可以看出，当每日新增确诊病例和防疫严格指数上行时消费者信心指数下行，两者呈现负相关关系，这得以进一步确认疫情对居民外出和消费信心的影响。

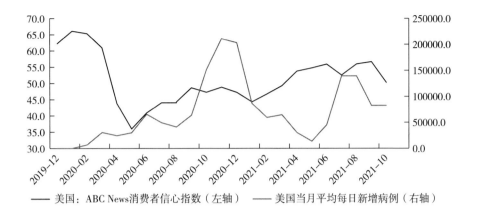

美国：ABC News消费者信心指数（左轴）　　美国当月平均每日新增病例（右轴）

图 1 - 17　美国消费者信心指数与当月新增病例

（数据来源：ABC News，世界卫生组织）

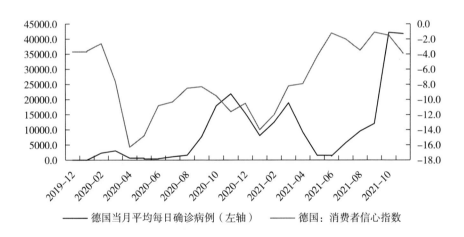

德国当月平均每日确诊病例（左轴）　　德国：消费者信心指数

图 1 - 18　德国消费者信心指数与当月新增病例

（数据来源：Wind）

2021 年上半年，居民对于耐用品的消费开始复苏，如美国在 2021 年二手汽车的销售快速增加，二手车价格快速上行，反映居民消费逐步恢复；中国社会零售品销售基本恢复到疫情前水平，但并未出现预期中强劲的"报复性"消费。

受疫情影响严重的服务业同样逐步走向复苏，中国国内航空运输业已经恢复到疫情前的水平，美国、欧盟、德国等国的恢复程度也已经达到 70%（截

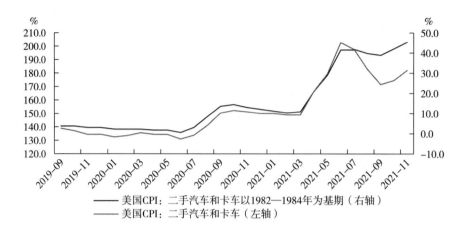

图 1-19　美国二手汽车和卡车价格

（数据来源：Wind）

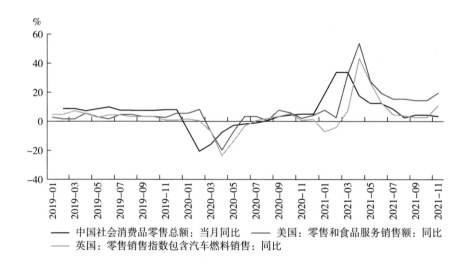

图 1-20　中国、美国、英国消费情况

（数据来源：Wind）

至 2021 年 11 月）。尽管全球跨境旅游消费的恢复仍然有限，但各国内部的其他服务业已经开始逐步恢复，其与商品消费的恢复共同助推社会趋向正常运转。

第 2 章　全球化定义

　　全球化是世界范围内的人、公司和政府之间互动和整合的过程。运输和通信技术的进步使得全球化自 18 世纪以来开始出现加速，全球互动的增加促进了国际贸易、思想和文化交流的增长。

　　在经济上，全球化涉及商品、服务、数据、技术和资本的经济资源。全球市场的扩张使商品和资金交换的经济活动更加自由。消除跨境贸易壁垒使全球商品市场具有更高的流动性。科技的快速进步是全球化的主要推手，并进一步加速了经济和文化活动的相互依存。在过去，技术帮助人类探寻新大陆；在今天，技术帮助人类快速了解新的信息，每一次交互都是全球化的体现与加深。

　　2000 年，国际货币基金组织（IMF）确定了全球化的四个基本方面：贸易和交易、资本和投资流动、人口迁移和流动以及知识传播。全球化进程影响商业和工作组织、经济、社会文化资源和自然环境，并受其影响。

　　近代，西方殖民主义快速从欧洲开始向外扩张，欧洲各国依靠发达的航海技术逐渐在世界各地建立殖民地以及贸易公司，目的在于加速剥削欠发达地区的自然资源和人力资源用于加速本国的经济发展。在第一轮全球化中，欧洲各国收获了大量资源并在 19 世纪后期达到巅峰。1945 年第二次世界大战结束后各国经济开始缓慢复苏，在经济复苏阶段全球金融及经济开始走向全球化。在贸易全球化成熟的背景下人们开始思考边际效益，比如，福特公司在越南生产汽车轮胎比在美国本土生产要更加便宜，边际效益的出现使得曾经在发达国家中产业链健全的公司开始将制造业转移到发展中国家。在这样的背景下，全球分工进一步深化，以欧美为代表的发达国家着重于科技革新而以东南亚为代表的发展中国家则以制造生产为重点。发达国家中的工人群体认为全球化造成的工厂外迁是他们失去工作的主要原因，反对全球化的声音开始在发达国家爆发。特朗普当选美国总统以及英国脱欧，全球化面临着越来越多的挑战，导致全球化速度放缓。为了更好地理解金融在当代全球化中的作用，这里引出金融循环方式并加以修改，下面的循环图可以理解为最初期（金融本质）的放大版本，这一循环将以发展人类社会、提升生活质量为最终目标。

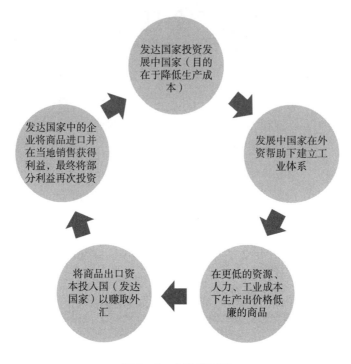

图 2 - 1　金融循环图

全球化历史进程

　　人类历史上先后经历了三次全球化浪潮，这三次全球化浪潮背后的推力各不相同，但都在很大程度上加深了全球各国之间的联系和流动。从时间的先后顺序来看可以分为以下几次：1492—1800 年国家全球化；1800—2000 年公司全球化；2000 年至今个人全球化。

　　18 世纪以前，人类开创的大航海主要以发现新大陆为首要目的，18 世纪全球稳定、和谐，多数有实力的国家萌生了对自然探索的欲望。外交上，欧洲各国开始与中国、印度、土耳其进行规模较小的贸易往来，并持续扩大在东南亚与大洋洲的殖民据点。18 世纪至 20 世纪，商人开始利用航运在全球范围内开展贸易；其后，工业革命爆发，全球识字率快速提升，科学研究一日千里，为生产物美价廉的商品打下了坚实基础。21 世纪，随着基础设施的不断升级，普通居民也可以负担得起国际旅行，同时，互联网的出现让信息变得及时和透明。

2.1　1500—1800 年大航海时代

15 世纪欧洲各国开始盛行大航海：1492 年，哥伦布在西班牙王室的资助下，"发现"了美洲的古巴、海地；1497 年，葡萄牙人达伽马则绕过非洲，到达印度，从而找到了通向东方的新航线。

经过大航海运动，全球各国之间的地理隔阂被打破，西班牙、葡萄牙、英国、法国等欧洲各国凭借军事力量在全球各洲之间争夺殖民地，他们从亚洲获取香料、纺织品和瓷器，将非洲土著押解到美洲充当奴隶，并将美洲生产的白银、糖和烟草等运回到欧洲，同时向美洲等地输出成品和移民。

大航海运动在打破全球地理隔阂的同时，也对当时全球各经济体的经济增速产生了重大的影响：大航海之前，公元元年到公元 1400 年，全世界的经济年均增长率只有 0.05%，而公元 1400 年之后，欧洲各国的经济有了快速的增长。17 世纪的荷兰是当时世界经济的领头羊，其经济增长速度达到 0.5%，这主要源于荷兰的海上霸主地位：当时人口不足 200 万的荷兰拥有全欧商船吨位的 4/5，是英国的 4 倍到 5 倍，法国的 7 倍。借助强大海上军事力量，荷兰的殖民地遍布亚洲、非洲、美洲，大量的掠夺造就了荷兰世界经济领头羊的地位。

2.2　19 世纪工业革命时代

18 世纪 60 年代，英国爆发了工业革命，随后在整个欧洲大陆传播，并于 19 世纪传递到了北美。工业革命一方面通过新发明和技术让全球各国联系变得更加紧密，另一方面也加快了各个产业在不同国家之间的流动。

工业革命与技术变革缩减全球各国之间的时空距离

工业革命中诞生的各种新发明和新技术大幅度缩减了全球各国之间的时空距离。一方面，铁路、机械化的海运减少了货物和人员在不同国家之间的运输时间和运输成本。1825年世界上第一条铁路在英国斯托克顿和达灵顿之间开通，铁路的出现大幅度拓展了人类在陆地上的移动空间和物流能力，促进了陆地上不同区域间的交流；而机械化的海运则大幅度拓展了人类在海上的移动空间。另一方面，1866年，电报跨越大西洋，从而促使北半球和南半球实现及时信息交换，大幅度提升了全球各国之间的信息交流速度；1891年，伦敦到巴黎的世界上首次跨境电话线接通，进一步提升了全球各国之间信息交流的及时性。现代通信技术的发展与进步，大幅度缩减了全球各国之间的时间距离。

工业革命与技术变革推动全球产业转移

工业革命和技术变革不仅压缩了全球各国之间的时空距离，还带动了生产效率的大幅度提升，尤其是工业革命的爆发地英国。随着生产效率的大幅度提升，产自英国的商品价格优势越来越明显，并逐渐取代了中国、印度等国家在全球制造业中的份额。

1750年，世界上大多数产品由中国和印度次大陆制造，它们占全球总量的比例分别为33%和25%。然而，随着英国工业革命带来生产效率的急剧提升，中国及印度的纺织、冶金等产业的竞争力下滑，其市场份额逐渐被英国等欧洲国家抢占。到1913年，中国和印度次大陆占世界制造业的比重分别下降到4%和1%，英国、美国和欧洲占到世界总产量的3/4。

这一阶段与前一阶段的不同点在于经济的增长驱动力发生了显著的变化：大航海时代的荷兰主要依靠殖民掠夺实现经济的快速发展，其经济增速从0.05%上升到0.5%；而工业革命阶段则通过新技术提升生产效率，18世纪工业革命的爆发地英国的经济增速为2%，19世纪北美地区迅速追赶，经济增速达到4%。

2.3 20世纪后的全球化

20世纪初，两次世界大战引发了全球各国的贸易保护。直到第二次世界大战结束，关贸总协定（GATT）建立后才开始重启全球化。一方面达成了国际共识，全球主要发达国家从贸易保护转变为贸易开放，同时布雷顿森林体系搭建的以美元为国际货币的体系为战后不同国家之间的贸易往来奠定了稳定的汇率基础。另一方面，后续 IMF、世界银行和 WTO 都是在这次会议的基础之上展开的，这些国际组织在加速全球各国之间的贸易、投资自由等方面作出了巨大的贡献。

布雷顿森林体系搭建外汇自由化、资本自由化和贸易自由化体制

1944 年 7 月，西方主要国家代表在美国布雷顿森林举行了一次会议，并搭建了以外汇自由化、资本自由化和贸易自由化为主要内容的多边经济制度，一方面参与各方一致同意从"二战"时期的贸易保护转为战后的贸易开放，另一方面布雷顿森林体系确定了美元与黄金挂钩、其他货币与美元挂钩的全球货币体系，在这种新的货币体系之下，全球各国与美元之间保持固定的汇率，这为后续的贸易繁荣提供了稳定的汇率基础。

WTO 多边规则推动贸易全球化

1947 年 10 月 30 日签订的《关税与贸易总协定》（GATT）是世界贸易组织（WTO）的前身，自 1947 年以来，全球各国签订多边贸易协定，降低关税，促进了全球各国间的贸易。

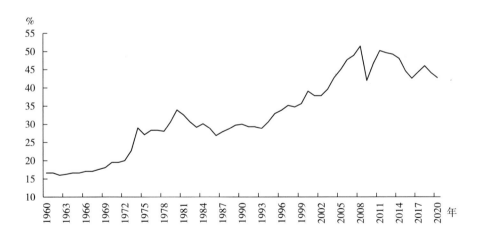

图 2-2 全球商品贸易占 GDP 比重

（数据来源：Wind）

从图 2 - 2 可以发现，自 1960 年以来，全球各国之间的贸易额占全球 GDP 的比重由 16.7% 上升到 2018 年的 46.14%，贸易已经成为全球 GDP 增长的重要引擎。

投资全球化

资本同样也在全球范围内快速流动，以全球 FDI（海外直接投资）来衡量全球各国之间的资本流动如图 2 - 3 所示。

通过图 2 - 3 可以发现，自 1970 年以来，全球 FDI 流量整体呈现出快速上涨的趋势，从 1970 年的 1334500 万美元增长到 2018 年的 129715100 万美元。

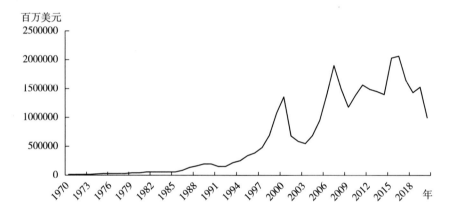

图 2 - 3　全球海外直接投资金额

（数据来源：Wind）

第3章 全球化内在动力

第二次世界大战结束之后，全球各国之间的贸易和投资呈现出爆发式增长，其背后的深层次动力是发达国家尤其是发达国家内部跨国企业的利益。

以国际贸易规则为例。发达国家主导的全球化贸易规则要求非发达国家向发达国家开放市场以进口发达国家生产的商品与服务，然而与此同时，发达国家却保持了纺织品、食用糖等大部分商品的贸易配额。以美国为代表的发达国家一方面持续补贴国内的农业导致非发达国家的农民无法与之竞争，另一方面却频繁指责非发达国家对工业产品的补贴。然而，与发达国家相比，非发达国家的选择有限，要么接受发达国家主导的贸易规则融入全球化进程中，要么拒绝发达国家主导的贸易规则而沦落为世界"孤岛"，其结果是大部分非发达国家被迫接受了发达国家制定的全球化规则以换取融入全球经济的机会，而发达国家借此机会撬开了非发达国家的市场，为本国跨国企业生产的产品与服务提供了新的去处。

除了制定有利于发达国家群体的全球贸易规则，资本自由化流动也成为发达国家掠夺非发达国家的另外一个工具。以拉丁美洲和亚洲为例，随着两个地区多数国家完全开放资本市场，从欧洲和美国涌入大量的投机资本炒作股票、房地产，造成这些地区股票和房地产大幅度上涨，当这些西方国家的热钱赚足收益撤走时导致拉丁美洲和亚洲诸多国家爆发系统性金融危机。二十世纪七八十年代拉丁美洲的债务危机以及1997年东南亚金融危机在很大程度上是受到了资本撤离所致。

显而易见，无论是全球化的贸易规则还是全球化的资本流动规则，其本质都是为了更好地服务于发达经济体内部跨国企业的利益。

3.1 全球化规则下的不平衡

全球化的浪潮为全球各国的经济增长带来了强大的动力；然而，如上节所述，全球化规则主要服务于发达国家经济体及其跨国企业的利益，发达国家在全球化浪潮中获取的好处远远大于非发达国家获取的好处。

英国、荷兰、美国、中国、日本、印度、非洲等国家或地区自 1940 年以来的人均 GDP 如图 3 - 1 所示。

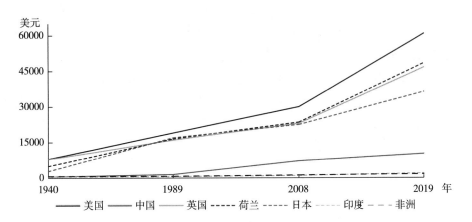

图 3 - 1　全球主要国家/地区人均 GDP

（数据来源：Wind）

从图 3 - 1 可以发现，1940 年人均 GDP 相对较高的美国、荷兰、英国等国家，从 1940 年平均 5000 美元的水平上升到 2019 年 50000 美元，上涨了 10 倍左右；相反，1940 年人均 GDP 相对较低的非洲等区域，从 1940 年平均 754 美元的水平上升到 2019 年 1700 美元，仅上涨了 2.3 倍左右。

其中，日本 1940 年人均 GDP 为 2874 美元，与美国、英国、荷兰等国家有较大的差距，但是截至 2019 年日本人均 GDP 达到 36362 美元，上涨了近 13 倍。而中国的人均 GDP 也从 1940 年的 562 美元上涨到 2020 年的 10228 美元，上涨了 18 倍。然而中国与日本的上涨只是 1940 年以来上百个非发达国家中少有的特例，大部分非发达国家的增长轨迹都和非洲一样，在相当长的一段时间内保持着低速增长。

由此可见，在全球化浪潮中，有利的全球化规则让发达国家获得远超非发达国家经济体的收益。

产业链中的不平等地位扩大了发达国家与欠发达国家之间距离的不平衡——GVC 模型

除了不平等的贸易规则和资本流动规则以外，发达国家和欠发达国家处于产业链中的不平等地位也加剧了两者之间的不平衡。

"二战"之后，发达国家与欠发达国家之间的技术水平差异较大，以美国为首的发达国家的技术水平和生产效率远高于欠发达国家，与此同时，发达国家的劳动力成本也远高于欠发达国家。随着经济的不断发展，某些劳动密集型产业的生产成本逐渐上升，并在全球化生产的大背景下逐渐迁移到欠发达国家，这一现象的持续发展逐渐演变成为今天的全球化分工。

在全球产业链一体化的情况下，发达国家主要生产技术含量相对较高的产品，而欠发达国家主要生产技术含量相对较低的产品，由于技术含量较高的产品的可替代性较弱，而技术含量较低的产品的可替代性较强，因此发达国家生产的产品具有较强的定价能力，而欠发达国家生产出来的产品几乎不具备任何定价能力。

发达国家与欠发达国家定价能力的不同，其结果是在全球化产业链中，同一款产品，欠发达国家贡献了该款产品的大部分成本，但是其收益率却较低；相反，发达国家贡献了该款产品的少部分成本，却获取了大部分的收益。

以苹果手机为例，美国加州大学和雪城大学三位教授合作撰写的《捕捉苹果全球供应网络利润》详细分析了一台 iPhone 手机在全球各国之间的分工及其利润：苹果公司负责苹果手机的设计，日本负责关键零部件的制造，韩国则负责最核心的芯片和显示屏，并由中国台湾厂商供应另外一些零部件，最后在中国深圳的富士康工厂里组装，并空运回美国。在苹果手机整个制造过程中，富士康的成本占整体手机成本的 40%，却只获得手机 1.8% 的利润份额，与此同时，苹果公司获得 60% 左右的利润份额，塑胶、金属等原材料供应商获得 21.9% 的利润，屏幕、电子元件主要供应商分到 4.7% 的利润。由此可见，在全球化产业链中，发达国家和欠发达国家并非根据支出比例来进行利润分配，因此在全球经济和贸易出口大幅度增长的背景下，发达国家获取利润的比例远远高于欠发达国家，这是发达国家与欠发达国家差距逐渐拉大的核心原因之一。

　　另外一个核心原因在于大量的利润流入发达国家之后，发达国家继续进行研发，持续提升生产率和产品的定价能力，保证发达国家企业始终处于以下的正向循环中。

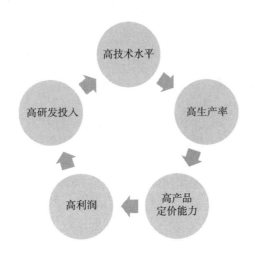

　　相反，欠发达国家一方面利润分配较低，另一方面由于欠发达国家与发达国家之间的技术水平差异太大，即便短期大量的资本投入也无法与发达国家竞争，因此欠发达国家的技术资本投入往往较低，其生产效率长期处于较低水平，欠发达国家与发达国家之间的差距也在逐渐扩大。

全球价值链（Global Value Chain，GVC）模型

　　在过去的几十年中，全球分工的现象变得越来越普及，全球化的发展使得人类越来越难找到完全产自一国的商品。一件商品标识为"Made in China"或是"Made in USA"已经不能单单让人们认定这件产品是百分之百产自中国或是美国，它所能代表的仅仅是它的出口地。在一个普通的电脑中，电池可能来自日本公司，显示器可能来自韩国公司，显卡和处理器可能来自美国并最终在中国完成组装。像这样最终在中国完成组装的产品最终都会被印上"Made in China"的标识，但其中究竟有多少零配件产自中国并不能简单地从"Made in China"上看出。

　　继续使用电脑做例子，一个电脑制造商如果需要制造一台电脑，那么他就

必须去考虑从哪些公司购买一台电脑所需的零配件。而当电脑制造商选择的零配件高于市场同类产品时，零配件所赋予电脑的最终价值也将随之增加。例如，电脑制造商在选择电脑芯片时选择了 200 元而不是 100 元的，并最终因此把电脑价格提升 120 元，其中这 20 元就被称为附加价值（Added Value）。依此类推，在电脑的其他配件上也会出现这样的产品附加值，同时，在这些零配件制造的过程中同样涉及附加值。比如，英特尔（Intel）公司将芯片原材料（硅）制造成芯片成品所产生的附加价值就是芯片价格减去硅以及其他必要支出。综上所述，产品附加价值可以理解为生产方通过加工生产等活动在原始原料上新增加的价值。

同样，以新能源汽车领域的特斯拉为例，其动力电池既有来自中国的宁德时代，又有来自韩国的 LG 和日本的松下，另外其正极材料既有来自日本的住友化学，又有来自中国的天齐锂业，负极材料既有来自日本的日立化学，又有来自中国的亿纬锂能。当然还有包括电池连接器、FPC、传感器、PCB、冷却液等原材料和零部件都是来自不同的国家和供应商，其中动力电池是新能源汽车产业链中附加值最高的部分。

至此，一个商品最终在中国还是美国完成制造并被打上 "Made in ×××" 并不重要，重要的是哪个企业/国家最终在这件产品上赚取了最大的利润。因此，在近十年中使用全球价值链衡量一个国家水平的概念变得越来越普及。本文将用中国与日本、美国等发达国家的 GVC 指数进行计算比对。

在全球价值链的概念中有两种模型：

（1）全球价值链参与指数（Global Value Chain Participation）GVC Participation = IVab/Eab + FVab/Eab。

（2）全球价值链地位指数（Global Value Chain Position）GVC Position = ln（1 + IVab/Eab）− ln（1 + FVab/Eab）。

Koopman（2010）在两种模型中，前者用于展示某国在全球价值链中的参与程度，如果数值越高则该国在全球价值链中的参与程度高，越低则相反。在第一模型的基础上，为了更好地诠释某国在全球价值链中的国际分工地位，Koopman（2010）提出了全球价值链地位指数，该指数用于分辨某国或产业在价值链的上游、中游或是下游（上游、中游、下游由产品附加值决定）。

在模型中的 IVab/Eab 为前向参与度而 FVab/Eab 为后向参与度。前向参与度为 a 国在 b 产业为全球其他国家出口产品提供的增加值比重，而后向参与比则为 a 国在 b 产业出口中包括的国外中间商品增加值占比。

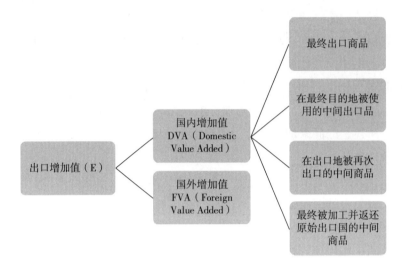

在此模型下，逐一对中国、德国、日本、英国、美国进行 GVC 全球链参与度指数以及地位指数的计算。在与中国对比的国家中选择了强于中国的发达国家是为了更好地展示中国的上升空间，选择德国以及英国是因为其经济规模可以代表欧洲板块，日本则可以代表亚太，而美洲则由美国代表。

在本文中所涉及的数据均来自经济合作与发展组织（OECD）数据库中的 TiVA（Trade in Value Added）分类。

为了更详细地看出中国与各发达国家之间的差距，此处将产业分为四个等级：低、中低、中高、高，此处分类法则来自欧洲统计局（EuroStat）的研发投入与产出模型。

在四个类别中各甄选了四个大产业作为代表，其中选取更有代表性的。

低端：农牧（林木畜牧）、食物（包括烟酒等）、纺织（包括皮革）、木类（纸、印刷品）。

高端：计算机等电子产品、金融和保险、信息交流、其他商业服务。

1. 全球价值链参与指数

图 3-2 和图 3-3 为中国对比美国在低端产业和高端产业的走势图（2005—2015 年），从图 3-2 和图 3-3 中可以看出，在低端产业部分中国和美国基本持平，主要是因为中美两国国土面积均排世界前列，从而使得中美两

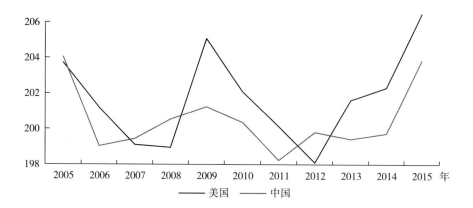

图 3 - 2　低端产业增加值指数

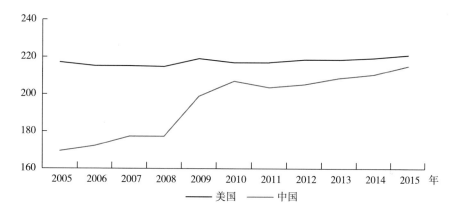

图 3 - 3　高端产业增加值指数

国的粮食生产量常年处于高位。

从高端产业部分可以看出，美国长期高于中国，但自 2008 年开始，中美在高端制造业的距离逐渐缩小并在 2010 年开始保持稳定。这意味着在高端产品/服务中，中国获取的附加价值比例在不断地增加，简单来说，中国在高端制造业中所获得的利润占比在逐年上升。

2. 全球价值链地位指数

图 3 - 4 和图 3 - 5 为中国对比美国在低端产业和高端产业的走势图（2005—2015 年），从图 3 - 4 和图 3 - 5 中可以看出，在低端产业部分中国的指数高于美国不少，这说明中国处在全球价值链的下游。在高端产业中，美国

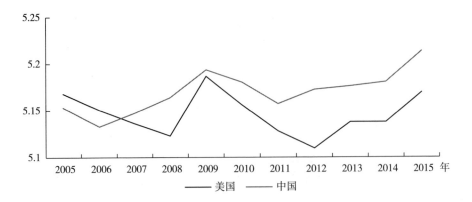

图 3 - 4　美国与中国低端产业的全球价值链地位指数

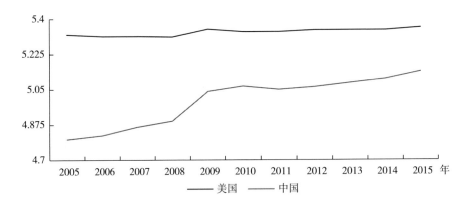

图 3 - 5　美国与中国高端产业的全球价值链地位指数

的指数远超中国,这意味着在高端产业中美国处在核心领导地位。

结合国情从全球价值链参与指数得出:中国需要保持低端产业链的参与度,因为中国必须首要解决国内温饱问题,保证粮食价格长期处于可负担价位,至此,产品增加值不会太高,而美国也面对类似的问题。在高端产业方面,中国由于科技创新落后于美国导致指数低于美国,但若中国可以保持目前的增长态势,那么中国会随时间增长接近美国。从全球价值链地位指数可以看出,美国在高端制造业的比重大于中国并在低端产业中小于中国。

在当前背景下,中国如果希望在高端产业有所突破,那就必须面临欧美等发达国家的科技限制。为了维持中国目前的经济增长同时保证高端产业的继续上升,中国必须同时发展上游和下游产业。在上游产业,保持对科技研发的投入，同时继续引入外国先进技术，只有继续保持科学技术正增长才能使得产品附加值增加，而产品附加值的增加是促进中国进行产业升级的最大核心动力。在低端产业中，中国则需要继续保证现有的扩张速度。在近几十年来，中国经济飞速发展离不开以低端产业为主的劳动密集型产品，出口所获得的贸易顺差是中国近 20 年快速积累财富的重要因素。因此，维持低端以及中端产品的贸易出口量是保证中国产业升级的基石。

中日韩在全球化浪潮中的逆袭

如图 3 - 6 所示，1960 年人均 GDP 相对较高的国家，近 60 年来 GDP 增速也相对较高；相反，1960 年人均 GDP 相对较低的国家，近 60 年来 GDP 增速也相对较低。但日本、韩国和中国是三个例外，这三个国家 60 年来的 GDP 增长了 13 ~ 18 倍，远远超过同期发达国家的 10 倍增速和其他非发达国家 2 ~ 3 倍的增速。

图 3 - 6 为中国、日本、韩国人均 GDP 以及贸易出口自"二战"后的发展趋势。

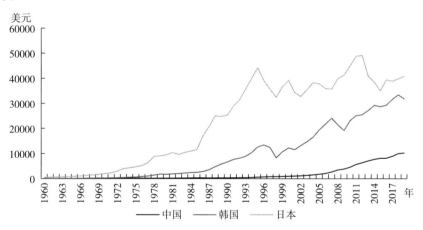

图 3 - 6　中国、韩国、日本历史人均 GDP 对比

（数据来源：Wind）

日本的经济发展模式

日本经济在 20 世纪 50 年代到 80 年代之间保持了持久、超高速的增长。

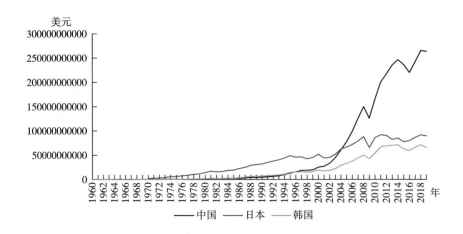

图 3 - 7　中国、韩国、日本历史出口数据

(数据来源：The World Bank)

数据指出在 1956 年至 1973 年间，日本经济的平均增长率高达 9.2%，这个数字不光创下了亚洲国家经济增长率纪录，同时刷新了全球的纪录。

经济体制由日本政府主导

20 世纪 50 年代，日本陷入了战后重建的困局，劳动力缺乏（主要由于战争伤亡男性数量过大）、物资匮乏、自然资源缺失、基础建设损毁等因素都在阻挠日本工业的重建计划。1955 年，日本经济在主要资本主义国家中排名垫底，GDP（国内生产总值）仅有 240 亿美元，相当于美国当年的十五分之一。1956 年，在经过长期的讨论后，日本政府制订了《经济自立五年计划》。

《经济自立五年计划》是以政府为主导的计划经济发展策略，主要向四个目标发展：实现工业企业现代化；鼓励民间向工业企业投资；减少失业率达到全社会充分就业；普及机械化作业，将原本耗费大量人力的农业机械化，并将节省下来的劳动力转移至工业生产上。

在提出《经济自立五年计划》的同时，日本政府还同时成立了日本贸易振兴会和研究中心。日本贸易振兴会旨在达到加速贸易发展、开拓海外市场的效果。而研究中心则是全速推进科学技术的发展，特别是在工业生产中可以直接应用的技术，在众多研究中心中比较有名的是日本产业技术综合研究所。

1960 年，池田勇人内阁制定并颁布了《国民收入倍增计划》，该计划提出了四个改革方案：（1）加速中小企业现代化改革进程；（2）培养技术型人才以提升国家科技创新能力；（3）加大公共服务设施建设投资；（4）降低收入差距，减小贫富差距。在《国民收入倍增计划》提出后的十年内，日本国民生产总值和国民收入增加了一倍，同时出现的是在 1965 年至 1970 年间平均增长率高达 17.2% 的超高速经济繁荣期。迈入 80 年代后，日本政府再次提出"以科技为本发展国力"的口号，在高科技的帮助下，日本大部分产业基本实现机械化。

详细的产业政策

日本经济持久的超高速发展得益于政府计划经济政策的实施。日本的产业政策并不是自上而下一成不变，而是根据经济发展不同阶段以及行业发展需求按需定制。

在"二战"后，日本开始了长期恢复计划，在政府计划经济导向下开始以钢铁、煤炭、电力、造船四大产业为核心。在四大核心基础产业的帮助下，日本工业得到了充分扎实的基础支持并开始步入高速发展的阶段。在经济进入稳步增长的阶段后，日本政府将产业结构重点移位至调整能源以及资源结构，产业链由高能耗的资本密集型转化至低能耗的技术密集型产业。

外向型经济政策：主动拥抱全球化

日本"二战"后的经济奇迹与日本的贸易政策有着不可脱离的关系，为了快速重启经济，日本政府采取了"倾斜生产方式"以及"道奇计划"。

"倾斜生产方式"与上一段的产业政策为同类，旨在先大力恢复并发展煤炭生产，然后将煤炭提供给钢铁生产和发电厂，以解决工业生产的基本需求。

"道奇计划"是美国政府为了稳定日本战后经济、平衡财政支出以及压制通货膨胀而特别制订的计划。该计划的核心原则分别是：（1）稳定收入；（2）物价管制；（3）增加税收；（4）限制贷款；（5）减少开支；（6）平衡预算。

在两大策略同步实施的同时，日本得到了美军在朝鲜战争中特许采购的利好机遇。大量的美国军需物资（包括火炮）都开始在日本境内生产，并直接运往朝鲜战场。至此，日本贸易市场完全复苏。日本政府为了更好地发展贸易，特别制定了"贸易立国"的经济发展策略，在此策略下，日本从国外进口国内大规模匮乏的原材料，同时大规模出口加工过的工业产品。由于自然资源价格远低于加工后工业产品的价格，日本贸易顺差逐年增加，成功转向为出口导向型经济。

引进和研发先进技术：加快产业结构升级，成功晋级到全球产业链的上游

日本经济快速发展同样离不开政府对当时西方先进技术的引进和自主研发，"二战"后的日本快速建立起新的科技强国路线，通过技术引进和模仿实现科技快速发展。

1955 年至 1970 年间，日本几乎掌握了当时所有的先进技术。在技术引进上，日本政府耗资近 60 亿美元。在将先进技术引入日本国内后，日本对各种先进技术进行了全面的解剖和分析；在引进、分析、消化、吸收的基础上，日本的科学家开始进行以西方先进技术为基础的创新和改造，使得技术更加适合日本的国情。在技术优化后，日本在技术层面也基本超越欧美，成为世界技术强国。

根据日本通产省工业技术院 1988 年数据，在 47 种普通技术中，日本有 10 种超过了当时欧美发达国家，31 种和欧美发达国家几乎持平，弱于欧美的只有 6 种。在 40 种高阶技术中，9 种超越欧美发达国家，4 种弱于欧美，其余基本持平。而在专利申请数量上，日本自 1985 年开始在科学技术领域的专利申请达到总数量的 20%；1993 年，日本的专利申请数量为 38 万项，而同年美国仅有 9.9 万项，德国 11.8 万项，英国 10.1 万项，法国 8.2 万项。本土专利申请数量激增的背后是日本政府对科学技术研发的大力投入与支持。在大量发达国家技术进入日本后，日本为了将技术革新使其更加适合本土使用进行了大规模改革和投资。在 1960—1990 年，日本全国 R&D 投入暴涨 65 倍，其中企业 75 倍，大学 45 倍，政府 6 倍；在大量资金的支持下，日本各大企业开始建立独立科学技术研究所为其产品提供先进技术（吉林省东北亚研究中心，2003）。

在 20 世纪末的全球化浪潮中，日本将欧美发达国家的技术进口，并进行进一步的改良和发展，这一流程使得日本科技突飞猛进，并最终可以在科技领域与美国并肩抗衡。在目前顶尖的芯片领域中所使用的蚀刻设备和显微镜设备有一家美国公司、一家韩国公司和六家日本公司（SCQI 奖）；在高端半导体制造前十家公司中，美国占据 4 家而日本则占据 5 家（PSQ）；半导体材料方面日本更是一家独大，占据了全球 52% 的份额；在芯片制造工艺环节中，日本所生产的机床占据目前市场份额的 41%。由此可以得出结论：日本目前在尖端制造业（芯片）中占据了龙头位置，可以轻松地对欧美等发达国家产生威胁。

韩国的经济发展模式

与日本类似，韩国的经济在 20 世纪 60 年代开始迅速发展，从一个战后极其贫穷落后的农耕国家逐渐发展成为新兴工业化国家。1962 年至 1996 年期间,韩国经济的平均增速为 8.2% ,这使得韩国在短短 30 年内就踏过了西方国家 200 年至 300 年的发展历程。韩国的高速经济发展奇迹被称作"汉江奇迹"。

政府计划经济体制

韩国的政府计划经济制度和日本政府所使用的计划经济体制大体相同。在20 世纪 60 年代,韩国工业逐步恢复。当时,韩国商品经济相对落后,同样落后的还有市场机制。韩国国内极度缺乏民间资本和有能力开拓市场的财阀(主要是韩国长期贫困所造成),至此,韩国必须依靠政府的力量发展经济。自 1962 年起,韩国政府开始实施五年计划,计划对各个时期的经济发展设立目标并通过行政手段对经济运行进行直接、精确的干预。在政府的大力干预下,市场机制和国家干预有效结合,确保了韩国有限资源分配的效率,大大加快了工业制造业的稳速恢复。

出口为主的贸易策略——主动拥抱全球化

朝鲜战争后,韩国陷入极度贫困,而自然资源的匮乏无疑是雪上加霜。民众没有存款导致韩国国内市场购买力、流通性小。为了缓解国内市场的压力,韩国开始向出口发展。和日本类似,韩国的贸易策略初期也是大规模吸收西方先进国家的科学技术加以改造,并在后期本土化后,用于生产工业成品出口。20 世纪 70 年代,韩国开始实施出口为主导的发展战略,使得经济开始高速发展。80 年代,韩国开始注重提升生产效率,以降低出口商品价格,并再次激励市场扩张。90 年代后期,韩国开始对进口放松管控,逐渐步入稳定发展。

产业结构策略调整:产业结构升级

日本的高速发展部分得益于美军在朝鲜战争中的大额订单。而相对晚起步的韩国则是获得了日本、美国同时给予的利好。20 世纪 60 年代,日本步入发达国家行列,和美国同期开始了将劳动密集型产业转移到发展中国家,以获得劳动力红利,而承接美、日转型的就是韩国。美、日将大量的劳动密集型(粗加工、工厂)产业转移至韩国,至此也快速增加了韩国的贸易顺差。在 70年代中后期,西方主要发达国家进入发展瓶颈期,经济开始缓慢衰退。由于西方发达国家购买力走弱,加上各国开始实施贸易保护政策,韩国的出口贸易受到了直接重创。与此同时,亚洲其他国家也开始快速发展(东南亚、中国等)。至此,韩国将从美、日等发达国家接手的劳动密集型产业转移至亚洲其他国家。80 年代，韩国在逐渐转移劳动密集型产业的同时大力发展科技，和日本政府一样，韩国政府也提出了"科技立国"的目标。从此，韩国逐渐完成了劳动密集型向科技发展的转型。

大力引入外资和科技

战后的日本和韩国同样面临着劳动力缺乏、基础工业设施缺乏等阻碍，但是和日本不同的是韩国对于资金的需求远超日本。为了缓解这一问题，韩国在经济复苏初期就开始大力引入外资，同时也大力引进先进技术。与日本相似，韩国在引入大量新兴技术后快速消化并创新。在外资和科技的双重帮助下，韩国企业不断推出新技术，快速提高了自身的竞争力。

中国经济发展模式

中国的经济相比于日韩起步略晚。在过往的 70 年中，中国经历了重建、转轨经济和社会主义市场经济。独特的国情导致中国的发展策略比日韩两国更为复杂。

强有力的国家支持

中国的经济体制改革是在政府的领导下完成的。中国政府自 1953 年开始制定全国发展路线，旨在规定阶段内达成目标。改革开放后的几十年中，中国的经济持续并快速增长，其中政府在各个层面和领域的调控和领导至关重要。从 1953 年开始，中国政府通过制订五年规划的方式，举全国之力将各种政策、资料都聚焦在某些特定的产业或行业中，如中国第一个五年规划是"集中主要力量进行以苏联帮助中国设计的 156 个建设项目为中心、由 694 个大中型建设项目组成的工业建设，建立中国的社会主义工业化的初步基础，发展部分集体所有制的农业生产合作社，以建立对农业和手工业社会主义改造的基础，基本上把资本主义工商业分别纳入各种形式的国家资本主义的轨道，以建立对私营工商业社会主义改造的基础。"随后每隔五年重新根据国内经济发展状况、水平和趋势来制定下一个五年规划，如"十四五"规划则是根据未来经济发展趋势，优先发展"航空航天、机器人、先进轨道交通装备"等先进制造业，这就意味着国家会在各种土地政策、财政政策方面给予支持，以加速这些行业的快速发展，最终能够与海外发达国家竞争。

全球化红利——出口获利

日本初期获得的出口红利来自美军朝鲜战场，韩国的红利来自日本和美国的转型；中国的红利则来自全球发达国家，其数量远高于日韩两国。

在 20 世纪后期，由于发达国家转型需要（无法支付普通工人高工资），全球开始出现产业链分工，世界工厂模式逐渐形成。发达国家开始专注新科技的研发、品牌设计等，而制造业则被下放至发展中国家。中国在具备大量人口优势的基础上成为了最大的制造国，低廉的劳动力价格使得国际各大企业纷纷进入中国设立工厂，工厂的成立则解决了中国本身的就业问题。

外资和技术的完美结合

改革开放后，中国开始大量吸引发达国家外资以弥补资金和技术的双重缺口。外资携技术大量进入中国的原因不仅仅是他们发现了中国低廉的劳动力，同时还有富裕的土地资源和自然资源，这使得本身需要通过多国完成的产品在中国可以被独立完成。中国独一无二的优势为工业生产提供了全产业链的支撑。在外资解决中国就业和资金问题后，中国和日韩一样，期待可以学习并使用发达国家的先进技术，为了解决技术引入的问题，中国政府要求外企在中国的发展模式必须为"中外合资"。至此，中国大量的企业获得了直接接触外企先进科技的机会。

中日韩三国经济模式相似性

从中日韩三国的经济发展历程可以轻易看出，三国的经济发展模式高度相似：

政府扶持

三国的经济能有今天的成就很大程度上依赖于政府直接干预。政府的直接干预使得三国在初期就明确了每一阶段的发展目标，比如各国在第一阶段目标均为解决电力和煤炭供应等基础性能源问题，在第一阶段目标结束后，各国经济又在政府的帮助下进入国际市场。

对于自身优势和劣势的把控

三国在经济发展中都很好地把握了自身的优势和劣势。比如日本和韩国由于缺乏原材料和能源注定不能长期固守劳动密集型产业，而中国则相反，其人口和国土面积均远超日韩，而长期稳固的劳动密集型产业给了中国大量的时间去恢复。

贸易红利

中日韩经济的超高速发展都得益于全球化。在全球化的帮助下产业迭代不断出现，形成了西方发达国家—日韩—中国—东南亚的顺序。

三国发展历程总结

日本、韩国成功晋升发达国家行列，而中国通过数十年的发展成为了发展中国家的领军人物。但类似中日韩这样的成功案例放眼在全球并不常见，很多国家（比如阿根廷、南非、墨西哥，甚至亚洲的马来西亚）的经济起步都要比中日韩三国超前，但是最终都陷入了长期经济衰退。中日韩三国的成功最终可以总结为政府在发展初期的大力支持、全球化中外资带入的资本和技术以及最终本身对技术的研发。在三个环节中最重要的契机是全球化，如果日韩没有踊跃参与全球化进程，那么他们就不可能得到资金和技术的注入；如果没有资金和技术的投入，日韩就不可能进行产业革新；而如果日韩没有进行产业革新，那么他们的现况应该和越南、老挝等东南亚国家类似。中国接下来的路还有很长。在政府支持的前提条件下继续用好全球化红利吸引资本和技术的输入，同时大力发展科学技术的研发和创新是中国未来的重中之重。

全球化面临的挑战

全球化规则的不平等性一直被非发达国家所诟病与抵制。1999 年 WTO 西雅图会议期间，大量的反对者进行大规模的示威游行，成为了逆全球化浪潮的起点。然而由于抗议者大多来自非发达国家，其抗议并不能对全球贸易规则的制定产生实质性的影响，也并未对全球化进程产生太多的负面冲击。

然而近年来全球化的反对者逐渐从非发达国家向发达国家转移，2016 年特朗普当选以及英国脱欧，全球化进程面临着越来越多的挑战。

3.2　发达国家内部收入不均衡

发达国家收入不均衡持续加剧

逆全球化浪潮从非发达国家向发达国家转移的一个核心原因在于：虽然发达国家在全球化进程中获得了较大比例的利润，但是在发达国家内部不同阶级之间的分配却极度不均衡。

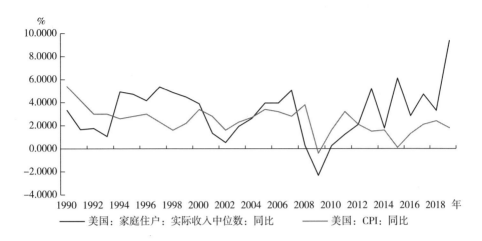

图 3 – 8　美国家庭住户收入中位数增速与 CPI 增速

（数据来源：美联储）

通过图 3 – 8 可以发现，1990 年以来的 30 年间，美国家庭收入中位数几何平均增速为 2.2%，美国通货膨胀几何平均增速为 2.1%，这意味着在扣除通货膨胀后，美国家庭收入中位数的实际增速相当有限。

然而对比美国 1990 年以来 30 年间的 GDP 增速发现，美国 GDP 几何平均增速为 4.2%，远远大于同一时间段内美国通货膨胀几何平均增速 2%。

这意味着，1990 年以来美国实际 GDP 快速增长的同时，接近 50% 的家庭实际收入反而在下降，也就是说大部分美国家庭并没有从美国快速增长的 GDP 中获益。

另外，美国的富人收入增速却呈现出截然相反的走势。以《福布斯》美国 400 富豪的财富值来看，1990 年美国 400 富豪的财富值为 2200 亿美元，2019 年美国 400 富豪的财富值为 2.96 万亿美元，这期间内美国 400 富豪财富值几何平均增速为 8.28%。

由此可见，近 30 年来美国经济增长的大部分收益流向了富豪群体，少部分流向美国大部分家庭，《福布斯》400 富豪收入增长远超美国 GDP 增速与通货膨胀，而与此同时，美国家庭收入中位数增速远远低于美国 GDP 增速与通货膨胀。

美国这一现象并非特例，目前发达国家群体普遍面临着相似的困境：在过

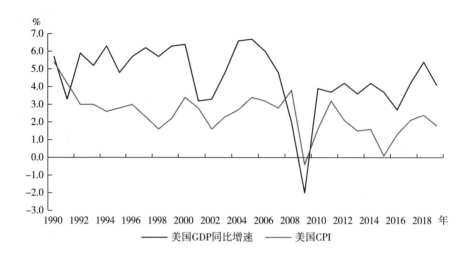

图 3-9　美国 GDP 增速与 CPI 增速

（数据来源：美联储）

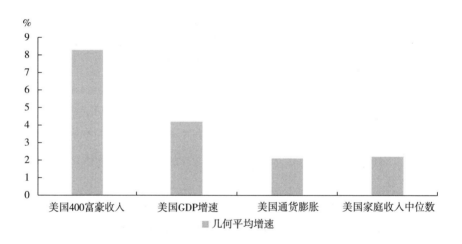

图 3-10　美国收入与经济指标对比

（数据来源：美联储）

去 25 年间，德国的基尼系数增加了 22%，加拿大增加了 13%，英国增加了 13%，意大利增加了 8%，日本增加了 6.4%，显示出整个发达国家内部富豪群体和大众收入增速之间出现了显著的分歧与差异。

收入不均衡的深层次原因

造成这一现象的深层次原因在于全球化允许资本和人员在全球范围内自由的流动，然而资本的流动速度远远高于人员的流动速度：美国的资本在全世界范围内寻找好的投资机会，并快速流入预期收益率较高的项目；与此同时，虽然人员也可以在全世界范围内自由流动，但是人员流动依然受到众多主观和客观因素的影响，速度远远低于资本流动的速度。其结果是美国的资本流出使美国在全世界范围内投资获取高额的收益，实现财富的快速增值，而美国的蓝领工人及中产阶级的流动速度不足，依旧待在美国。

从图 3-11 可以发现：1949 年以来，美国持续多年成为全球移民净流入国家第一名，每年有大量的人口从其他国家流入到美国；另外，美国净国际投资头寸呈现出加速流出的迹象。

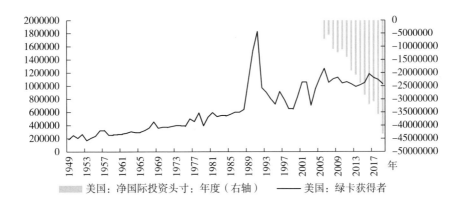

图 3-11 美国净国际投资头寸及绿卡获得者数量

(数据来源：美联储、美国移民局)

对于资本拥有者来说，大量资本的流出意味着在全球范围内寻找更多新的机会，获取更高的收益率，然而对美国国内的居民来说，则意味着本该在国内的投资流向了国外，这些投资原本能创造的就业机会也流向了国外，这在很大程度上提升了跨国企业与雇员谈判的筹码：管理层能够通过投资海外的方式来压低美国国内雇员的薪酬。

另外，大量的移民流入美国，与美国本土的居民争夺工作机会，导致美国国内的就业环境更为严酷，美国居民在与跨国企业沟通薪酬时处于更不利的地位。

3.3 持续疲软的经济

尽管 1990 年以来，美国家庭收入中位数增速低于同期通货膨胀增速，美国大众与美国富豪之间的收入差距在持续扩大，但是美国经济的快速增长掩盖了这一矛盾：只要经济快速增长，那么美国家庭收入的名义增速依旧是正数。

除此之外，虽然 1949 年以来大量的移民持续流入美国，但是美国经济的快速增长也带动了就业岗位数量的快速增长，使得外来移民与美国本土居民之间的矛盾冲突隐藏了起来。

然而，这两个矛盾随着 2008 年次贷危机的爆发而逐渐加剧。2008 年以来，美国、英国、德国、法国等西方发达国家的 GDP 实际同比增速始终没有恢复到次贷危机之前的水平。

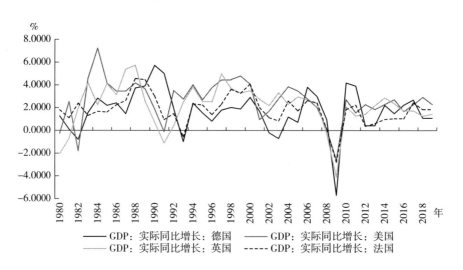

图 3-12 主要发达国家 GDP 增速

（数据来源：Wind）

从图 3-12 可以发现：2008 年之前，美国、英国、德国、法国等西方发达国家的 GDP 实际同比增速平均值维持在 2.5% 左右，而 2008 年之后，这一数字下降到 1.3% 左右。

长期疲软的经济，让贫富差距和移民这两个矛盾变得尤为突出，而每次经济衰弱的时候，美国政府就倾向于发起贸易战来转移国内矛盾，图 3 – 13 是 1950 年以来美国 GDP 增速与美国反倾销年度数量统计趋势图。

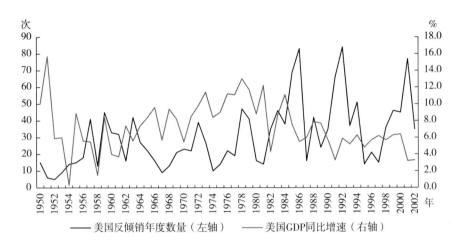

图 3 – 13　美国反倾销年度数量统计与 GDP 增速

［数据来源：Irwin D A. The rise of US anti-dumping activity in historical perspective ［J］.
World Economy，2005，28 （5）：651 –668］

通过图 3 – 13 可以发现：当美国 GDP 同比增速较高时，其反倾销年度数量较低，反之则相反，即美国 GDP 同比增速与美国反倾销年度数量呈现出典型的跷跷板效应。2008 年次贷危机以来，美国及欧盟等国经济增速远远低于次贷危机之前的水平，这也在很大程度上加大了美国政府掀起贸易冲突的动力。

3.4　全球产业链分工及财富分配

全球产业链从上到下分别是研发、设计、物流、制造组装、市场营销、服务，其中制造组装处于全球产业链的中游，也是全球产业链中附加值最低的位置，在 2000 年中国加入 WTO 之后依靠人口红利快速融入全球产业链中，并在全球产业链中扮演制造组装大国的角色。

根据图 3 – 14OECD 编制的微笑曲线，在全球产业链的两端，其附加值最大，例如左边的研发、设计、物流和右边的服务、市场营销及物流，而在全球

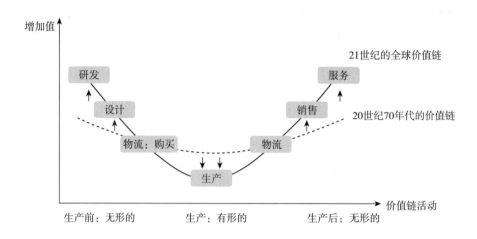

图 3 – 14　微笑曲线

（数据来源：2013 年经合组织报告《受益于全球价值链的互联经济》）

产业链中间的制造组装领域的附加值最低。除此之外，图 3 – 14 中的虚线表示 1970 年全球产业链的附加值分配，而实线代表 2000 年全球产业链的附加值分配，可以发现相比 1970 年，在 2000 年的全球价值链分配中，微笑曲线左右两端的产业分配到的附加值比例更大，而处于全球价值产业链中间的制造组装领域附加值比例变得更小。

世界全球化程度还未达到最优状态

根据柯布—道格拉斯函数，一个国家或地区的人均 GDP 与该国的技术、劳动力投入有关，本文在柯布—道格拉斯函数的基础之上进行了一系列调整搭建以下模型：

$$\ln PGDP_{i,t} = C(1) + C(2) \times KOFGI_{i,t} + C(3) \times KOFGI_{i,t}^2 + C(4) \times$$

$$Edu_{i,t} + C(5) \times D(\ln capital_{i,t})^2$$

在上述模型中，$PGDP_{i,t}$ 代表 i 国在 t 时刻的人均 GDP；$KOFGI$ 代表瑞士苏黎世理工学院经济研究所（KOF）1970 年开始发布全球化指数，该指数对全球 215 个国家和地区的全球化水平进行年度评分；$Edu_{i,t}$ 代表 i 国在 t 时刻的高等院校入学率水平；$capital_{i,t}$ 代表 i 国在 t 时刻的资本投资完成额。

通过个体固定效应模型回归，其结果如表 3 – 1 所示。

表 3-1　　　　　　　　　　　　　KOFGI 指数回归模型

指标	系数	回归系数	标准差
常数	$C(1)$	10.43808 ***	0.633297
KOFGI	$C(2)$	0.071934 ***	0.022604
$KOFGI^2$	$C(3)$	- 0.000854 ***	0.000201
EDU	$C(4)$	- 0.018163 ***	0.006000
lncapital	$C(5)$	0.122936 **	0.055081
R^2		0.9872	—

注：＊、＊＊、＊＊＊分别代表 10%、5% 和 1% 的显著性水平。

通过表 3-1 回归结果可以发现：

（1）*KOFGI* 回归出来的系数为 0.071934，且在 1% 的水平下显著，显示出全球化的推进对全球人均 GDP 均有正面的促进作用。

（2）*KOFGI* 的二次方回归出来的系数是 - 0.000854，且在 1% 的水平下显著，显示出全球化的推进同时也会对人均 GDP 产生负面影响。

（3）根据 *KOFGI* 及其二次方回归的方程进行核算可以发现，*KOFGI* 在 84 之前，全球化程度的提升将促进全球人均 GDP 的增长；而 *KOFGI* 在 84 之后，全球化程度的提升将降低全球人均 GDP 的增长。

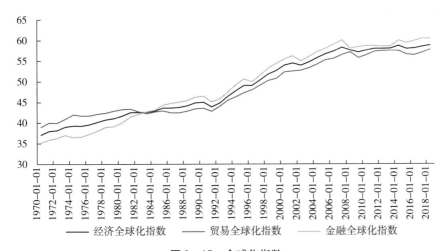

图 3-15　全球化指数

（数据来源：KOF Swiss Economic Institute）

图 3 – 15 是根据 KOF 编制的全球经济全球化指数及其两个组成部分：世界贸易全球化指数和世界金融全球化指数的走势图。

通过图 3 – 15 可以发现：1970 年以来，世界经济全球化指数从 37.1 上升到 2017 年的 59.0，处于持续增长的趋势，但是，自 2008 年金融危机以来，全球化指数的增长几乎处于停滞的状态。

根据上述的研究可以发现，在全球化指数处于 84 之前，全球化程度的加深带来的经济利益要大于成本，截至 2017 年 *KOFGI* 只有 62.1，这意味着在当前时点继续推进全球化有利于继续提升全球人均 GDP 水平。

第4章 全球化展望

当前，曾经大力提倡全球化的美国、欧盟等发达经济体开始放缓全球化进程，而中国等发展中国家则继续大力推崇全球化。一方面，推动全球化的动力依旧存在，发达国家与非发达国家之间的差距还在继续扩大；另一方面，发达国家普遍兴起的民粹主义通过政治选票的方式来抵制全球化。这两股力量将是决定未来全球化走势的核心动力。

4.1 全球化进程放缓

美国和中国作为全球经济总量排名第一和第二的国家，同时也代表着发达国家和发展中国家的龙头。在中美关系中，除了政治因素外，最重要的莫过于两国贸易往来。日、韩两国的发展是基于美国为首的发达国家给予的充足红利，日、韩两国在20世纪后叶依靠为发达国家提供优质、便宜的商品获利、发展并最终步入发达国家俱乐部。在日韩两国进入发达国家行列后，两国开始像最初欧美一样向外转移制造业，目的是寻求更加廉价的劳动力并将更多资源转移至科技研发。中国稳定的社会秩序、良好的基础设施建设、大量拥有娴熟技能的工人等优质条件，使其成为发达国家投资建厂的首选。

在20世纪末期，中国开始了有规模、有秩序的对外开放。在各项政策的扶持下，大量发达国家企业进入中国投资建厂（例如三星、富士康、松下等）。在二十余载后的2015年，美国上任总统特朗普在竞选时表达了："去全球化，把工厂回迁美国以恢复美国就业率，让美国再次强大"的想法。在这种想法的影响下，全球出现了继续全球化和去全球化的两派。部分学者认为美国等发达国家应该计划撤回在中国的投资生产，而另外一部分则认为全球化是大势所趋，美国单方面无法扭转。在下文中会重点对比中美两国制造业的差距。

2016 年特朗普当选为美国总统、英国脱欧标志着发达国家经济体逆全球化的开始，其背后的深层次动力是不合理的收入分配体制下滋生出的民粹主义，其核心政策在于通过签订新的贸易政策减少贸易逆差，促进制造业回流，从而改善美国家庭的收入水平和就业状况。

然而这一政策并不能有效地解决美国家庭的就业问题和收入问题，此外，制造业回流还会对美国跨国企业产生新的问题与挑战。

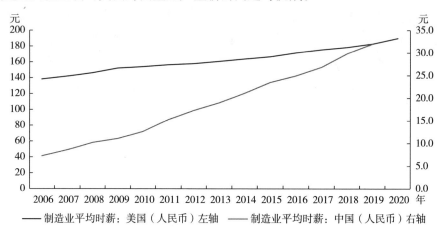

图 4－1　美国与中国制造业平均时薪对比

（数据来源：Wind）

以中美两国制造业平均时薪为例，虽然近年来中美两国制造业平均时薪之间的差距在逐渐缩小，但是从绝对值上来看依旧差距很大。截至 2019 年，美国制造业平均时薪为 27.71 美元，而中国制造业平均时薪为 31.96 元，折合为 5.02 美元/小时，中美两国之间制造业平均时薪仍有 5.5 倍的差距。

细看每单位产出所需支付人工成本：

指标	美国	中国
人均 GDP	70328.23	10216.63
制造业（工厂）平均工资	55405.00	11167.71
两国制造业所占 GDP 比例	11%	29.4%

美国制造业 GDP 实际份额 = 70328.23 × 11% = 7736.11

中国制造业 GDP 实际份额 10216.63 × 29.4% = 3033.69

在对比中可以发现，美国从事制造业的人均工资远高于中国，但其商品价值也大于中国，至此，使用收入除以产值以计算每单位人工支出：

美国：$55405 \div 7736.11 = 7.17$

中国：$11167.71 \div 3033.69 = 3.68$

从结果可以看出美国（7.17）＞中国（3.68），这意味着美国每单位产出需要支付 7.17 美元而中国则需要 3.68 美元。在单个单位支出中，美国的劳工成本要大于中国。

在中国劳动力价格低廉的同时，中国也拥有更加便宜的物流成本。

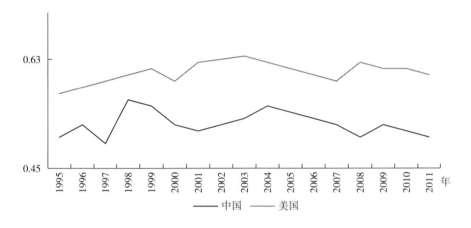

图 4 - 2 中美物流成本对比

（数据来源：Wind）

公路和铁路在中美国内的高密度覆盖使得中美两国在国内运输货物的首选均为公路和铁路。从国际贸易商看，由于跨地区的自然条件限制了公路和铁路的建设，海运成为了跨国贸易的首选。在 2019 年全球最繁忙的 50 个货运港口中，中国拥有 17 个，而美国仅拥有 5 个。由此可见在贸易物流领域，中国的便利性与经济性远超美国。

因此，即便美国强制要求制造业回流，也面临着劳动力以及物流成本过高的问题。跨国企业作为盈利机构，其商业决策的最终目的是企业利润的最大化，因此，即便这些跨国企业将制造工厂搬到美国，也会优先考虑采用自动化方式以提升效率、降低成本，而不是去招聘更多的工人。因此，制造业回流并不能有效解决美国蓝领工人的就业问题和薪资问题。

除了人工成本、基础建设以及物流运输层面外，中国市场的可持续性与消费购买力也远远大于欧美等国。美国经济分析局（BEA）在 2017 年指出，在中国的美国企业约有 80% 的市场份额来自中国本土，而真正在中国以外的市场份额仅有 20%。同时，若跨国企业选择进入中国，那么它们的毛利润则平均高出没有进入中国市场企业 5%~8%，这说明如果中国秉持对外开放的态度，那么则会有越来越多的外企愿意进入中国市场。

此外，美国的跨国企业将制造工厂回流到美国，还会面临竞争力不足的问题。一方面，美国较高的劳动力成本将提升美国制造业最终产品的成本，进而降低其产品在全球市场的竞争力；另一方面，美国跨国企业原本的全球化供应链体系是为了满足全球不同市场的不同需求，但是制造业回流到美国之后，其产品的设计、价格和交期在全球范围内的竞争力将有所下降。这一方面最典型的案例是德国的宝马、奔驰和奥迪在中国的本土化进程。奥迪是德国 BBA 中率先在中国进行本土化的车企，且其销量在初期远远领先于宝马和奔驰，直到后两者也加快中国本土化生产之后才逐渐追赶并超越了奥迪在中国市场的表现。因此，美国跨国企业的制造端回流将大幅度削减其在全球其他终端市场上的竞争力。

由此可见，逆全球化不仅无法解决美国蓝领工人就业问题和薪资问题，还会导致美国跨国企业竞争力下滑的风险。

4.2 区域经济一体化

目前来看，未来区域经济一体化是中国的必经之路，通过区域经济一体化既有其必要性也有其可行性。

内忧外患下加速区域经济一体化的必要性

修昔底德陷阱是指当一个新兴起大国要挑战当前霸主地位的时候，霸主国也会给出相应的回应，通常，霸权国会采取一系列措施阻止兴起国的崛起以保证自己的权力。当下，中美之间的博弈就处于修昔底德陷阱中，这也是美国频繁对中国出手的原因，具体来看美国主要从以下两个方面对中国进行限制：

科技限制

劳动密集型国家和技术密集型国家的差距是前者依赖人口红利从而降低生

产成本，而后者则是依赖科学知识进行技术创新。从概念中不难看出，中国作为劳动密集型国家对先进的科学技术有较大需求。特朗普于 2018 年 4 月 16 日签署了对中国中兴公司长达 7 年的技术限制令，并于 2018 年彻底封杀华为公司的所有技术。

学术限制

《人民日报海外版》在 2019 年 9 月 4 日第 11 版发表文章《打压华人学者，美国损人不利己》。特朗普上台之后，美国政府为了阻止美国科技外流而展开了对美国高校内华人学者的大规模调查，其中包括对华人学者研究成果质疑、无故解雇、跟踪华人科学家等。

上述两种行为反映了美国政府由浅到深多方面、多维度地阻止中国从劳动密集型国家转向技术密集型国家。中国必须进行产业升级，也就是加快向技术密集型转型的步伐。

如前文所述，日本和韩国在战后快速地重建及发展依赖于美国在朝鲜战争中的巨额订单，以及为欧美等发达国家提供大量廉价商品。日韩在此期间也处于高度劳动密集型的位置，在快速发展的背后是用大量发达国家的订单积累财富，同时大规模引进科学技术，并最终完成了技术密集型国家的转型。时下的中国从某种程度上讲是在走日本、韩国的老路。实施改革开放后，中国在政府主导下开始大量引入外资及其技术。在人口红利的巨大吸引力下，大量的外资进入中国建厂，从此开启了中国作为世界工厂的新纪元。在经历数十年后，中国开始学习日韩，将大量先进技术自有化，用于产业升级，而产业升级的成功则意味着中国步入发达国家俱乐部。

内部产业结构升级迫切亟须区域经济一体化

中国目前不仅面临着复杂的外部挑战，同时也面临着内部经济增长缺乏动力、亟须加快产业升级的困境。

中国改革开放后，凭借廉价的劳动力和对外开放政策开始承接从日本、韩国等国家转移过来的下游低端产业，并凭借这些产业逐渐步入工业化国家行列。随着中国改革开放四十多年来的快速发展，无论是中国的经济增速、人均 GDP 还是工资水平都已经上涨到较高的位置，与此同时，中国在全球产业链中的位置也从下游转移到中下游。

然而目前中国的劳动力成本已经上涨到较高的水平，中国的产业结构已经无法承担较高的工资水平，中国的产业亟须向中上游和上游产业链转移。美国等发达国家之所以能够分配较大比例的利润，核心原因在于美国处于产业链上游，掌握了核心的技术或其他资源，因此具有更强的话语权。因此，中国只有快速转移在全球产业链中的位置，才能进一步提升经济发展质量和人均GDP，快速迈入发达国家行列。

参考日本、韩国的发展历史，在20世纪这两个国家一方面借助欧美等国转移低端产业的机会融入全球化经济，另一方面政府也加大各种税收优惠政策鼓励从发达国家引进新技术来持续推动国内产业结构升级。据臧红岩（2018）统计，从1956年到1964年，日本平均每年引进550件新技术；1965年至1970年间，日本平均每年引进1350件新技术；1970年之后平均每年引进2000件新技术。大量的新技术被引进到日本并经过消化吸收之后进行二次创新，日本的技术水平和产业结构也得到了持续的提升和优化。另外，韩国1976年新技术引进数量突破100件，1982年突破300件，1986年突破500件，1975年达到1637件。因此，中国也必须借助全球化或区域经济一体化的背景，从上游或中上游国家加快引入先进技术，进而快速促进本国产业结构的快速升级。

2016年特朗普当选为美国总统之后就宣布退出TPP，并开始在全球范围内掀起了贸易冲突和新的贸易谈判。

然而值得注意的是，TPP（跨太平洋伙伴关系协定）原12个国家中，仅美国退出，而包括澳大利亚、文莱、加拿大、智利、日本、马来西亚、墨西哥、新西兰、秘鲁、新加坡和越南在内的11个国家均坚持留在TPP中并将TPP升级为CPTTP。进一步分析2018年TPP12个国家出口货物和贸易占GDP的比例如图4-3所示。

通过图4-3可以发现：美国出口货物和贸易占GDP的比值最小，为12.2%，其他11个国家出口货物和贸易占GDP的比值都很大，其中最低的日本为18.4%，最高的新加坡为176.6%。由此可见，TPP协定中的11个国家经济对外依赖度都远高于美国，一旦退出贸易协定后，这些国家将无法享有目前TPP中的关税优惠政策，这将对这些国家的经济增速构成威胁，因此区域性的经济一体化依然是满足大部分国家经济利益的一项制度选择，这也意味着

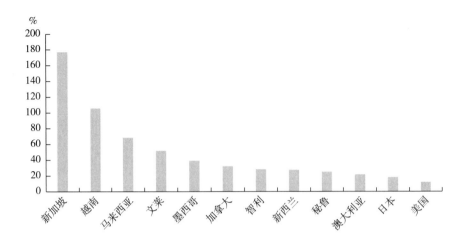

图 4 – 3　TPP12 国出口货物和贸易占 GDP 的比例

（数据来源：The World Bank）

这 11 个国家有强烈的意愿去搭建区域性一体化的经济体系。

CPTTP 的 11 个成员国中，与中国已签订双边自由贸易协定的国家有 5 个（澳大利亚、智利、新西兰、秘鲁、新加坡），正在进行贸易谈判的有 1 个（加拿大），与中国没有签订双边贸易协定但是同属中国—东盟自由贸易区的国家有 3 个（马来西亚、越南、文莱），没有签订双边自由贸易协定的国家有 2 个（日本、墨西哥），但是日本已经和中国共同加入了 RCEP。

除此之外，东盟 10 国于 2012 年开始邀请中国、日本、韩国、澳大利亚、新西兰、印度等共同参加 RCEP（区域全面经济伙伴关系），该协定于 2017 年全面加速推进，并于 2019 年年底宣布除了印度以外的其他 15 个成员国已经结束谈判，并启动法律文本审核，预计 2020 年能够完成所有的文件签署工作。一旦 RCEP 签订，该协定将覆盖 35 亿人口，GDP 总量达到 23 万亿美元，占全球经济总量的 1/3，该区域也将成为全球最大的自贸区。

结论与建议

整体来看，在以美国为首的发达国家主导下的 WTO、IMF 和世界银行搭建了有利于发达国家的国际贸易规则和投资规则，让发达国家在全球化贸易和投资过程中获取更多利益。同时，发达国家领先的技术水平以及其处于全球产业链上游的优势地位，也让其在全球化经济和分工中获取更大比例的利润分配。这两个有利于发达国家的因素成为过去60年间推动全球化的核心动力。

然而在近30年来，全球经济长期疲软以及发达国家内部收入不均衡，导致发达国家家庭实际收入中位数处于持续下滑的走势，并在发达经济体内部滋生了民粹主义。特朗普等发达国家民粹主义代表人获得选票，并打着为本国人民利益的旗号减速全球化。

提高研发投入比例，向全球高附加值产业链转移

因此，在逆全球化浪潮以及人口红利逐渐消失的背景下，中国需要向全球产业链的两端转移，其中全球产业链的上游包括研发、设计及核心零部件，这些领域需要大量的研发投入以形成产业竞争力，近年来中国在不断提升研发投入的比例。

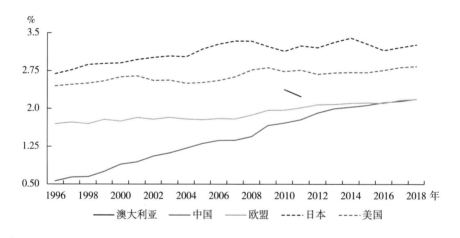

图4-4　全球部分国家研发投入占GDP比例

(数据来源：Wind)

通过图4-4可以发现：1996年以来中国研发投入占GDP的比例一直处于上升的趋势，截至2018年，中国研发投入占GDP的比例达到2.19%，超越了澳大利亚和欧盟等发达经济体研发投入占GDP的比例，但是与美国和日本依旧存在较大的差距。

虽然每年的研发投入比例与美国、日本差距较大，但奇怪的是中国的专利

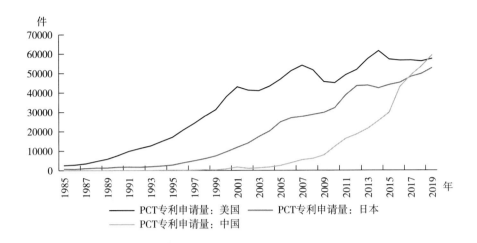

图 4 – 5　美国、日本、中国专利量

（数据来源：The World Bank）

合作条约申请量在 2019 年却能首次超越美国成为全球 PCT 专利申请量最大的国家。

通过图 4 – 5 可以发现：1985 年以来中国 PCT 专利申请量一直处于较低水平，直到中国 2000 年加入 WTO 融入全球产业链之后才开始爆发式增长，截至 2019 年，中国 PCT 专利申请量为 59176 件，超越日本、美国成为全球 PCT 专利申请数量最大的国家。然而奇怪的是中国近年来一直处于知识产权逆差。

通过图 4 – 6 可以发现：1997 年以来，中国知识产权进口增长幅度远远大于知识产权出口增长幅度；截至 2019 年，中国知识产权进口金额 343 亿美元，出口金额 66 亿美元，知识产权贸易逆差达到 277 亿美元。这与中国是全球 PCT 申请量最大的国家不匹配，但是与中国目前研发投入比例与美国、日本之间的差距是吻合的。

之所以会出现中国 PCT 申请量全球第一，但是中国的科技实力与知识产权出口不尽如人意在于中国的研发投入比例与美国、日本还有很大的差距。另外，中国目前的 PCT 申请量过于追求数量而忽略质量，因此需要加大对 PCT 的质量审核。

据中国知识产权局发布的《2019 年中国专利调查报告》显示，目前中国战略性新兴产业从海外技术引进较难的比例为 12.5%，而非战略性新兴产业从海外技术引进较难的比例为 8.9%，这主要是因为欧美日等发达经济体在战

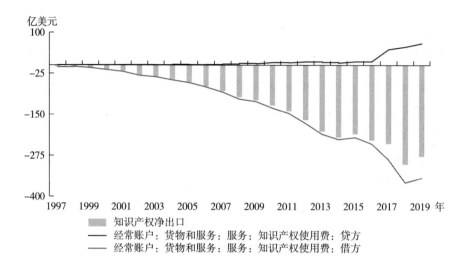

图 4 - 6 中国知识产权净出口

（数据来源：The World Bank）

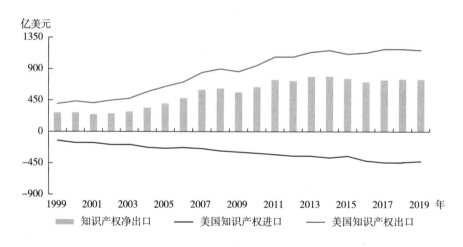

图 4 - 7 美国知识产权净出口

（数据来源：The World Bank）

略性新兴产业中还不具备绝对优势，担心被中国超越，因此对这些战略性新兴产业的技术转移设置了障碍。这些战略性新兴产业也是中国在高端技术领域对欧美日等发达国家经济体弯道超车的关键产业，中国政府可以在这些战略性新兴产业的研发进行政策扶持。

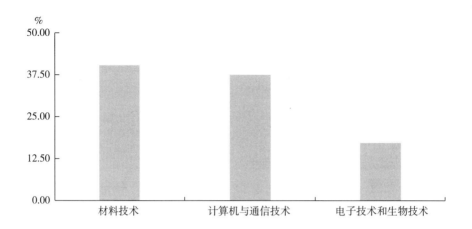

图 4 - 8　各战略性新兴产业专利技术引进难度排名（前三名）

（数据来源：自行收集计算）

从图 4 - 8 可以发现：材料技术行业、计算机与通信技术、电子技术行业和生物技术行业是目前战略性新兴产业中中国从海外技术引进难度最大的三个行业，也是中国需要加大研发投入的行业。

在货物贸易出口基础之上打造服务贸易出口大国

据统计，货物贸易每产生 100 亿美元营业额，有 25% 左右的增加值，而服务贸易每产生 100 亿美元营业额，有 70% 左右的增加值。中国在加入 WTO 之后，其商品进出口贸易出现了大幅度的增长，且同时维持较高的贸易顺差，为中国经济发展提供了强劲的动力。然而，与此同时，中国服务进出口的贸易逆差持续扩大。

如图 4 - 9 所示：2010 年以来，中国服务贸易逆差呈现出加速扩大的趋势，截至 2019 年中国服务贸易逆差为 - 2178 亿美元，按照 70% 的附加值来计算，这意味着中国服务贸易逆差为海外其他国家贡献了 1524 亿美元的增加值。

与此同时，在 2019 年中国贸易顺差为 4211 亿美元，按照 25% 的增加值，意味着中国商品贸易从海外其他国家获取 1052.8 亿美元的增加值。

根据图 4 - 10 可以发现：在 2019 年虽然中国商品贸易顺差金额大于服务贸易逆差金额，但是由于商品与服务的增加值有较大差异，实际上 2019 年中国商品与服务整体增加值为负数。

实际上服务贸易并非单独存在的，服务贸易的发生通常与商品贸易相伴相

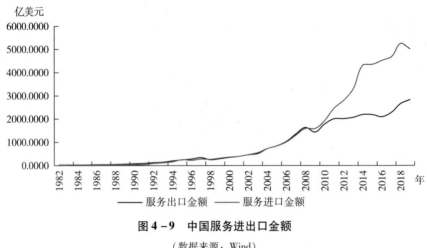

图 4 - 9　中国服务进出口金额

（数据来源：Wind）

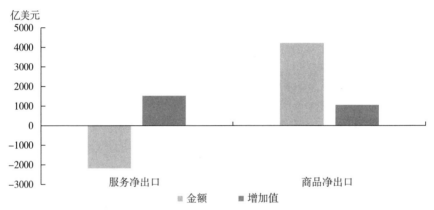

图 4 - 10　2019 年中国商品与服务净出口及增加值

（数据来源：Wind）

随，如国际运输、国际保险和再保险、国际咨询服务、国际租赁等，这些服务贸易都是开展国际商品贸易的必需品。根据 1988 年蒙特利尔会议，服务贸易必须具备四个条件：服务和支付的跨境流动、交易的不连续性、有限的服务时间和目的具体性，然而中国目前尚不具备资金自由跨境流动的体系，这导致在中国的国际商品贸易进出口中需要的服务贸易只能外包给海外其他国家或地区。因此，中国可以选择在自贸区打通服务和支付的跨境流动，并依托每年的商品进出口贸易来增加服务贸易的产值。根据 2019 年的服务贸易数据，假设在未来中国服务贸易实现收支平衡，则可以带来 2178 亿美元的增加值，换算成商品贸易为 8712 亿美元，是 2019 年中国贸易顺差的两倍。

控制房价横盘，释放国内居民消费需求

2000 年以来，中国融入全球产业链并成为全球价值链中的重要一环，图 4-11 是 WTO 根据供应端编制的全球价值链（GVC）关系图。

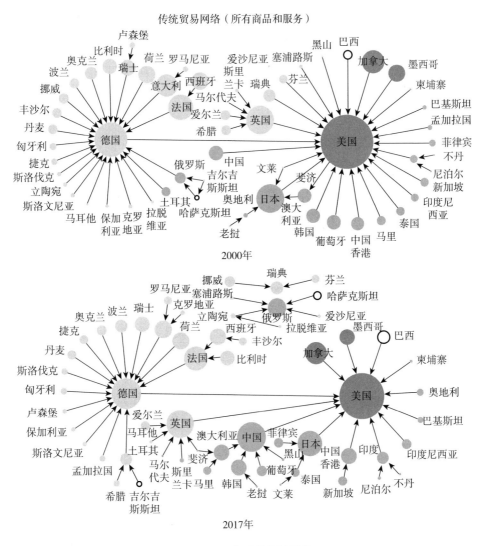

图 4-11　全球价值链网络

（数据来源：2019 年全球价值链发展报告，WTO）

通过图 4-11 可以发现：从 2000 年到 2017 年，中国逐渐成为全球三大供应链中心，并且作为另外两个中心德国和美国之间的重要连接点。

然而中国在需求端的位置却与中国的经济地位和全球三大供应链中心不符，图 4-12 是 WTO 根据消费需求编制的全球价值链关系图。

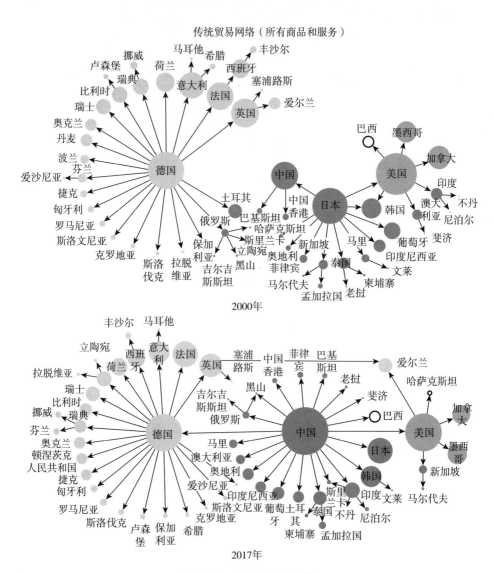

图 4-12　全球价值链网络

（数据来源：2019 年全球价值链发展报告，WTO）

通过图 4 – 12 发现：从 2000 年到 2017 年，中国的消费在全球价值链中的位置并没有显著的变化。

中国在全球价值链中的消费地位远不及其在生产端的地位，主要原因在于中国居民的收入很大比例流向了房地产行业，而非流入实体消费品行业。

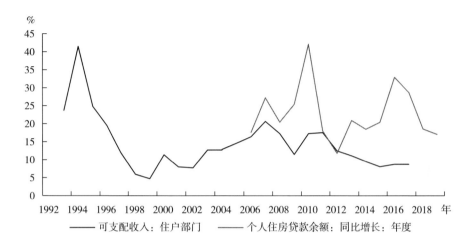

图 4 – 13 中国居民可支配收入与住房贷款月同比增速

（数据来源：Wind、国家统计局）

通过图 4 – 13 可以发现：中国居民的可支配收入同比增速在大部分时间都远低于个人住房贷款余额的同比增速，这意味着居民买房加杠杆的速度远远超过自身收入水平的增长，房地产资金对中国居民的消费形成了挤出效应。

横向对比来看，与中国邻近的发达国家或地区在人均 GDP 达到 1 万美元时的消费率如图 4 – 14 所示。

通过图 4 – 14 可以发现：与韩国、日本相比，中国在人均 GDP 达到 1 万美元时的消费率较低，只有 37% 左右。

因此，如何引导资金从房地产市场流入消费品市场是促进中国内需进而将中国打造成为全球需求端的中心是当务之急。

然而，引导资金从房地产市场流出需要谨慎对待，一方面来看，目前中国各地政府对土地出让金的依赖度较高，图 4 – 15 是中国 2001 年以来土地出让金占财政比例的走势图。

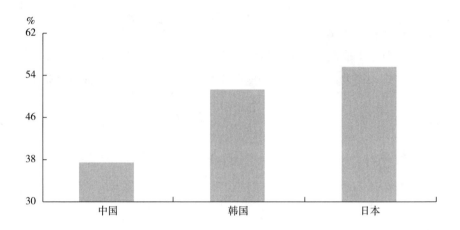

图 4 - 14　不同地区人均 GDP 达到 1 万美元时的消费率

（数据来源：Wind）

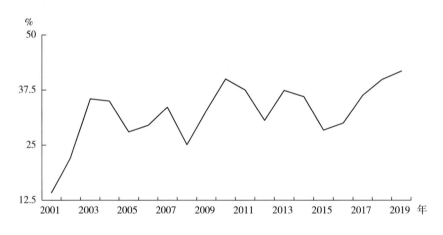

图 4 - 15　中国土地出让金占财政比例

（数据来源：Wind）

通过图 4 - 15 可以发现：2001 年以来中国各地政府土地出让金占财政比例一直处于较高位置，截至 2019 年年底中国各地政府土地出让金占财政比例为 41.8%，表明地方政府财政对土地出让金的依赖度较高。

另一方面，据央行统计，中国居民 75% 的资产都在房地产上，这就决定了一旦房地产出现暴跌现象时，无论是地方财政收入还是居民资产都会大幅度缩水，这将对中国经济和居民收入构成巨大威胁。因此，在挤压房地产泡沫的同时，必须保证房地产价格在可控范围内，不能允许房地产价格暴跌对地方政府收入和居民资产构成威胁，在这种平稳的背景下引导资金流入消费品领域。

综上所述，虽然整体来看世界全球化状态还没有达到最优，无论是中国还是大部分"一带一路"沿线国家继续全球化的收益依旧大于成本，但是大部分发达国家已经临近甚至超越全球化最优状态，另外在发达国家内部收入不平衡叠加疲软经济的背景下，欧美民粹主义政党获得了选票并通过发起贸易战来转移内部矛盾。

总体来说，没有中国的世界和没有世界的中国都是不理性的，中国的经济结构仅仅依靠内循环难以持续繁荣，中国为了保持经济继续快速发展并快速跨越中等收入陷阱需要在以下几个层面发力。

首先，对外作为区域一体化的领导者和推动者，重点推进中国与"一带一路"地区的自由贸易协定，向"一带一路"国家输出资本、基建和产能。通过相对的技术优势、制度优势、资源优势、人才优势协助非发达国家发展，互利共赢。

其次，对内保持房地产价格的平稳，引导资金流向消费品领域，将中国打造成为世界第三个需求中心。

再次，通过教育体制改革、科技体制改革提升创新的经济原动力和研究方向的自由度；加快研发投入比例并对计算机、生物技术、材料技术等战略性新兴产业进行针对性财政补贴和 PCT 奖励，同时压缩某些非战略性、差距较大的尖端科技投入，实现中国高端产业的弯道超车。

最后，继续扩大制度红利，通过深化改革，重点推动市场元素的市场化配置，市场主体的市场化功能，政府运行机制的服务化改进，在市场管理上加大监管，在产权保护方面完善法律救济功能。

第5章 现阶段的全球化进程

2019 年年底新冠肺炎疫情暴发之后，全球经济蒙上了一层阴影，全球各国设置了严格的旅行禁令来避免新冠肺炎病毒在全球范围内传染，这种政策虽然在一定程度上降低了新冠肺炎疫情对人类生存带来的危机，却也对经济和全球化进程带来了重创。

5.1 全球供应链的现状及挑战

在疫情冲击下，全球各国政府为应对疫情对人类生命安全的威胁，对外开始限制全球旅行，对内则要求企业停工停产，这种做法在一定程度上缓解了病毒传播的速度，然而对外限制全球旅行切断了全球供应链条，对内要求企业停工停产也导致全球各国国内供应链的缺失。具体来看，疫情对全球供应链的冲击可以划分为以下几个阶段：

第一个阶段，全球旅行切断以及全球各国国内停工停产，这一政策从需求层面给供应链致命的打击。全球旅行切断以及全球各国国内停工停产使得市场信心萎缩，不管是企业还是居民对于未来都较为悲观，因此居民会减少消费，而大部分企业由于备有一定的安全库存且对未来市场较为悲观，这些企业会降低生产并延迟对供应商的订单。这个阶段比较典型的行业是汽车行业，在 2020 年年初至年中时期，中国国内大量的汽车商家纷纷通过打折、补贴来促销，避免其成品库存挤压导致其现金流的枯竭。

第二个阶段，随着新冠肺炎疫情的持续发酵，全球旅行切断以及全球各国国内停工停产的政策对经济的影响逐渐由需求端向供给端推进，在这个阶段大量终端制造企业的成品库存和原材料库存开始逐渐消耗，此时这些企业开始向其供应商下单却发现其二级供应商或三级供应商由于受到停工停产的影响而无法按时生产和交货，全球供应链的扭曲在第二个阶段对全球的供应和经济开始产生巨大的影响。同样以汽车行业为例，从 2021 年年初开始，大量的汽车公司一反 2020 年打折促销的常态并开始恢复其汽车原价，部分品牌和车型甚至要求客户加价提车，其原因就在于汽车的关键零部件——芯片全球缺货，芯片厂商恩智浦透露，其 2020 年 1 月制订了扩大产能的计划，但因为疫情搁置了，直到 2020 年 7 月看到需求的强劲，才重启了这个扩大产能的计划，但截至 2021 年年中依旧还未能投产。上游芯片行业的缺失导致下游汽车行业无法按时生产，2020 年就有包括福特、丰田、沃尔沃、现代、蔚来汽车、通用汽车等在内的车企宣布因汽车芯片短缺而调整生产。

由于汽车生产涉及成千上万个零部件，而这些零部件又是全球化采购，因此任何一个零部件供应商或者其三级供应商出现问题都有可能导致汽车行业出现停工停产的结果。事实上，缺芯不仅仅导致汽车行业出现供应问题，手机行业、家电行业等都受到芯片缺货的影响。以丰田为例，其福岛核事故之后优化其供应链管理策略，针对芯片采用独特的 BCP 策略，即要求供应商为丰田储备 2 个月至 6 个月的芯片，这种策略成功帮助丰田渡过了第一个阶段的难关，然而随着疫情的持续推进和芯片产业的持续缺货，最终丰田在 2021 年下半年也开始因为芯片缺货而被迫停产。

第三个阶段，全球主要国家开始接种疫苗让市场似乎看到曙光，但是新的变异病种依然对人类构成巨大的威胁，这意味着全球供应链的彻底复苏之路漫长。

图 5 - 1 是截至 2021 年 12 月 13 日全球疫苗接种进度：

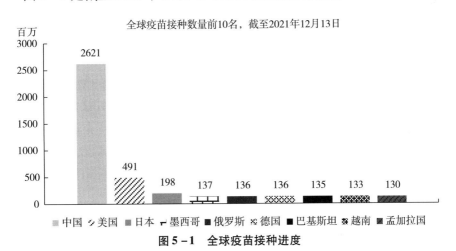

图 5 - 1　全球疫苗接种进度

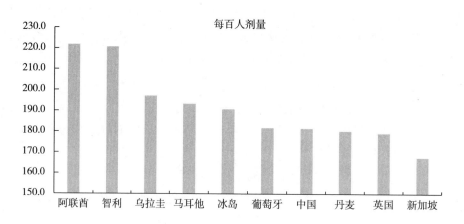

每百人剂量

图 5 - 1　全球疫苗接种进度（续）

（数据来源：Wind）

从图 5 - 1 可以发现：全球主要国家的接种率已经处于较高水平，中国目前的接种次数达到 26 亿人次，这意味着大部分中国人口已经完成 2 次接种。较高的接种率在一段时间内让全球各国坚信新冠肺炎疫情暴发以来最危险的时刻已经过去，少数国家甚至开始放宽全球旅行管制以希望快速恢复经济。例如美国宣布从 2021 年 11 月开始放宽国际航班旅客入境限制，所有外国旅客入境美国时需出示"完全接种新冠疫苗"证明以及出发前 72 小时核酸阴性证明即可直接入境。之所以这样是因为长期的入境管制对商业、经济和全球供应链都造成了巨大的伤害，美国迫不及待通过放松管制来促进经济生产要素重新恢复到疫情暴发之前的状态。

然而 2021 年 11 月 26 日，世界卫生组织宣布发现了一种新的变异株"奥密克戎"，这款变异的病毒事发于南非并快速在不同国家传播，据专家研究发现这款新型的变异病毒无法通过常规的 PCR 方法检测，且传播性远强于德尔塔病毒，其具有更强的疫苗抗药性，这意味着即便完成了两针接种疫苗的居民也无法避免被传染。因此，"奥密克戎"变异株的出现打碎了全球各国对未来的乐观期望，这也意味着未来较长的一段时间内全球供应链都无法恢复到疫情之前的水平。因此，在这种预期之下，全球各国政府和跨国公司如何抉择会对未来全球供应链产生深远的影响。

5.2 全球化进程放缓——非自愿与自愿

短期来看，新冠肺炎疫情对全球供应链带来了逆向的冲击，最终掀起了一股逆全球化浪潮，这种浪潮可以划分为自愿性的逆全球化和非自愿性的逆全球化，其背后的驱动力也有所不同。

在新冠肺炎暴发之前，在成本驱动的考量之下，全球供应链呈现出复杂的网状结构，跨国公司通过利用全球各国的资源禀赋来搭建全球化的供应链生产体系，例如韩国现代汽车利用中国完整的汽车零配件上下游体系将其汽车零配件的生产和供应安置在中国，又将其整车装配放在韩国，这样现代汽车能够最小化其生产成本。

然而疫情的冲击让跨国公司开始反思这一完全基于成本搭建的供应链体系是否需要调整变更。新冠肺炎疫情的到来导致中国大面积的停工停产，韩国现代汽车的零配件也被迫中断，这导致现代汽车暂停了其在韩国的所有生产组装线。而在这次疫情中，丰田则比较好地应对了这一全球供应链的危机，这源于丰田的供应链体系保留了较高的本地化水平，例如丰田的乔治城工厂中，有超过 350 个供应商位于美国本土，其中有超过 100 家就坐落在肯塔基州，因此这些供应商能够根据丰田的需求快速调整自身的生产和供应。

上述韩国现代汽车和丰田汽车在新冠肺炎疫情冲击下截然不同的结果给众多跨国公司如何构建供应链提供了提示，即供应链的搭建不仅要考虑成本，还需要考虑安全和可靠。事实上，新冠肺炎疫情暴发以来，包括口罩、汽车、芯片等一系列产业都出现了供应紧张的局面，芯片的供应一直到 2021 年年底依然相对紧张，这促使跨国公司为了更好地生存而开始考虑供应链的布局。

短期来看，搭建新的供应链需要耗费较长的时间和巨额的成本，得不偿失，因此许多跨国公司在短期内并未思考过是否对其供应链体系进行较大的调整。不过为了应对短期库存告急的问题，跨国公司也会努力拓展其供应链体系，以确保公司的正常运转。不过在国家层面来看，其动作则更为迅速，日本经济产业省于 2021 年推出了约 22 亿美元的资金支持产业回迁，从中国撤离，而美国政府则是应允企业迁出中国的支出成本做抵税处理。尤其是在疫情期间暴露出来的一些涉及安全的低端产业更是受到这些国家的强烈重视，例如疫情期间欧美等发达国家的口罩缺失，导致这些国家政府考虑要把涉及安全的低端产业不计成本地迁移回国内，以避免重蹈覆辙。汽车玻璃大王曹德旺在接受媒体采访时也表示，疫情后，各国的不信任度将增加，各国着手构建更独立、完整、安全的产业链会是一个趋势，会出现逆全球化的阴影。

中期来看，随着时间的推移，尤其是新冠肺炎疫情暴发持续 2 年后又遭遇了德尔塔等一系列的新冠肺炎变异病毒，跨国公司发现短期恢复其以往的全球化供应链体系不太可能，而缺货和停产会促使这些跨国公司加快重构供应链的步伐。许多跨国公司为了避免全球供应链紧缺对自身企业政策运营的影响，会考虑对其自身的供应链体系进行重构，在考虑供应链成本的同时也会逐渐考虑供应链的安全性、可靠性和稳定性，因此中期内会出现一定程度的供应链逆全球化现象。

不过长期来看，不管是政府还是跨国公司，其对供应链的构建最终还是会回到以成本为主要考量的框架上去。虽然中短期内来看，政府力量以及迫于正常经营的压力会逼迫跨国公司缩小其供应链体系，但是长期来看在经济利益驱动和竞争驱动的压力下，跨国公司会重新回到成本优先的供应链体系下。

疫情冲击下全球供应链面临各项挑战以及衍生出的被动逆全球化和主动逆全球化浪潮，从更远的视角来看全球化何去何从还将面临着经济利益和竞争双轮驱动，因此本章从这两个维度展开探讨未来疫情后全球化的长期趋势和发展方向。

5.3　经济利益驱动

全球迄今为止共发生了五次大规模的产业转移，这些国际产业转移背后都是经济利益在驱动跨国公司在全球范围内构建更低成本的供应链。

第一次国际产业转移发生在 19 世纪下半叶的英国，第一次工业革命之后的英国生产力大幅度上升，英国经济大幅度增长的同时也带动了英国工人工资的快速上涨，一些低端产业逐渐在全球范围内寻找较低成本的区域进行生产以获取更大的利益，美国凭借其优异的自然资源和较低的劳动力成本成为第一次国际产业转移的主要目的地。

第二次国际产业转移发生在 20 世纪 50 年代至 60 年代，当时第三次科技革命爆发，美国的经济和生产力大幅度提升，与此同时诸如钢铁、纺织等传统产业的成本急剧飙升且在国际市场上不再具备竞争力，因此许多跨国公司开始将这些传统产业逐渐转移到了日本和德国等国家。

第三次国际产业转移发生在 20 世纪 70 年代至 80 年代，日本在上阶段承接美国的产业并且不断进行产业升级，其生产力逐渐提升并开始涉足汽车、芯片等高端产业，其落后产业逐渐转移到东南亚其他国家，并由此催生出了亚洲四小龙。

第四次国际产业转移发生在 20 世纪 90 年代，这个阶段东南亚国家经济开始富裕，工人工资开始逐渐攀升，此时具备廉价劳动力的中国成为其他国家跨国公司眼中的香饽饽，跨国公司纷纷开始将工厂及其供应链体系转移到中国。

第五次国际产业转移则始于 2012 年左右，经过多年的发展，中国人口红利逐渐消失，2012 年开始达到刘易斯拐点，劳动力成本也逐渐攀升，与此同时，越南、缅甸等国家开始通过各种政策、土地优惠和相对低廉的劳动力成本抢占市场，一些低端制造业逐渐转移到了越南、缅甸等国家。

通过对上述五次国际产业转移的历史进行简单的梳理可以发现：上述五次国际产业转移都有一个共同特征，就是产业原本所在国的经济发生了较大的进步，其原本所拥有的相对优势逐渐消失，因此跨国公司为了获得更大的经济利益会逐渐将产业转移到成本更低的区域。

同理，目前新冠肺炎疫情的持续冲击会迫使一些跨国公司为了短期经营能够正常进行而将部分供应链或工厂从成本较低的区域迁移走，但是一旦未来新冠肺炎疫情结束之后，资本的逐利性会要求企业采取合理的方式来实现其经济利益的最大化，从上述五次国际产业转移的过程可知跨国公司会持续不断地寻找更廉价的生产区域以降低成本并提升其经济利益。

5.4　竞争驱动

除了经济利益之外，竞争也是驱动跨国公司搭建全球供应链体系的关键。以丰田汽车为例，汽车行业涉及的供应商有上万家，且遍布全球不同的区域，丰田汽车首创的 TPS（丰田生产方式）世界闻名，通过这种方式在全球范围内进行原材料的采购，并通过 JIT（及时生产）来降低库存成本等方式实现了整车的低成本，这也是以丰田为代表的日系汽车公司占领市场的法宝。2021年上半年，丰田整个集团的销量同比增长31%，销售达到546万辆汽车，而从2021年8月开始，丰田汽车接连宣布因为芯片短缺导致其位于日本的14座工厂遭遇不同程度的停产，最长停产时间达到11天。如果疫情继续持续几年，丰田可能会考虑收缩其供应商链条，以降低全球供应链不稳定对其正常生产的影响，甚至在未来出于对供应链安全的考量会彻底改变其目前的供应链策略，转而将其供应商缩窄。然而这种做法从长期来看并不持续，因为丰田是通过全球供应链以及精益生产的方式来降低其生产成本，进而为社会提供物美价廉的汽车产品，如果丰田更改了其供应链系统，很有可能导致其成本上升。在这种情况下，如果其竞争对手本田或者其他的竞争对手继续采用全球化供应链来降低成本的策略，则能够相比丰田提供更为便宜的汽车产品，那么最终就可能导致丰田逐渐失去竞争力和市场。基于上述考量和竞争压力，丰田可能会率先转为成本优先的供应链策略。

5.5　新格局

展望未来，虽然在中短期内新冠肺炎疫情的冲击会导致全球供应链体系主动或被动地收缩，在供应链成本和供应链安全之间追求平衡，但是从长期来看，在竞争和经济利益的驱动之下，跨国公司最终依然会继续推动全球供应链的持续深入。

中短期来看，由新冠肺炎疫情引发的德尔塔病毒和奥密克戎等变异毒株延迟了全球经济复苏和全球旅行恢复的步伐，这也将迫使类似于丰田、宜家等全球采购的跨国公司开始调整其供应链搭建原则和策略，从以往的专注于降低原材料成本逐渐转向兼顾供应链成本和安全。因此，在赋予供应链安全更高权重之后，跨国公司可能会优先考虑周边的供应商以更好地掌控供应链条随时可能会出现的各种问题与挑战，这种改变无疑会导致全球供应链在短期内陷入逆全球化的过程中。除此之外，随着疫情持续时间的加长，越来越多的国家开始意识到诸如口罩等防护型产品的重要性，并开始通过税收补贴等方式吸引越来越多的相关产业回流，2020年上半年日本政府就决定开支20亿美元支持日本企业搬回日本，美国白宫首席经济顾问库德洛也曾多次表示白宫愿意支付搬家费用以促进在外的美国制造业回流。因此，从中短期来看，如果疫情持续无法得到好转，未来在供应链安全的威胁以及政府补贴这一"胡萝卜"的诱导之下，会有大批的企业回流到本国，从这个角度来看逆全球化浪潮将在中短期内成为主导。

不过从长期来看，政府与企业的决策将会发生冲突，企业最终会从兼顾供应链安全和成本重新转向专注供应链成本上，而政府则会为了降低收入差距而继续支持企业回流。

具体来看，本次疫情结束之后，企业的供应链策略在竞争中会进行动态调整，从疫情结束初期的监管供应链安全和成本逐渐专注成本，跨国公司之间的竞争会导致跨国公司相互博弈并动态调整自身的供应链策略。例如某行业内有公司 A 和公司 B，两者在疫情结束初期的供应链策略均是兼顾安全和成本，此时两家公司都会思考未来的供应链策略，公司 A 和公司 B 都有两种选择，一种选择是继续兼顾安全和成本，另一种选择则是逐渐转向成本优先，如果公司 A 选择了第一种策略而公司 B 选择了第二种策略，那么在长期来看公司 B 的成本会低于公司 A 的成本，最终公司 B 在市场上的竞争力要大于公司 A 的竞争力，因此公司 A 为了避免竞争失败则会逐渐改变自身的供应链策略。这是一种动态博弈的过程，从长远角度来看，无论是公司 A 还是公司 B，其最优的选择应该是兼顾安全和成本，但是其中任何一家公司选择成本优先都会导致另外一家公司竞争失利，最终在双方博弈的过程中两者都会选择成本优先，直到下一次遭遇到新冠肺炎疫情这种极端事件才会让人们再次想起供应链安全的重要性。

不过值得注意的是，对于欧美日等发达国家来说，全球化损害了低端群体的利益并导致社会收入差距的加大，由此引发的民粹主义会从政治角度要求各国企业回流，这是另外一股影响力量。然而笔者认为，从长期来看，跨国企业的选择而非政府才是影响全球化趋势的决定性力量，美国制造业回流战略已经实施了十几年，然而结果并不理想，包括苹果、特斯拉在内的众多跨国公司依然在不断完善其全球化供应链体系，其根本原因就在于跨国公司必须通过供应链全球化来提升其竞争力，只有其竞争力提升才能让跨国公司获取更多的利润，跨国公司的逐利性决定了其与欧美日等国家政府对全球化的态度截然相反。

73

近年来，有大量的中国台湾、日本企业搬迁到了越南、老挝等国家或区域。网络上出现了不少认为逆全球化时代已经到来的声音，实际上这恰恰是全球化的经典案例，全球化并非是围绕中国或其他某一个国家转动，而是跨国公司在全球范围内持续寻找能够优化其供应链成本的路径而带来的全球产业的动态调整过程。大量的中国台湾、日本企业搬迁到越南、老挝等国家或区域，是因为这些企业大多属于劳动密集型产业，随着中国最低工资的不断提升，中国人口红利和劳动力的相对优势逐渐消失，因此跨国公司为了降低自身的成本选择将其工厂或供应商搬迁到越南、老挝等国家或区域。中国人口红利消失的同时，工程师红利和供应链红利却又逐渐增加，目前中国高等院校每年毕业的人才达到 1000 万人，且中国在汽车、电子产品、机械设备等高精尖的领域培育了完整的供应链条，因此中国能够为跨国公司提供性价比较高的人才和完整的供应链条，这是其他非发达国家无法比拟的优势，因此对于制造过程比较复杂且有一定技术的产业较难脱离中国而转移到越南、老挝等国家或区域，跨国公司也会综合考虑来选择合适的区域进行生产。

第6章 货币全球化

货币应该是人类认识和改造世界的最伟大创造之一。货币在危机和冲击中不断完善和发展，随着商业银行和中央银行制度的建立和完善，货币制度开启新时代。货币属性因全球化萌芽而从多元走向单一，随着全球化大发展再从单一走向多元，货币演进与全球化相辅相成。货币首先因其功能属性而存在，随着科技发展，其存在形式也发生着变化。冶炼技术发展使货币从一般物品走向贵金属，互联网技术和数字技术发展使货币从金属走向电子化数字。货币与商品兑换构成商品市场，货币与货币兑换构成货币市场，兑换比率的形成与变化随着全球化发展将世界各国联系在了一起。

6.1 货币的产生

早期人类社会中，人类所能掌握的资源相对贫乏，群居生活的人类需要对已有的资源进行高效利用以满足人类生存繁衍的需要。人们自发地开始进行以物易物，将自己不需要的物品与他人进行交换，各取所需。在这一阶段，全球化尚未出现，人类仅仅是小范围的聚居，交易物品种类相对狭窄，集中在很小一部分物品范围内。以物易物的交易方式能够快速找到交易对象、达成交易，足以满足人类的基本需求。

随着人类社会的发展，人类活动范围开始逐渐扩大。人们尝试在更大范围内进行交易，可以用于交换的商品种类越来越多。人们发现以物易物的方式需要耗费大量的时间去寻找交易对象，交易过程中可能存在对交换物品价值的错误判断，交易过程中携带交易商品（比如木头等笨重物品）需要耗费大量的时间和精力，这导致交易的效率不及预期，一般等价物便应运而生了。一般等价物是从商品中分离出来，在某一地区市场上人们普遍乐意接受的、能够直接和其他商品相交换并表现其他商品价值的商品。在人类历史社会中充当过一般等价物的商品有很多,最常见的有粮食、肉类等,但在过去的历史中有一部分一般等价物由于其携带的便捷性以及可贮藏性被分离出来,如天然海贝、铜、白银、黄金等,由此货币便诞生了。

6.2　贵金属货币与全球化萌芽

纵观人类历史,大多数地区最早生产出来充当货币的都是贝,这是人类社会早期生产力所限制的,人们只能选择最原始的自然物品作为货币。中国最早的货币就是海贝,许慎在《说文》中提到:"古者货贝而宝龟。周而有泉,至秦废贝行钱。凡贝之属皆从贝。"除了中国以外,亚洲的印度、印度尼西亚、锡兰,美洲的阿拉斯加、加利福尼亚,非洲沿海以及大洋洲所罗门群岛等都曾使用贝作为货币。在这一阶段,人类普遍使用贝作为货币的原因主要是贝具有一定的稀缺性,早期人类以大河文明为主,远离海洋,他们愿意接受相对稀缺的贝作为货币,但随着人类生存范围的扩展,人们可以在海边大量获得贝壳,海贝逐渐不再被人们视作货币。随着人类生产力的进一步发展,人们能够使用工具来开采地下矿藏,埋藏在地下的金属开始逐渐走入人类社会。历史上人类使用过的金属货币主要有铜、铁、金、银等几种,根据已有历史记载,世界上最早使用的金属货币是铜铸币。各国使用各类金属货币的类型、时间各有差异。中国最早在西周时期(公元前1122年至公元前771年),开始使用由铜饼击碎而成的铜块,到了春秋战国时期,铜铸币已经开始广泛使用,但在不同的国家有不同的铜铸币:布币流通于周、郑、晋、卫等国,刀币流通于齐、燕、赵国,蚁鼻钱流通于楚国。黄金在战国以后才被中国广泛用作货币,但黄金的货币属性在此前已经有体现,如《管子·国蓄》说先王"以珠玉为上币,黄金为中币,以刀、布为下币",《史书·平淮书》记载:"虞夏之币,金为三品,或黄,或白,或赤。"上述史料可以佐证黄金在西周时代已经用作货币,但尚未广泛使用。很有趣的是,先秦时期黄金的价值要低于白银,由于黄金的性质稳定,很少有化合物,尽管其稀少,但易于开采。相反地,白银的储量虽然高于黄金,但白银开采则需要更多的技术含量,因为白银在自然存在的形态是化合物,纯银需要通过化学方式将其提纯。据马克思说,在古代亚洲,金银的兑换比率为6:1或8:1。此后,由于中国黄金、白银匮乏等原因,在很长一段时间里，铜钱和铁钱仍是中国长期使用的货币。尽管在商业相对繁荣的宋代出现了交子和会子两种纸币，但这只是昙花一现，很快就由于通货膨胀等原因而退出了历史舞台，转而继续由铁钱和铜钱行使货币职能。

银本位

银本位作为一种金融货币制度，以某一固定重量的银币或银块作为经济单位标准，这一制度在全球不同国家和地区都曾确立和施行。在这一阶段，商品交换实质上仍然是实物交换，而银币或白银则是交换的一般等价物，被大多数国家所接受。

银本位最早在东罗马帝国灭亡后（15 世纪中叶）开始施行，银本位的确立更多像是一个既成事实。彼时的欧洲各国使用白银铸造银币，用于商业贸易往来，如英国最早在公元前八世纪开始使用银币，英格兰 Mercia 王国的国王 Offa 通过将一磅重的白银分割为 240 份银块，而在实际操作过程中，这 240 份加总的银块很少能够达到一磅；西班牙在 1497 年开始铸造银币，其称之为比索，这一名字也被持续沿用至今。进入 16 世纪以后，西班牙人对贵金属的渴望尤其强烈，开始在欧洲大陆以外的地方找寻金银，大量银矿在墨西哥、秘鲁和玻利维亚被发现，汞齐化技术被用于银矿冶炼，白银的产量快速提升。西班牙的珍宝船队以及部分私人船舶开始将大量的白银运回欧洲大陆，比索的铸造原料得以充足，大量的白银被铸造成比索进入市场流通。此时的西班牙王室享用着从美洲掠夺来的财富，大量使用银币从其他欧洲国家购买商品，使得大量的白银开始进入欧洲各国。

这一趋势并非仅仅在欧洲蔓延，随着郑和下西洋、哥伦布发现新大陆、麦哲伦环球航行，世界开始越发连成一个整体，世界各个大洲的交流开始变得频繁，全球化初显。在地理大发现之前，欧洲人购买中国的商品往往需要通过陆路进行交易，不可避免地需要与中东的阿拉伯人这一中间商打交道，因而中国商品往往售价高昂且数量稀少。欧洲人迫切希望绕开阿拉伯人同中国开展贸易，他们开始尝试通过海上线路到达中国。随着葡萄牙、荷兰等国直接与中国通过海上线路进行贸易，大量的丝绸、瓷器以及茶叶等商品开始被直接出口至欧洲。

中国长期自给自足的经济对欧洲和美洲出口的商品并没有多大兴趣，于是中国形成了对欧洲以及美洲的巨量贸易顺差。大量的白银从美洲被开采后运往欧洲，欧洲人又使用这些白银与中国进行贸易。大量的白银输入缺乏白银的中国（明代中叶前中国白银存量约为1.5亿两），据估算，1550—1830年通过贸易顺差流入中国的海外白银约5.6亿两（约合2.1万吨），大约占同期全球白银总产量的15%，这使得中国在接下来的时间里实现了货币白银化，进一步加深了银本位的施行。全球化已现，并开始通过贸易全球化等方式对各国的货币产生影响，宋明时期大量白银从外部输入中国，白银在明朝获得合法交易地位，并被大量使用。

从货币史上来看，银本位是传统以物易物方式的结尾曲，在全球化的影响下，全球各地的货币从过去的贝壳、铜、铁逐渐走向汇合与统一。银本位在生产力相对稳定的社会有助于维持货币市场的稳定，白银的生产速度与社会总供给的增速保持匹配，社会价格水平维持在合理区间。随着生产力的不断发展，白银的生产效率和开采量不断提升，社会总供给增速不及白银开采增速带来了通货膨胀，这也是中世纪欧洲发生价格革命的原因之一。16世纪大量美洲白银进入欧洲，欧洲白银存量从7000吨增加到21400吨，欧洲的商品价格在近一个世纪的时间里快速上行，其中西班牙的物价在一个世纪里上升了近四倍。通胀失控为后期各国逐渐放弃银本位埋下伏笔。19世纪后期，世界白银产量进一步提升，由于贸易顺差而进入中国的大量白银在割地赔款条约中流出，世界白银流通量激增加剧通货膨胀，白银价格剧烈波动，世界各国先后放弃银本位。中国最终于1935年放弃使用银本位。

贸易全球化促进全球货币体系走向银本位，但与此同时，随着贸易全球化而不断增长的白银存量又导致人们对全球货币提出了新的要求：一种价值更稳定的货币。黄金便在这一背景下开始走向货币体系的中心。

金本位

与白银相似，黄金在很早就已经充当交易媒介。历史上，吕底亚境内的巴克图鲁斯河盛产砂金，便捷的开采条件让其成为第一个使用黄金铸币的国家。此后，马其顿帝国、罗马共和国、罗马帝国均发展延续了黄金铸币传统。公元476年，西罗马帝国覆灭，西欧进入了中世纪，东罗马帝国因为其强大的国力和繁荣的对外贸易使其金币成为整个地中海区域最具国际信誉的金币，被称为

"欧洲中世纪的美元"。尽管东罗马帝国在公元 1453 年灭亡，但其金币铸造传统被彼时的欧洲各国保留下来，并持续使用，在这一阶段金币与银币同时用于商品交易。

由于黄金在欧洲的产量相对有限，且开采技术并没有实质性的突破，黄金产量处于相对稳定的状态，大幅少于白银的存量。16 世纪初，欧洲黄金存量约为 550 吨，而白银存量约为 7000 吨。贵金属存量现状叠加不断繁荣的商品贸易交易，彼时的欧洲并不能全面地使用黄金作为货币从事商品贸易，白银仍然是主流货币，黄金只在部分大额交易中使用。

1415 年前后葡萄牙人率先占领了非洲西北角的休达，并以此为跳板沿着西非海岸南下与西非土著进行正常贸易换取黄金，但也采取欺骗、武力抢夺等方式争夺黄金。1481 年前后，葡萄牙人艾尔米纳率领一支舰队登陆了西非加纳，并修建堡垒奴役当地土著挖掘金矿。此后，葡萄牙的殖民版图不断扩大，从西非海岸扩展到东非海岸，每年大约有 700 千克的黄金从非洲流入葡萄牙。与此同时，西班牙进入美洲大陆开始殖民掠夺，大量的奴隶被用于开采金矿，1545—1560 年，每年约有 5500 千克黄金被运往西班牙。16 世纪末，世界金银总产量中的 83% 被西班牙所占有。西班牙并没有将其拥有的金银转化为扩大生产的资本投入，而是用于在欧洲各国购买商品。欧洲黄金存量的大幅增加，以及白银的大幅贬值，为黄金成为本位币奠定了基础。

全球化的发展进一步推动黄金走向货币体系的核心。欧洲和美洲的贸易导致黄金存量扩大，使用黄金进行商品贸易在欧洲具有了物质基础。另外，全球化也对货币提出了新的要求，商人在进行大宗交易时携带白银的体积要明显大于黄金，为了减少货币对货物空间的挤占，人们迫切希望引入黄金作为交易过程中的货币以提升贸易效率。彼时欧洲各国普遍采用金银复本位制，但金银复本位存在固有的缺陷：政府规定金银之间存在固定的兑换比率，且不同的国家兑换比率不一致，产生维持官方固定兑换比率和国际协调两大难题。17 世纪，大量白银从秘鲁和墨西哥银矿不断流入欧洲市场，导致欧洲市场中的白银价格大幅下跌。当时英国的官方金银兑换比率明显低于其他国家，这就导致新发行的银币往往被人们私藏，或是重新熔铸后流入其他国家换取黄金，再将黄金运回英国重铸后换取更多的白银，如此反复，英国官方的白银储备越发稀缺，这导致当时的欧洲货币市场一片混乱，亟待改变现状。

1696年，物理学家牛顿在财政大臣查尔斯·孟塔古的提携下迁到了伦敦皇家铸币厂，并于1699年升任为厂长，经过走访和调查，牛顿发现金银市场的混乱根源在于货币的兑换比率。1717年9月，牛顿向英国议会提交了一份著名的报告《向上议院财税委员会阁下的陈述》，阐述了白银外流的根源在于兑换比率。1717年12月，英国议会根据牛顿的建议，将黄金价格定为每盎司3英镑17先令10.5便士，正式与英镑面值挂钩。1797年，英国宣布铸币条例，发行金币，规定了含金量，银币处于辅币地位。1816年，英国通过了《金本位制度法案》，以法律的形式承认了黄金作为货币的本位来发行纸币。1819年又颁布条例，要求英格兰银行的银行券（纸币）在1821年能兑换金条，在1823年能兑换金币，并取消对金币熔化及金条输出的限制。从此英国实行了真正的金本位。

金本位具有如下特点：以一定量的黄金为货币单位铸造金币作为本位币；金币可以自由铸造、熔化、具有无限法偿的能力，同时限制其他铸币的铸造和偿付能力；辅币和银行券可以自由兑换金币或等量黄金；黄金可以自由进出口；黄金是唯一准备金。

此后的一百年里，英国借助第一次工业革命以及全球的殖民掠夺扩张成为名副其实的"日不落帝国"。19世纪后期，在英国强大国力的影响下金本位制被各主要资本主义国家普遍采用，彼时已初具国际性。实质上，当时的金本位制度是一个以英镑为中心、黄金为基础的国际金本位制度。但这一国际金本位制度并未持续太久，随着1914年第一次世界大战的爆发，欧洲各国为了筹集军费，普遍发行纸币而不兑现金银，且在此阶段禁止黄金的自由流出，这导致金本位制度遭到了重创，随之走向终结。

"一战"结束后，资本主义国家进入了一个相对稳定时期，各国逐步恢复到"一战"前水平，并希望恢复金本位制，但此时各国的黄金储备并不能支撑起金本位制。1921年，蒙古塔·诺曼担任英格兰银行的总裁，决定维持英镑的强势地位，进而提高了银行的利率以保证英镑的强势。1922年，各国在意大利热那亚召开了经济与金融会议，会上讨论了重建有生命力的国际货币体系问题。诺曼在会议上正式提出了金汇兑本位的构想。在金汇兑本位制下，银行券在国内不能兑换黄金和金币，只能兑换外汇，外汇在国外才能兑换黄金，黄金是最后的支付手段。实行这一制度的国家需要将本国货币与另一金本位制国家货币汇率固定，并在该国存放外汇准备金。1923 年，德国央行最早与英格兰银行达成了合作协议，英国央行向德国央行提供一笔英镑贷款，德国央行以英镑为货币准备，发放的贷款以英镑计价。金汇兑本位制最早在德国推行。1925 年，英国出台《1925 年金本位法案》，其核心在于不铸造、不流通金币，只发行代表一定重量黄金的银行券（纸币）来进行流通，银行券兑换黄金有严格的限制，须按一定的条件向发行银行兑换金块。金汇兑本位并未施行太久，随着 1929 年大萧条的来临，部分初级产品生产国最先放弃金本位，而后中欧银行业危机导致德国和奥地利暂停黄金兑换，并实行外汇管制，此后奥地利和德国的央行相继崩溃，加之英国财政困难，导致全球对英镑的信心丧失，紧接而来针对英镑的投机性行为直接导致英国央行放弃金本位制。此后，澳大利亚、法国、荷兰等国相继放弃了金本位。

"二战"结束后，美国的国际地位由于其庞大的黄金储备、强大的军事实力而快速提升。1944 年 7 月，西方主要国家的代表在联合国国际货币金融会议上确立了"布雷顿森林体系"，其核心思想中有这样一条："美元与黄金挂钩。各国确认 1944 年 1 月美国规定的 35 美元一盎司的黄金官价，每一美元的含金量为 0.888671 克黄金。各国政府或中央银行可按官价用美元向美国兑换黄金。为使黄金官价不受自由市场金价冲击，各国政府需协同美国政府在国际金融市场上维持这一黄金官价。"这标志着金汇兑本位制在战后重新回到人们的视野，过去英镑的核心地位被美元所取代。但这一制度存在天然的缺陷，作为国际支付货币的美元需要保证币值稳定以被其他国家所接受，这意味着美国的国际贸易需要保持顺差，使黄金不断流入，从而支撑起美元币值，但这一趋势意味着市场上流通的美元不足，商品货物贸易缺乏足够的美元。要想使市场上有足够的美元流通，就意味着美国需要保持贸易逆差，从别国购买商品，输出美元，上述矛盾导致美国必然走向某个极端，这也是我们所熟知的"特里芬难题"。战后初期各国大量购买美国商品，美国经常账户顺差，美元、黄金流入，而后随着各国从"二战"的影响中恢复，加之美国在世界范围内充当"世界警察"，如越南战争，美国大量购买各国的商品，经常账户转入逆差，大量美元外流且黄金储备减少，导致美元难以支撑起布雷顿森林体系下 35 美元一盎司黄金的官价。

1971 年 8 月 15 日，尼克松政府宣布实行"新经济政策"，停止履行外国政府或中央银行可用美元向美国兑换黄金的义务。1971 年 12 月以《史密森协定》为标志，美元对黄金贬值，美联储拒绝向国外中央银行出售黄金。至此，美元与黄金挂钩的体制名存实亡。此后，欧洲各国纷纷取消固定汇率制度，对美元实行浮动汇率，美元与黄金挂钩的金汇兑本位在 20 世纪 70 年代完全淡出人们的视野。

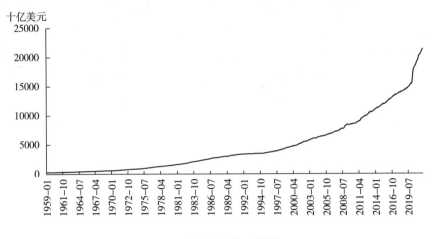

图 6-1　美国广义货币存量 M2

（数据来源：Wind）

6.3　信用货币与深度全球化

随着金本位逐渐退出历史，信用货币开始走向世界舞台。信用货币是由国家法律规定的、强制流通的、不以贵金属为基础的、独立发挥货币职能的货币。目前，全球各国发行的货币都属于信用货币，尽管各国仍然有一定规模的黄金储备，但这些黄金储备并不是为了货币兑换而储备的准备金。

信用货币为何能够被人们所认可

信用货币是货币历史上的一次重要革命，从形式上来看，标志着传统的实物抵押转向了信用抵押。从微观来看，现在的人们都普遍使用美元、人民币、欧元等货币，这些货币本身能代表的价值远远高于生产成本，这在过去看来是十分荒谬的事情，但现在的人们却普遍接受并使用了这些货币，剩余的价值是用什么进行补足的？答案是显然的，国家的信用。海曼·明斯基曾说过"每个人都能创造货币"，但"问题在于其是否会被接纳"，主权货币国家能够轻松地找到接受者，一定程度上是因为数千万人欠政府钱。一个国家的居民需要通过政府接受的货币来偿还他们的债务（税收），在这一时刻，居民就产生了对国家发行货币的需要，也就接受了一国所发行的货币。

信用货币诞生的始末

信用货币的形成是一个漫长的过程，而非一朝一夕所形成的。信用货币在全球的使用经历了两个大的里程碑："布雷顿森林体系""牙买加体系"。布雷顿森林体系建立之后，国际货币格局在某种意义上复制了英国时期的金本位，但这次的中心货币是美元而非英镑。在布雷顿森林体系下，各国货币与美元挂钩，美元与黄金挂钩，1盎司黄金等于35美元。这一体系让美元取代了黄金的地位，但美元仍与黄金挂钩，其实质上是逐渐让各国货币与黄金断开直接联系。在此阶段，货币体系仍然是金本位，但正逐渐开始走向信用货币。

由于"特里芬难题"的存在，布雷顿森林体系很难长久稳定地运行下去。多次美元危机后，其不能独立地作为国际储备货币。国际货币基金组织（IMF）成员国于1969年创设特别提款权（SDR），其初始价值为1单位SDR等于1美元等于0.888671克黄金。国际货币基金组织（IMF）希望通过特别提款权来弥补美国紧缩货币政策下全球美元储备资产的短缺，但随后的美国由于长期的"滞胀"，美联储于1971年开始实行宽松的货币政策，全球的黄金产量并没有如美元发行量一样坐上过山车，进一步导致美元与黄金的兑换比率难以维系，尼克松于同年8月15日宣布黄金与美元脱钩，各国也纷纷与美元脱钩，实行浮动汇率制度。

让消费者接受货币的前提是其价值背书能够让消费者相信其本身有价值，能够用于购买商品、服务。1971年的美国为什么能够让世界接受一个没有黄金背书的美元？其原因有多方面：一是美国的国家信用背书；二是其他国家购买美国商品对美元的需求以及美国购买别国商品时以美元支付计价；三是布雷顿森林体系下的近三十年里，全球已经高度依赖美元进行国际结算。

美国由于其得天独厚的地理位置，两次世界大战期间本土都未受到攻击，且在两次世界大战期间大量向欧洲战场出售军火、工业产品，从中获取了大量的利润，建立起了强大的军事实力和科技实力。相比之下，英国从战前的债权国转变成了战后的债务国，欠下以美元计价的百亿债务，军事实力、科技实力均落后于美国。战后美国强大的综合国力导致美国能够在战后用美元取代英镑的地位。在欧洲各国的战后重建时期，美国通过欧洲复兴计划与欧洲建立起了初步的贸易关系，美国在四个财年期间总共向欧洲输出了 130 亿美元的技术、设备等各类型的援助。在援助计划之外，美国以其领先的工业生产以及科学技术在这一时期向众多国家输出大量商品，在布雷顿森林体系之下，这些商品往往都是以美元计价的，美国一方面完成了对各国债权的积累，另一方面也让美国国家信用进一步提升。在美国的国家信用背书下，尽管美元不再兑换黄金，各国及其国民也并未就此不再相信美元。

国家信用能支撑起美元的价值但并不一定意味着全球都需要使用美元，各国之间的结算仍然可以使用其他主权货币国家的货币。美国为了强化美元地位，使美元在脱钩后仍被大多数国家所使用，其在 70 年代通过与全球最大产油国沙特阿拉伯达成的协议构建了石油美元。1974 年 7 月美国财政部长 William Simon 及其副手 Gerry Parsky 从安德鲁斯空军基地开启了为期两周的中东之旅，其最终与沙特阿拉伯达成了一项协议：美国向沙特阿拉伯提供军火和设备使其利益不必在中东战争中受到损害，而沙特阿拉伯在对外出口石油时将美元作为石油交易的唯一定价货币，并将 10 亿美元的石油收入用于购买美国国债，支持美国财政。石油自内燃机发明之后就被各国广泛使用，但石油的分布不均导致大多数国家仍需要进口石油，70 年代正值石油危机，各国都面临石油短缺的问题，此时最大产油国开始以美元计价出口石油，毫无疑问，这一协议极大地增强了美元的国际地位及其可靠性。

1976 年 1 月 8 日，国际货币基金组织与国际货币制度临时委员会达成《牙买加协定》，这标志着新的货币体系——《牙买加协定》的建立。《牙买加协定》对国际货币基金组织中关于黄金的条款进行了更改：黄金不再作为各国货币的定值标准。废除黄金官价，成员国可在市场上自由进行黄金交易。黄金作为国际外汇储备的地位由 SDR 取代。上述诸多条款都旨在去除黄金的货币属性，实现黄金非货币化。正如《牙买加协定》所希望的那样，全球各国在此之后已普遍走上了信用货币的道路。

黄金、白银等贵金属货币的储备量是有限的，其开采量在短期来看也是相对稳定的，这就意味着政府所能进行的调控极为有限，他们并不能在经济下行时更快开采黄金、白银。信用货币则不然，政府只需要开启或者关闭印钞机，就能对本国的货币市场进行调控并影响其他国家的货币市场。与此同时，越发繁荣的世界贸易意味着黄金产量增速不能跟上贸易需要的货币量，大量的商品货物贸易受阻，也助推了信用货币的实现。

诚然，信用货币相较传统的金银而言具有诸多的优点：发行数量能够由主权政府根据本国的经济情况来进行适当的调整，以应对部分突发的冲击性因素；信用货币的增长速度并不像金银那样受制于储量或是开采技术，信用货币能够随着经济贸易的增长而快速增加，进一步为贸易的增长提供动能。但另一方面，信用货币的超发带来的破坏也是显然的，当货币的增长速度超过经济的潜在增速后会带来通货膨胀，对经济的潜在增速进行准确的预估是极为困难的，因而在大多数时候，主权货币国家会选择略微的超发货币来避免经济陷入紧缩。更为极端的是，部分国家过分透支自身的信用，无限制地超发货币，造成本国货币市场的崩溃，如津巴布韦，在 2009 年甚至发行过 100 万亿的钞票。信用货币拓宽了主权货币国家调控的能力，促进了经济增长，但如果滥用信用货币，也将给主权国家的经济增长带来毁灭性打击。

在互联网加持下，信用货币开始被"电子货币转移系统"所替代，越来越多的人们开始通过网上银行、第三方结算系统来实现一笔交易，纸质的货币也逐渐淡出人们的视野。各国政府也是紧随这一潮流，通过货币政策来对一国的市场经济进行调控时并不需要真正印出相应数额的货币，这往往只需要各国央行在电脑上敲下一行数字，这一过程便已完成。世界贸易中的两个要素，货币与商品在货币的一次又一次革命之中走向分离，古代的贸易仍需要携带大量的金属货币与货物同行，现在这一过程走向分散，货币通过电子结算系统到达卖家的账户，而物流则将货物运到买家的厂房。如今，货币只是家庭资产负债表上的一个数字，数字货币也是如此。

专栏讨论：利率与金融全球化

利息如今被人们所广泛运用于商业活动之中，但其确切的出现年份和地点已经无可考证。约公元前 3000 年，苏美尔古代文献披露了人们按数量借贷粮食、按重量借贷金属的活动而采用的信贷系统，此时利息就已经出现。例如，大麦的常用利率为每年 33.3%，银子的利率为 20%。事实上，除了有文献记载外，利息很有可能在通用价值计量标准和交易媒介产生之前就已经存在。

利率是资本回报率，是资本全球流动的驱动力。货币产生后开始充当交易媒介，并在人们手中不断流通，促进商品、服务的流动。在这一过程中，人们往往希望商品与货币的流通是顺畅的，货币促进供给与需求平衡。但事实上，供给的完全平衡是不可能实现的，这就导致部分人拥有富余的货币，且他们通常希望将其贮藏起来，因为这是财富的象征，流动性的概念也因此产生。由于部分货币退出流通市场，商品货物的贸易将会变得更加困难。为了让拥有富余货币的人将货币重新投入市场，利息便出现了，借款人向贷款人借取货币并许诺未来还本付息。贷款人从中获得利息收入，也就获得了贷款的原动力。借款人利用借入的货币进行投资活动，在一定的投资回报率下获得超额收益用于偿还借款及利息，并将两者的差额作为自己的收益。货币在利息的推动下开始在市场中快速流通，这一方面为贷款人赚取了额外收益，提升了生活水平，另一方面也为借款人提供了流动性需要，或使商品货物的流转更加顺畅，或是通过投资提升了生产力。由此来看，货币和利息的出现为生产力的提升和变革提供了重要的驱动力量，货币的出现激发了人们追逐财富的欲望，而利息则加速了货币的流通，促进了货币的供需平衡，使人们将积累的财富进一步投入再生产之中，如此过程的往复推动了人类生产力的不断提升、社会制度的变革，同时

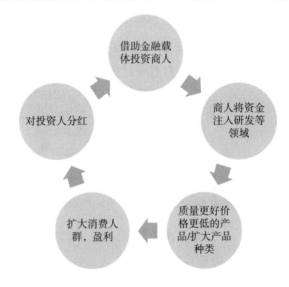

也是货币变革的推动力量。

对于货币与全球化的讨论主要是从货币作为交易介质的功能出发的，随着世界商品交易的流通，货币也发生着变化。但是货币本身也是一种商品，货币也有货币市场，货币作为商品也可以在全球流动。一般商品流通和货币流通带来古老的关税和资本管制问题。利息就是以货币计价的价格，与一般商品不同，利息与时间的关系更为密切，货币利息是出让现在消费获得未来收入的价格，具有非常明显的时间维度。随着全球化发展，商品贸易在全球流通，资本也就是货币慢慢在全球开始流通，货币从一个国家流向另一个国家，其中驱动力的主要力量自然是利息。当然，利息之外还有其他因素。资本国际流动是一个十分复杂的问题，有两个主要力量：经常账户差额和资本账户差额。经常账户差额中商品贸易起到关键性作用，资本账户差额中利息起到关键性作用。关于资本账户的资金国际流动问题有著名的卢卡斯资本流动之谜，讲述了资金是从发展中国家流向发达国家的，发展中国家的利息水平相对较高，但是资金仍然从发展中国家流向发达国家，从利息高的地方流向利息低的地方，风险、金融市场的广度和深度在其中起到重要作用。随着利息理论和实践的发展，全球化中利息与资本流动的关系的一般性规律被大家认识得越来越深刻，利息与金融市场之间关系密切。在资本账户中直接投资和间接投资的资本属性不同，受影响的因素也有差异，但是都共同作用在利息上，推动利息全球化联动，随着科技发展进步，这种利息联动越来越密切。资本管制也就成为相关国家讨论和关注的重点。总结来说，货币全球化有两种驱动力量：商品贸易全球化和资本全球化流通。商品贸易全球化是一件古老的事情，但是资本全球化流通跟随信用货币发展而不断深化，对商品贸易全球化造成越来越大的影响，对于全球化的重要性大有取而代之的趋势。

第7章 汇率与全球化

世界货币实践历史中，货币种类由多元到集中再到多元，货币的交易对象从区域到全球，货币的发展史也是全球化的见证。货币从单一到多元，再从多元到单一的过程中，货币作为一种商品，形成货币市场，也就是外汇市场，货币与货币之间自然也就有了价格。有贵金属背书的货币价格自然还很确定，但是随着信用货币的出现，货币价格走向更加复杂的制度安排。在货币价格制度安排的演进中，全球化交易是货币市场或外汇市场需求的来源，全球化的进步和退步都与外汇市场的强弱息息相关。

7.1 汇率起源：价值差异

起初，人们的交易往往是集中在一个区域内的物物交换。由于不同商品生产过程中付出的时间、劳动力成本存在差异，物物交换往往也具有不同的交换比率，例如，在古代亚洲一斤肉能换得十斤米。相应地，最早的货币如贝壳、金、银等同样是商品，只不过因为其贮藏功能、人们的普遍需要而独立出来成为一般等价物，因而它们同样适用于前一个例子中的逻辑：因生产过程中所耗费的劳动力不同而具有不同的价值。如此来看，早期汇率的雏形便是货币之间的兑换比率，其产生的根源则在于货币本身的价值差异以及稀缺程度。

从历史上来看，金银之间的兑换比率曾经历过一段时间的倒挂，此时由于银矿资源尚未被大规模发现以及汞齐法尚未发明，白银资源的开采难度显著大于黄金，白银资源相较于黄金也更加稀缺，该阶段亚洲的黄金与白银的兑换比率维持在6:1或是8:1。随着汞齐法的发明以及美洲银矿的大发现，白银的开采难度大幅降低，其稀缺程度也显著缓解，但黄金产量受制于地球的黄金储量相对有限，黄金能够兑换更多的白银。物品、货币的兑换比率差异根源在于其价值、购买力差距，但此时的兑换比率仍然称不上是汇率，因为当前的汇率定义通常是指一国货币兑换另一国家货币的比率。

7.2　汇率演进：全球化驱动

随着欧洲国家进入大航海时代，全球化不断加速，世界不同区域的商人迫切需要打破地域隔阂来进行交易，人们开始使用本国发行的货币进行交易，但不同国家之间的货币并不通用，此时汇率便出现了。汇率的出现就是为了满足日渐增长的全球贸易往来。汇率刚出现时，大多数国家的货币体系仍然处在金银本位，实物金银为本国货币背书，本国货币能按照官价兑换黄金或白银，商人们以金银为基准，用金银兑本国货币的比率来换算两国货币之间的兑换比率。由于每个国家的金银兑换货币的比率短期内不会发生变化，可以视作固定的，相应地，不同国家之间兑换的货币汇率同样是固定的，此时的汇率制度即称之为固定汇率制。

在固定汇率制度下，黄金是两国汇率决定的物质基础。汇率仅仅在铸币平价（货币含金量）的千分之六波动，幅度极小。汇率的稳定是自动实现的而非人为措施维持的。由于金本位持续了约一百年，世界的汇率制度在很长一段时间里同样也维持着传统的固定汇率制度。

布雷顿森林体系

两次世界大战后，在全球化逐步加深的 20 世纪上半叶，贸易全球化加速，各国的政策与市场开始相互作用，一国的经济波动往往会通过贸易传导到另一国，各国深切地意识到需要建立一个稳定的汇率体系以促进全球各国间的合作与战后恢复。1944 年 7 月，来自 44 个国家的 730 名代表齐聚在美丽的美国新罕布什尔州布雷顿森林的华盛顿山酒店，参加联合国货币和金融会议，也称为布雷顿森林会议。会上凯恩斯和怀特分别提出了代表英国利益的"凯恩斯计划"和代表美国利益的"怀特计划"。"凯恩斯计划"的核心在于建立"国际清算同盟"，同盟账户下使用统一的记账单位 Bancor 用于成员国货币往来记账。Bancor 以黄金计值，其与黄金之间单向兑换，黄金能够兑换 Bancor 但 Bancor 不能兑换黄金，各国货币以 Bancor 标价。除此之外，会员国在国际清算同盟中的 Bancor 份额以战前进出口贸易平均额的 75% 计算。在这一国际货币体系下，尽管战后的英国并没有足够的黄金储备，但仍能获得一定的利益，更为重要的是，这一体系能够显著削弱美国利益。美国的"怀特计划"也希望争取更多的自身利益，其同样希望建立一个国际性的货币基金组织，会员国按规定份额缴纳基金，份额由会员国本国的黄金外汇储备、国际收支等决定。基金货币与美元挂钩，基金货币单位为 Unita，每 Unita 等于 10 美元，含金量为 137 格令（约 8.88 克）。会员国货币与 Unita 保持固定汇率，未经会员国四分之三表决通过，会员国货币不得贬值。很明显，"怀特计划"充分利用美国庞大的黄金储备为优势来提升自身在战后的国际影响力以及获取更多的权益。

英美两国都希望能够通过自身的计划来增强本国影响力，削弱对方。但战后的英国往日风光不再，战后的美国拥有全世界四分之三的黄金储备以及世界领先的军备和技术储备，布雷顿森林会议最终以怀特计划为基础来进行讨论，建立了国际货币基金组织、世界银行（国际复兴开发银行）两大全球性金融机构，分别负责保障国际货币体系稳定以及促进各成员国经济发展。美元与黄金挂钩、其他货币与美元挂钩的金汇兑本位制，实行可调整的固定汇率，各国对美元的汇率只能在法定汇率上下 1% 幅度内小幅波动，这一汇率制度也被称为"可调整的盯住汇率制度"。

从本质上来看，布雷顿森林体系之下的汇率制度仍然是传统的固定汇率制度在战后的延续，主要进步在于将战前的汇率制度以更加具体的协议形式呈现出来，而金汇兑本位的本质则是美元与黄金相联系，进而美元给全球货币提供信用。尽管这一体系是美国霸权的体现，且存在"特里芬难题"等缺陷，但不可否认的是，汇率制度的稳定为战后世界的恢复起到了不可或缺的作用，也为欧洲战后的繁荣时期提供了保障。

此后，随着战后欧洲各国的恢复，美国的国际收支情况开始恶化，经常账户长期出现逆差，黄金储备加速外流。二十世纪六七十年代，美国陷入越南战争泥潭，耗费了大量的军力财力，导致美国国际收支状况进一步恶化，美元信用受到影响，大量美元被抛售并兑换成黄金。1971 年 12 月，以《史密斯协定》为代表，美元兑黄金贬值，而后美国停止兑付黄金，美元与黄金挂钩的制度走向崩溃。1973 年，西欧出现抛售美元，抢购黄金和马克的现象。同年 3 月 16 日，欧洲共同市场 9 国在巴黎举行会议并达成协议，联邦德国、法国等国家对美元实行"联合浮动"，彼此之间实行固定汇率；英国、意大利、爱尔兰实行单独浮动，暂不参加共同浮动；其他主要西方货币实行了对美元的浮动汇率。至此，布雷顿森林体系下的固定汇率制度完全垮台。布雷顿森林体系垮台，美元不再为全球其他国家的货币提供信用支撑，这就意味着各国需要管理好自身的汇率制度、国际收支这些影响自身主权货币信用的因素。

部分国家和地区由于固定汇率制度有利于国际贸易投资成本的核算等优点持续使用固定汇率制度作为汇率制度，比较有代表性的国家和地区有中国香港（1972—1974 年以及 1983 年以后的联系汇率制）、泰国（1945—1997 年）。尽管固定汇率制有其固有优点，但其缺点也是显著的，固定汇率制度下国际收支不能自动达到平衡，需要国家和地区付出很大的代价进行调整平抑，这一过程往往会导致黄金以及国际外汇储备的外流。1999 年美国麻省理工学院教授克鲁格曼在蒙代尔—弗莱明模型的基础上，结合对亚洲金融危机的实证分析，提出了"不可能三角"理论，即一个国家不能同时实现资本自由流动、货币政策的独立性和固定汇率。在这一背景下，全球各国都在尽可能管理自身的财政赤字，进一步推动美国走向贸易逆差。世界全球化的格局开始发生进一步的转变，美国从过去的输出生产力到输出购买力，全球其他国家从输出购买力转向输出生产力。

牙买加体系

布雷顿森林体系下的固定汇率制完全垮台后，部分国家开始选择浮动汇率制，也仍有部分国家继续保持固定汇率制，此时的国际金融秩序再次面临挑战。1972 年 7 月，国际货币基金组织成立了专门委员会，具体研究国际货币制度改革，并于 1974 年提出了初步的改革纲要，对黄金、汇率等国际货币问题提出了部分建议。1976 年 1 月，国际货币基金组织理事会"国际货币制度临时委员会"在牙买加首都金斯敦举行会议，最终达成"牙买加协定"。在牙买加协定之下，正式确立了浮动汇率制的合法性，承认固定汇率制与浮动汇率制并存的局面，各成员国可以自由选择汇率制度，国际货币基金组织作为中立机构继续监督各成员国的汇率制度，缩小汇率波动。

1997 年的亚洲金融风暴前夕，泰国以及东南亚各国普遍实行固定汇率制度。1997 年 2 月以索罗斯的量子基金为代表的国际炒家瞄准了泰国的固定汇率制度，开始大肆抛售、做空泰铢来对泰国经济开展攻击。泰国开始实施资本管制，尝试阻止大量资金流出泰国。同年 6 月，对冲基金再次对泰铢发起攻击，但泰国央行因仅有的 300 亿美元外汇储备耗尽而被迫放弃抵抗。6 月 30 日，泰国总理发表公开讲话称泰铢不会贬值。但仅仅在两天后，泰国因为被迫放弃固定汇率制而使得泰铢下跌将近 20%。1997 年 7 月，泰国在国际货币基金组织的帮助下改为实行浮动汇率制。1997 年 10 月起，中国香港也遭到了以索罗斯为首的国际炒家们的攻击，且战况最剧烈。在 1997 年 10 月到 1998 年 8 月的 10 个月中，中国香港一共受到了 4 次攻击，从外汇市场蔓延到股票市场。最终，1998 年，中国香港在中央政府的黄金储备帮助下成功守住了联系汇率制度。自亚洲金融风暴以后，以泰国为代表的发展中国家开始转变汇率制度，从过去的固定汇率制度转向浮动汇率制度以提升本国货币政策有效性，以浮动汇率制度、资本自由流动以及独立的货币政策来更好地推动本国经济的发展。在牙买加体系下，大部分发展中国家仍然维持固定汇率制度，而发达国家普遍转向浮动汇率制度，在浮动汇率制下存在两种细分的汇率制度：自由浮动汇率制度与管理浮动汇率制度，但事实上目前大多数的发达国家都对汇率进行一定的干预，而并非让汇率自由波动。在管理浮动汇率制度下按照浮动的方式又分为单独浮动、联合浮动，单独浮动意味着货币币值不与别国货币发生固定联系，根据外汇市场自由浮动，目前美元、日元等货币都采用这一浮动方式。联合浮动意味着国家集团在成员国间实行固定汇率，对非会员国货币采取共同浮动的方式，在欧元推出之前，欧洲货币体系的成员即采用这一方法。货币汇率制度的变革在一定程度上促进区域一体化的发展，使欧洲国家之间的联系变得更加紧密。

在浮动汇率制度下的优点也是显然的，一方面，其可以有效防止国际资本炒家的攻击，汇率根据市场情况快速调整而不需要像固定汇率制度下通过抛售或购买外汇储备来维持本国的货币汇率。另一方面，这有利于对本国的经济进行合理的调控，保证经济政策的独立性。

浮动汇率制度也有其固有的缺点，汇率制度的波动为投机者创造了套利的渠道。在汇率变动频繁、波动较大的情况下，投机者通过外汇交易牟取暴利或是遭遇大额亏损。在国际贸易和投资中，由于汇率的波动，贸易和投资的核算成本增加，报价变动相对频繁，这在一定程度上影响了长期投资的开展。更为重要的是，浮动汇率制度对于大多数的发展中国家是不利的，由于发展中国家的综合国力、国家信用等综合因素相对弱于发达国家，其货币在国际市场上的汇率往往有诸多不利因素，且本国政府在进行调控时所能调控的空间有限。

总的来说，世界汇率制度经历了从固定汇率制度转向浮动汇率制度的大转变，两种汇率制度在促进国际贸易方面都有可取之处，同时世界贸易的发展也推动货币汇率制度的改革。世界贸易的形成和发展催生了国际货币市场，国际货币市场制度安排与世界贸易相互依赖。一种货币制度安排使世界贸易经历发展、加速、失衡的生命周期，随着世界贸易失衡加剧，另一种货币制度安排也就随之诞生，一种货币制度安排自然也就孕育了新的货币制度。从世界范围来看，各国根据其自身情况使用有利于其自身发展的汇率制度，固定汇率制度与浮动汇率制度仍然共存，且在很长一段时间内仍将平行发展，但国际货币制度安排终将会迎来新生。

专栏讨论：中国的汇率制度改革

中国作为当今全球最大的实物商品出口国和第二大的商品进口国，出口长期以来一直对中国经济增长有重要影响，因而中国的汇率制度对中国经济与世界经济都具有重大作用。

总的来看，中国的汇率制度演进以 1978 年的改革开放和 2005 年人民币汇率改革为分水岭：一是改革开放以前，二是改革开放以后到 2005 年期间，三

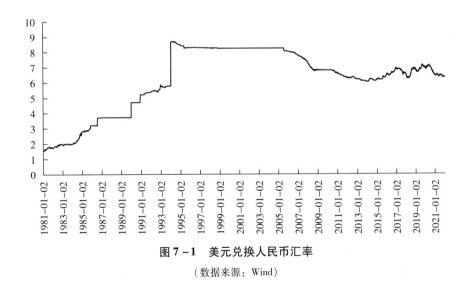

图 7-1　美元兑换人民币汇率

（数据来源：Wind）

是 2005 年以后。

在改革开放前的汇率制度变化可以分为三个阶段。第一个阶段是 1949—1953 年，中国正处于国民经济的整顿恢复期。此时，大量的美元在中国主要城市内流通，为了使人民币成为中国唯一法定货币，中央政府与各级政府采取一系列措施整顿币制，很快扭转了中国外汇收支长期逆差的情况。1950 年，人民银行开始公布全国统一的人民币汇率，并实行单一的管理浮动汇率制，人民币对美元汇率是根据人民币对美元的出口商品比价、进口商品比价和华侨日用品生活费比价三者的加权平均数来确定，同时，按照国际市场相对价格水平的变动进行调整。第二个阶段是 1953—1972 年，全球资本主义国家普遍在布雷顿森林体系之下与美元挂钩，中国实行固定汇率制度，美元与人民币建立 1:2.46 的固定汇率，彼时的中国执行计划经济制度，市场波动十分有限，这一汇率也维持了较长一段时间。第三个阶段是 1973—1978 年，在布雷顿森林体系崩溃以后，中国顺应国际趋势，再次回到单一的管理浮动汇率制度下（以"一篮子货币"计算的汇率）。

改革开放之后到 2005 年的时期主要分为以下三个阶段。第一个阶段是 1981—1984 年，为了鼓励出口，加强外贸，中国开始实行汇率双轨制：贸易外汇内部结算价与官方牌价的非贸易外汇，贸易外汇为 1 美元 = 2.8 元人民币，非贸易外汇为 1 美元 = 1.5 元人民币。汇率双轨制阶段有效调动了出口企业的积极性，但国际货币基金组织将其看作中国政府对出口的补贴，部分发达国家声称要对中国出口商品征收补贴税。除此之外，汇率双轨制的弊端也开始逐步凸显，部分投机行为开始显现，投机者通过价格双轨制的汇率差额赚取利润。中国于 1985 年 1 月 1 日取消了内部结算价，人民币再次回到单一汇价。但无论是否双轨制，此时中国汇率制度仍然是固定汇率制度。第二个阶段是 1985—1993 年，随着贸易结算价的取消，外汇调剂市场加速发展，1985 年在深圳率先设立外汇调剂中心，1988 年 9 月在上海开办了外汇调剂公开市场，实行公开竞价交易和集中清算制度，放开了外汇调剂市场汇率，形成了官方汇率和市场汇率并存的局面，实质上仍然是汇率双轨制，但已经开始尝试放开汇率波动，从固定汇率制度逐步过渡到浮动汇率制度。第三个阶段是 1994—2005 年，1994 年 1 月 1 日，人民币官方汇率与外汇调剂价格正式并轨，汇率为 1 美元 = 8.7 元人民币，同时在国内建立统一的银行间外汇市场，标志着人民币汇率形成机制开始转向以市场供求为基础的新阶段。企业和个人可以按规定向指定银行买卖外汇，银行进入银行间外汇市场进行交易，推进市场汇率的形成，中国人民银行运用行政机制设定汇率浮动范围，通过调控市场保持人民币汇率稳定。中国开始实行以市场供求为基础的、单一的、有管理的浮动汇率制度。1997 年亚洲金融风暴袭来，人民币事实上盯住单一美元在较窄幅度内波动，1 美元 = 8.28 元人民币，累积升值 4.8%。

2005 年 7 月 21 日，中国对完善人民币汇率形成机制进行改革。人民币不再单一盯住美元，而是选择更加富有弹性的一篮子货币进行调节。此后，人民银行分别在 2007 年 5 月和 2012 年 4 月分两次扩大人民币兑美元交易价浮动额度，从 0.3% 扩大到 0.5%，再扩大到 1%，逐步提升人民币汇率弹性。2015 年 12 月 11 日，中国外汇交易中心发布人民币汇率指数，强调要加大参考一篮子货币的力度，以更好地保持人民币对一篮子货币汇率基本稳定。基于这一原则，初步形成了"收盘汇率 + 一篮子货币汇率变化"的人民币兑美元汇率中间价形成机制。此后，2017 年 5 月，人民币中间价报价模型中引入"逆周期因子"，形成了"收盘汇率 + 一篮子货币汇率变化 + 逆周期因子"的人民币兑美元中间价报价计算模型。中国的外汇制度正式走向有管理的浮动汇率制度，并在市场化的道路上不断深化。

回顾中国汇率制度改革历史进程，每次汇率制度改革都是涉及国民经济整体调整的一次革新。每次改革的时代背景无法逐一描述，但是每一次都是波澜壮阔的，涉及外贸政策、国内经济结构调整、金融体系建设等一系列问题和考验，每一次改革都是对中国经济的考验，但总的方向都是推动中国经济走向高质量发展的道路。观察每一次汇率体制改革，需要从这三个层面来全面认识：汇率水平的改革方向、汇率形成机制、汇率改革的国际国内环境窗口，只有从这三个层面才能全面认识每一次汇率制度改革。宏观经济基本稳定、市场机制基本健全、金融体系基本健康是进行汇率调整的基本条件，当然这些基本条件也是随着经济发展不断变化的。国内经济发展、国际风云变幻共同推动人民币汇率形成机制走向更加灵活、可调控的形式，汇率水平在平衡国际收支中的作用越来越明显，随着国内企业国际竞争力不断上升，汇率弹性增强，我国货币政策自主性空间也不断展开。

翻阅中国汇率制度改革和世界汇率制度改革的相关文献书籍可谓精彩纷

呈，每一次汇率改革和调整都有着不一样的故事。以国家为单位的主权个体都对汇率调整有诉求。汇率理论研究也是大家辈出，对于均衡汇率测度是问题的核心所在。应当说，汇率制度有非常明显的路径依赖的特点，汇率水平的选择顺序非常重要，最开始的点对未来影响重大。但均衡汇率本身就是难以测度的，影响因素众多，受国际关系等政治问题干扰，对它的分析多从现行水平出发，观察升值和贬值因素。长期来看，人民币的贬值因素主要是国内经济结构调整中劳动力成本上升、环境成本内生化等，升值因素主要是国内企业竞争力提升、金融市场化建设不断完善。

第8章 美元泥潭与全球化

从布雷顿森林体系到牙买加体系，世界汇率制度安排从固定汇率制度到浮动汇率为主、固定和浮动汇率共存阶段。在该体系下，存在外围—中心的世界货币体系，处于中心位置的美元是世界储备货币的核心。外围经济体和中心经济体往往处在经济周期的不同阶段，浮动汇率制度似乎可以让外围经济体拥有一定货币政策独立性。但现实总是残酷的，世界货币体系就像一个池塘，美元就像水一样装满整个池塘。疫情在全球传播，美元全球放水，全球疫苗接种不平衡，随着美国经济领先恢复、美元收紧，外围经济体却生活在水深火热中，但池塘边缘已经开始干枯，越是外围经济体面对的压力越大，局面越复杂。一个极不平衡的世界贸易恢复格局，金融部门放大疫情对世界贸易体系的深远影响，这种格局和影响可能持续较长时间。

8.1 浮动汇率的童话

疫情下，美国财政赤字货币化彻底改变了世界贸易的货币环境，汇率制度安排无疑是货币与世界贸易相互影响的核心传导机制和体现。随着货币实践的进行，世界货币经历了金本位、信用货币的发展，汇率制度实践从单一固定汇率制度到固定和浮动汇率共存的时代。关于哪种汇率制度安排符合各国国情有理论和实践的争论，但总的来说各国都是从本国利益出发来选择汇率制度的。当本国利益与汇率制度安排发生冲突时，往往产生对于汇率制度改革的呼声。汇率制度改革并不是某个单一国家可以决定的，哪个国家在国际储备货币体系中占据更核心地位，哪个国家就拥有更大的话语权，得到更大的利益。

浮动汇率理论有一个著名推论，一个国家不管制资本流动，实行浮动汇率制度，就可以拥有一定程度的货币政策自主空间，可以根据本国经济发展状况，实行宽松或紧缩的货币政策。这是一个相当美好的童话，现实中这样的货币政策空间很小。可以观察目前处于不同疫情阶段、不同经济恢复期的各国货币政策选择，处于国际储备货币体系外围的国家，疫情还处在水深火热中，疫苗接种率落后于中心国家，经济还处于衰退阶段，还没有恢复到疫情前水平，却被迫跟随美元收紧脚步采取加息等收缩性货币政策，这显然与国内利益诉求不相符合，货币政策自主空间十分有限。这是国际储备货币体系内生性决定的，浮动汇率能自动调节国际收支平衡、对冲外部因素的想法是美好的童话。

　　是什么决定了浮动汇率理论的童话属性。回顾浮动汇率的自动调节机制是如何运行的。汇率可以决定资本进出、商品贸易的趋势，在浮动汇率制度下资本进出、商品贸易的力量相互作用来促进国际收支平衡的实现，但是资本进出和商品贸易造成的平衡效果是不对称的。在资本自由流动下，资本对利率的反应非常迅速，内外利差调整会迅速引发资本流动，而商品贸易对价格变动有相当的黏性。大量投机资金的流动，很可能进一步加剧外部失衡，对国内经济造成冲击。特别是处于国际储备货币外围的经济体，汇率的巨大浮动会有自我强化特点，加剧对于流动性保障的要求，自然压缩了货币政策空间，提高了社会整体资本成本。外围经济体是害怕汇率过大浮动的。回到现在，美国的货币实践带来美元指数上下大幅度的波动，美元波动越大，外围经济体的货币政策自主性空间越小。避免走向美元大幅波动的时代是人类整体利益所盼，其中美元货币政策起到决定性作用。

　　浮动汇率看似美好，但是外围经济体的货币政策空间实际是有限的，目前国际储备货币体系下，浮动汇率不平均地作用在各个国家身上。在目前的疫情下，美元货币政策收紧还是放松挑动着每一个池塘边经济体的神经，势必给国际贸易发展带来不确定性。

8.2　金融稳定与贸易再平衡

　　疫情在全球的不平衡冲击，疫苗在全球的不平衡接种，世界各国实体供应链和金融体系稳定的不平衡，或将在金融力量的作用下产生一个持续数年的再平衡状态，并且由于投资的黏性，对贸易产生长时间滞后影响。生产要素在全球范围会向供应链保障最完善的区域集中，同时金融环境安全稳定的区域对资本要素的吸引较大。这将对世界贸易格局产生深刻影响，世界贸易力量将再次向部分区域集中。

　　贸易关系以及债权债务关系在世界范围内错综复杂，美元无疑处于整个体系的核心。疫情带来供应链冲击，扰动世界贸易体系，对于其后的债权债务关系也带来冲击。总体上来说，贸易关系与债权债务关系在传导上有时间滞后性，风险偏好也在其中扮演重要角色。在美元流动性宽松、银行体系对外贷款积极性旺盛阶段，债权债务风险暴露总体是温和的。当美元流动性收紧，世界范围内的债权债务风险将逐渐暴露，风险暴露将进一步使美元流动性收紧，形成恶性循环。目前，IMF 已就债务风险问题有专门讨论，非洲等地的债务重组问题已摆在世人面前。债权债务关系稳定在目前世界贸易现状中非常重要，应密切研究和关注疫情对世界范围内消费者和企业家行为和预期造成的持续性影响，贸易增速与国际贸易平衡和各国经济恢复密切相关，贸易关系的稳定需要债权债务关系稳定的支持。以史为鉴，回顾世界范围内金融部门债务危机的爆发和解决。由于债务问题爆发，国际储备货币不足地区的金融环境将越发紧缩，这种影响是十分深刻的。从历史上的债务危机后遗症来看，只有掌握国际储备货币主导权的国家才能迅速从债务危机中走出。美国从次贷危机中走出，欧洲在欧债危机中挣扎爬出，但是拉美在债务危机之后经历了失去的十年，东南亚金融危机中的泰国、马来西亚、韩国在危机的泥潭中都爬了许久。疫情下，世界范围内债务问题将变得十分突出和严重，非洲地区面临紧急的债务重组问题。此背景下，该地区的投资和经济增长将经历疫情之后的艰难时刻，当然现在其还远远没有走出疫情，但是债务问题已经迫在眉睫。此次非洲债务危机如果无法妥善解决，那么将对世界贸易造成持续冲击。

　　债务在全球范围内的可持续性问题经常被强调，这个问题在目前的局面下变得尤为突出。从解决债务问题的实践来看，这总体上是一件痛苦的事情。让一个人或者家庭去变得更加节约，这看起来是一件不高兴的事，让一家企业去杠杆也是一件令人头痛的事。根据债务重组的实践，在债务重组之后，债务人往往要经历一个稳杠杆、去杠杆的过程。根据经济体的国际竞争力以及货币在国际储备货币体系中的地位，债务重组中相关经济体都多少分担债务重组产生的杠杆收缩带来的经济衰退冲击，但越是世界储备货币体系外围，经济体所受冲击越大。根据现代货币理论，一个紧缩性的财政政策的后果可能是灾难性的，一种出于道德上的财政紧缩可能加重债务问题本身。疫情下的世界债务重组和可持续性问题需要新的解决方案。

面对世界百年未有之大变局，应该用人类命运共同体理念指导实践，在疫苗全球共享、世界组织共同进行债务重组方面发力。

8.3　奔腾而来的货币政策外溢性

当下通胀明显来自两个部分：疫情下的供应链中断，美元货币政策的外溢性。此次美元货币政策是史无前例的扩张，其规模、速度远超伯南克时代货币扩张状态。对于世界储备货币体系中心和外围经济体来说，无不深受通胀的考验。当然它对世界贸易的整体发展是有利的，但是世界贸易却越发走向不平衡、不稳定。贸易体系内的交易成本也在上涨，这无疑加深了世界贸易格局的不稳定性。

考察历史上的货币政策外溢性，只有处于世界储备货币体系中心的国家货币才有如此大的货币外溢性，日本采取的量化宽松就对世界贸易影响有限。虽然中国货币在名义上还没有成为世界储备货币的核心，但随着人民币在世界贸易交换中使用越来越多，人民币对贸易伙伴也有一定的外溢性效果。世界储备货币体系和世界贸易体系的发展相辅相成，其中内生的美元外溢性争论早就在各国有所讨论。在伯南克时代就已经认识到：美联储向经济注入大量美元，美元贬值和资本外溢给新兴市场的资本市场造成冲击，流入的资本增加了新兴市场货币供应调控难度，让他们应对通胀的斗争更加复杂。大宗商品价格上涨的巨大杀伤力将成为各国难以承受之重。美元面对数十年未见的通胀压力已经转向收紧的步伐；欧元面对通胀和衰退依旧左右为难，欧债危机是否会重演令人担忧；世界贸易中间生产国面对大宗商品价格高涨的压力，虽然外贸形势向好，但是通胀却实在压制了国内经济；世界贸易原材料生产国还在疫情之中，金融系统一片混乱。货币政策外溢性还有回流冲击的问题，如果美元收紧，美元外货币贬值，但是以美元计价的大宗商品依旧维持高位，甚至继续上涨，将对美元外经济体通胀造成二次冲击，承受压力的程度取决于其货币在世界储备货币体系中的位置，所处位置越外围压力越大。诚然，疫情冲击减轻了美元量化宽松外溢性的道德成本，但通胀却是实实在在难以控制。如果非要下一个结论，货币政策外溢性对于世界贸易，开始是甜蜜的，中间是苦涩的，最后是辛辣的。

8.4　其他的道路

短期内，国际储备货币体系的中心国、外围国所处阶段差距巨大，面对疫情中的世界贸易体系挑战，需要世界各国坚持人类命运共同体理念，解决相关问题。其中此次债务问题绝大部分是由疫情引起的，道德风险并不是那么突出，因此讨论一个非收缩性的债务重组方案是可行的。疫情应对、疫后重建都需要一个非收缩性的财政政策方案。

面对疫情带来的深刻影响、气候变化危机逐渐显现，世界贸易体系将受到更加严峻的考验，应该从长期出发寻找问题的解决之道，也就是国际货币体系改革问题，改革中心——外围的国际储备货币体系，寻找其他的道路。这条道路应该满足：体系内储备货币多中心，流动性有协调有牵制；所有经济体都应有一定独立的货币和财政政策空间来支持经济发展。形象的比喻是，让这个体系更加圆一些，各经济体到中心的距离差距更小一些。现行的国际储备货币体系很难满足上述两个条件。观察目前的国际货币实践中的现代货币理论，美国采用财政赤字货币化的方式，利用财政和货币政策来调控疫情对其经济体造成的影响。且不论现代货币理论是对是错，对全球经济带来的影响会是如何，美元位于国际储备货币的核心地位，它有采取现代货币理论的空间和路径，但是其他货币并没有这样的地位和空间，这是浮动汇率制度等一系列制度形态决定的。汇率制度安排、理论、实践内生于国际储备货币体系，太单一的储备货币体系决定了处于国际储备货币体系外围经济体的货币政策自主性非常小。美国之外的国家施行财政赤字货币化方案有可能达不到想要的结果，在世界货币体系这片大海上的局部降水很难改变水平面，外围国家的货币政策自主性空间是有限的。在全世界面对冲击的局面下，外围经济体只能在有限空间中寻求调整策略。

对于全球储备货币体系改革问题，在讨论改革道路之前，要认识到一旦一种制度建立之后，它的路径依赖是相当严重的。在回顾货币、汇率全球化历程中，货币以及汇率制度安排的演进有历史必然性，很多都是随着既成事实从而成为制度安排的，但是历史偶然性也在其中起到重要作用，一件件事情最终建立了现在的国际储备货币体系。从这个体系中进行改革，需要克服巨大的路径依赖。

改革有两条道路。一条是创建统一的世界货币，另一条是世界储备货币的多元化。两条道路都困难重重，最大的阻力是旧体系的利益既得者，其次是新体系的经济政治基础。从欧元的实践来看，货币必然是货币政策和财政政策的统一体，特别是在信用货币体系下，一种货币必然需要财政政策的支持。财政政策就是税收、转移支付问题，一个经济体在考虑财政政策时，将其他经济体的福利作为自身政策决定的内生决定因素是很难的。中国人民银行原行长周小川提出，金融危机是国际货币体系制度性缺陷的必然结果，而只有建立"币值稳定""供应有序""总量可调"，并且超然于特定国家经济利益的超主权货币，才能克服"主权信用货币的内在风险，也为调节全球流动性提供了可能"。关于统一货币，弗里德曼曾经有过一句精辟的断语："只有在更加深度的经济和政治联盟前提下，货币联盟才能长久。"从人民币加入 SDR 的历程看来，美国一直认为资本自由流通、汇率浮动且拥有稳定的自主货币政策才是一种货币成为 SDR 成员的条件，也就是成为世界储备货币的条件。而浮动汇率制度只是一个美好的童话，一旦按照美国标准加入世界储备货币体系，就让渡了一部分货币政策自主权。

专栏讨论：疫后的量化宽松

美国

2020 年新型冠状病毒肺炎疫情来袭后，由于医疗技术的限制，并没有针对病毒的特效药，全球大多数人们沉浸在恐慌之中，这一恐慌情绪很快蔓延到资本市场上，2 月 27 日，美国股市创下 2008 年以来一周的最大跌幅，道琼斯工业平均指数在一天内下跌了 1190 点。道琼斯指数该周收盘下跌 12.4%，标准普尔 500 指数下跌 11.5%，纳斯达克综合指数下跌 10.5%。

美联储为了挽救持续下跌的美国资本市场以及促进经济的稳定，在 2020 年 3 月 15 日将联邦基金利率降至零，并宣布了新一轮的量化宽松政策。

（1）美联储立即开始 800 亿美元的量化宽松计划（周一为 400 亿美元，周二为 400 亿美元），并在未来几个月内"至少"购买 7000 亿美元资产（其中包含至少 5000 亿美元美国国债和 2000 亿美元政府担保抵押贷款支持证券）。

（2）美联储通过一级交易商信贷便利（PDCF）向 24 家一级交易商提供长达 90 天的低利率贷款（0.25%）。交易商向美联储提供股票和投资级债务证券作为抵押品。

（3）通过货币市场共同基金流动性工具（MMLF）根据银行从优质货币市场基金购买的抵押品向银行提供贷款，这些基金投资于包含商业票据的企业短期借据，以及国债。

（4）扩大回购协议操作范围（REPO），提供无限量的资金。回购市场通常用于公司短期借贷现金和证券，通常是隔夜借贷。在新型冠状病毒肺炎疫情来临前，美联储提供 1000 亿美元的隔夜回购和 200 亿美元的两周回购，在新型冠状病毒到来后，它提供 1 万亿美元的每日隔夜回购，5000 亿美元的一个月回购和 5000 亿美元的三个月回购。

美国白宫也通过推出一系列的美国救助计划（America Rescue Plan）提振本国经济，图 8 - 1 为美联储在近一年的量化宽松过后的资产负债表变化情况。

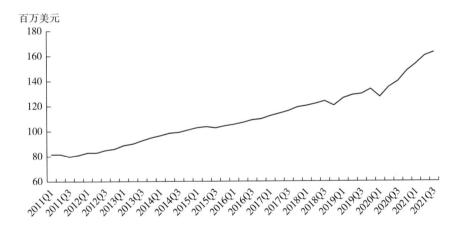

图 8 - 1　美联储总资产

（数据来源：美联储）

美国通过直接向居民发放美元以及发放救济金等方式将大量的货币投入市场之中，相应地推高了美国的通货膨胀，美国 CPI 在 2021 年一度突破 6%，并对其他国家带去输入型通胀，引发全球性通货膨胀。美国利用美元向全球输出购买力，使全球的生产国为美国的量化宽松埋单，这充分反映出当前全球化的、高度发达的货币体系下，各国货币政策的相互影响，一国的货币政策的变化会对其他国家带来巨大的冲击。

欧洲

面临着全球性的病毒大流行，欧洲国家同样采取了类似的量化宽松政策，英国在2020年通过量化宽松购买了8950亿英镑的债券，其中大部分（8750亿英镑）已用于购买英国政府债券，一小部分（200亿英镑）被用来购买英国公司债券。

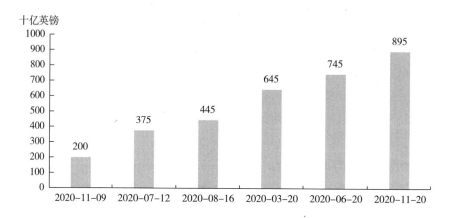

图8-2　英格兰银行购买债券

（数据来源：英格兰银行）

欧洲央行也执行了类似的操作，欧洲央行在2020年3月18日启动了大流行紧急购买计划（PEPP），这是一种非标准化的货币政策措施，旨在控制大流行下欧元区货币市场的风险。

PEPP主要购买五种资产，一是国家证券，二是商业票据，三是可转换债券，四是资产担保债券，五是资产证券化产品，其中的绝大部分被用于购买国家证券，占比超过90%。

美国和欧洲的财政货币实践依托国际储备货币体系，深刻影响着世界，新兴市场受到货币政策外溢性的一轮又一轮考验，这从根本上改变了世界贸易体系的分配结果，造就了一种更加不平衡的分配局面。金融市场越完善、体量越大、流动性越好就可以容纳更多的金融资产和货币。从此次美国和欧洲现代货币理论实践来看，其金融市场的深度和容量迅速扩大，在一定程度上让资金从新兴市场向美国和欧洲转移的力量有了更多支撑，因此新兴市场需要更大幅度加息来保持汇率稳定、抑制通胀。新兴市场在美元泥潭中越陷越深，全球化分

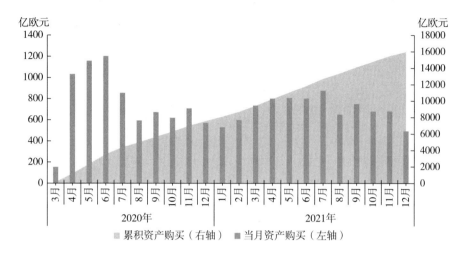

图 8 – 3　大流行购买计划（PEPP）净资产购买规模

（数据来源：欧洲中央银行）

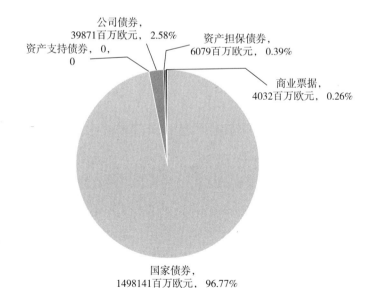

图 8 – 4　PEPP 净购买资产类型

（数据来源：欧洲中央银行）

配公平受到严重挑战。

　　一个全球化分配不均的典型例子就是"货币宽松—资产价格—PPI—CPI"传导现象。因为，货币宽松首先在PPI上有所体现，这在国际贸易中的"资源生产国—加工贸易国—最终消费国"模式上传导。大宗商品价格从资源生产国传入加工贸易国，加工贸易国国内通胀也因此上涨，最终通过终端商品传入最终消费国。但是大宗商品是由最终消费国资本控制的，其涨价的收益并没有落在资源生产国本身，最终消费国的资本在此次全球化分配中获得了更大的利益。

第9章　全球商品贸易供需

纵观历史，人类从石器时代走向信息时代的过程中所使用的工具、消费的产品呈现出逐步升级的趋势。从初级农产品到加工农副食品，马车到汽车，人类对物质需求的阈值不断提高。需求不断催促人类寻找更高层次、能够满足人类物质需求的消费品。单一国家或地区的产品已经不能满足人类对物质的需求。需求促使供给侧逐步扩大寻找商品的范围，从国家到大陆，再转向在全世界范围内寻找商品。生产商开始在全球范围内寻找能拉低制造成本的地区以实现更高的比较优势（在 A 国生产 C 产品的机会成本低于 B 国生产 C 产品的机会成本）。在这两个要素的驱动下，企业需要不断研发、寻找新的商品以满足不断上升的需求，同时，企业还需要通过不断降低商品价格以获取更大市场份额。为了达到这两个目的，企业必须走出原本的舒适区以寻求解决方案。在这一背景下，全球贸易格局逐渐形成。

今天，随处可见到来自其他国家或者地区的产品。低头观察周围，会发现服装可能来自日本优衣库公司、手机来自中国华为公司、电脑来自美国戴尔公司、游戏机来自日本任天堂等。作为一个微观主体，人们享受着来自全球不同国家的产品。消费者在购物中最终选定的商品一定是有比较优势的，例如，优衣库的服装设计前卫的同时价格低廉，华为手机在媲美三星手机的同时具备价格优势，戴尔公司的电脑耐用且便宜，自 20 世纪 90 年代以来就被全球各大企业大面积采购、精灵宝可梦等一系列游戏则只能在任天堂游戏机中获得。

全球化让消费者在购买产品时有更多的选择。如果假设消费者在消费时是理性的，那么消费者会在付出同等代价的情况下尽可能获得更多的产品特性。对于企业，更多的产品特性意味着更高的研发和制造成本。为了不断降低成本以保证利润和市场竞争力，企业需要不断尝试可以降低成本的方式，例如新的工艺、更加优惠的税费以及部分地区的政策支持。福特公司在 1913 年首创人类工业史上第一条流水生产线，使用科学技术提升了汽车生产效率从而大幅度缩小了成本。改革开放以来，大量外企落地中国，其中土地使用、外汇管理以及税收等优惠政策起到了较大作用。随着中国市场的完善与饱和，制造成本开始上升，2010 年以来大量制造业开始进入东南亚以寻求更低的生产成本，部分产业链出现转移。

9.1　大航海时期到第二次世界大战：全球贸易格局初显

地中海沿岸岛国在公元前就已经出现了贸易繁荣，但这仅局限于欧洲和撒哈拉以北的非洲。当地居民由于生产资源受限使其无法自己生产所有需要的产品，需求必须通过进口来满足。这一时期的贸易特性是小范围、区域性的跨国贸易（单边贸易）。公元前 1 世纪，中国生产的奢侈品如丝绸、瓷器等货物通过丝绸之路运往罗马。商品刚到罗马便被贵族们抢购一空，这些贵族被来自异域的商品所吸引，丝绸供不应求，促使商人不断地从中国购买商品。丝绸之路的繁荣象征着跨国贸易范围开始扩大，不过由于技术的限制，人类的贸易仍然局限于陆地。科学技术的落后使得大多数人恐惧远洋航行，认为大洋深处有恶魔，有惊涛骇浪和种种危险。

1405 年，郑和代表明朝政府开始了长达二十三年的远洋航行。郑和船队先后到达东亚、西亚、南亚以及东非地区，这成为当时世界上规模最大的远洋航海成就。在这一过程中，明朝通过远洋航行进行了短暂的对外交流，并通过这一过程发现了行程各地国家所独有的资源。15 世纪，《马可·波罗游记》在欧洲出版并广泛传播。其中"中国遍地是黄金"的描述深深吸引了欧洲人，但由于"陆上丝路"被阻隔，他们迫切希望通过海上找到前往亚洲以及中国的路径。哥伦布本想寻找从西边前往亚洲的路线，却在偶然间于 1492 年发现美洲新大陆，为欧洲国家向美洲殖民开辟了航线。1522 年，麦哲伦船队完成了环球航行，弥补了人类对全球地理的空白，远洋航行开始成为贸易的新途径。为获取黄金和白银，英国、法国、葡萄牙以及西班牙纷纷向非洲、美洲进行殖民。在这一阶段，欧洲殖民者通过远洋探索发现了世界各地所拥有的自然资源及商品，为下一阶段的大规模的远洋贸易打下了基础。

随着世界各国产品及资源逐渐被发掘，贸易线路也逐渐成熟，各国交易逐步走向常态化。从 6 世纪到 19 世纪，欧洲、非洲与美洲之间形成了跨大西洋的奴隶贸易（又称为"三角贸易"），欧洲殖民者乘运输船向非洲西部出口纺织品、玻璃珠、军火等工业制成品以换取黄金或是奴隶，并将奴隶运输到美洲换取黄金、白银、烟草、蔗糖、咖啡、可可等初级商品，最后再将初级商品和贵金属运回欧洲。欧洲在一系列的过程中完成了资本的原始积累并摇身一变成为资本家。全球范围内的跨洋贸易在这一过程中开始逐步成型，尽管其贸易规模与现在相比是有限的，但其形式上已经开始出现现代贸易的雏形：充分利用不同地区的优势条件来实现利益最大化。通过远洋航行实现跨大洲的贸易使得人类不再局限于本国内部贸易或是陆地贸易，全球贸易带来更多品种的商品以及更加低廉价格，更能够满足人类需求的增长与发展，16 世纪至 19 世纪，全球贸易增长速度是全球产出的三倍有余，全球贸易年增速为 1.0%，全球产出的增速为 0.3%。

18 世纪 60 年代，工业革命在英国兴起，纺织产业率先转向工业化生产。1769 年，瓦特改良蒸汽机后，众多行业开始实现从手工劳动向机器化生产转型。工业革命从英国蔓延到欧洲大陆，大量的机械设备在工业时代中诞生。制造业从劳动密集型过渡至机械化生产。制造业在机器的帮助下出现了效率的大幅提升，同时节约的劳动力成本降低了商品的价格，更低的价格让更多人有能力消费。在人口总数没有变化的情况下，通过更低的单位产品价格可以覆盖更多的人口，提升企业在市场中的份额。工业时代下革命性的创造不仅是机械本身，同时还有随机械出现的标准化生产。标准化生产彻底颠覆了制造业的认知，它使得人们可以在世界任意地区使用同样设备生产同样质量的产品。不止步于此，标准化作业简化了工人对技术掌控的范围，本质上扩大了劳动力的供给。为此，在机械设备的帮助下，企业可以在全球任意地区搭建生产车间，解决了跨地区运输周期长、制作工艺要求、工人技能要求等一系列难题。商品的价格和成本随着机械化和规模的上升而降低。

19 世纪 20 年代到 70 年代期间，全球贸易量增速快于以往任何时候，全球贸易和生产增速分别为 4.8% 和 0.9%。随之而来的是对基础原材料需求的暴涨，同时资本主义国家迫切需要寻找商品倾销地，在两个需求的推动下欧洲各国加快了殖民掠夺的进程。越来越多的工业部门在 1870—1914 年的第二次工业革命时期出现。资本家控制的资本规模进一步扩张，出现了托拉斯等垄断组织。全球社会财富快速向资本家聚集，资本家获利后将财富用于扩大生产规模，加速获利。为了满足资本主义不断扩张的欲望，资本主义国家必须加快占领殖民地的速度，最终导致全球贫富差距持续增大。

机械化下的产物并不是全球所有国家都喜欢，英国制造的商品在中国少有市场，相反中国出口到英国的瓷器、丝绸等物十分受欢迎，这导致英国与中国形成了巨大的贸易逆差。为了减少贸易逆差，英国开始采取不正当贸易手段与中国进行贸易。这是英国、法国等资本主义国家在全球范围掠夺的一个缩影，血腥和暴力为这些国家的资本积累起到了巨大作用，这给殖民地的居民带来了巨大的损失和伤害。

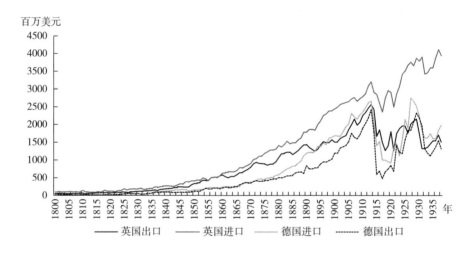

图 9 – 1　英国与德国进出口对比

［数据来源：Federico – Tena World Trade Historical Database；

Europe – Federico – Tena World Trade Historical Database（consorciomadrono. es）］

自地理大发现以来，以国家为单位的利益主体开始走出所在的大陆，在全球范围内寻找更优质的资源以满足消费者需求。地理大发现意味着人类开始在全球范围内进行探索与交易，这一尝试大大降低了本国产品的生产成本。如果要在寒冷地区种植热带水果，那么其价格一定是高昂的。在不具备电气化生产条件的情况下与人口稀疏的地区建设劳动密集型制造业一定会面临高昂劳动成本的问题。地理大发现时代赋予了人类大量的额外选项，企业可以轻松地在多个地区中选择适合自身的地区。地理大发现是如今全球商贸交易的基础以及全球化的第一个里程碑。全球资源可以进行充分融合，被低估以及高估的产品会因为全球资源的逐渐透明而恢复正常，整体来看，地理大发现开启的全球化是一种帕累托最优化的过程，是全球产业链的雏形。

9.2　"二战"后全球供需重构

"二战"后到 20 世纪 70 年代：供需走向平衡

第二次世界大战后，受战争影响，各国居民的基本需求无法被满足。工业区被战争摧毁，原有的供需平衡被打破，各国供需关系普遍处于供小于求的状态，西欧以及其他战争影响严重的各国迫切需要重新提升供给规模以满足居民需求。西欧、日本战后的迅速恢复主要依靠马歇尔计划和美国对日本援助。各国政府通过政策指导国内企业按照既定的方向进行发展，以促进国内的经济重回战前正轨。

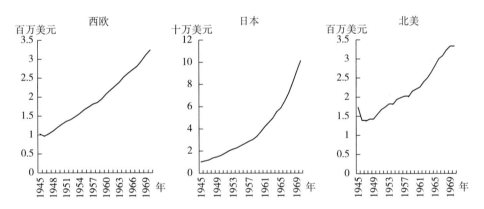

注：西欧包含奥地利、比利时、丹麦、芬兰、法国、德国、意大利、荷兰、挪威、瑞典、瑞士、英国。北美包含美国、加拿大。

图 9 - 2　西欧、日本、北美 GDP 对比，以 1990 年为基准的不变价国民生产总值

（数据来源：Wind）

资本流向的不平衡在一定程度上带来了全球局势的不稳定，东欧经济逐步衰退，中国遭受内战与饥饿，非洲、拉丁美洲和中东大部分地区政局不稳，饱受战乱和冲突。美国在第二次世界大战中基础设施并未遭到破坏，这与西欧民

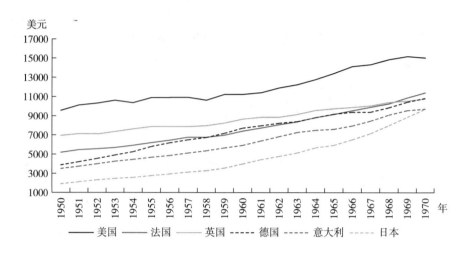

图 9 – 3　全球主要经济体人均 GDP，以 1990 年的人均 GDP 为基准

[数据来源：Maddison Project Database（2010），University of Groningen]

众在战争后的数年饥饿截然不同。

　　出于地缘政治考虑，美国对欧洲启动马歇尔计划。从 1948 年到 1952 年，美国向 16 个欧洲国家提供了总计价值 13 亿美元的援助（相当于今天的 126 亿美元），欧洲经济快速恢复。美国援助范围广泛，例如资助法国航空业（帮助购买螺旋桨）、抗击结核病、分享先进工业和农业技术，为葡萄牙鳕鱼捕捞船队提供资金等一系列从技术到民生的扶持。1952 年援助结束时，每个参与国的经济规模都超过了战前水平。日本则通过朝鲜战争机遇获得了大量订单，促进其从以战争为重点的经济结构过渡到和平时期的经济结构。截至 1954 年，美国的经济援助总额为 44 亿美元（其中包含大量的实物和技术援助）——相当于今天的 420 亿美元。这一时期，尽管欧洲内部不能通过工业生产满足自身居民的需求，但由于全球化的商品供给，美国通过富余产品的出口满足了欧洲的需求缺口。

　　"二战"期间及"二战"刚结束的一段时间内贸易保护主义层出不穷，高昂的关税以及不合理的贸易协议严重影响了各国战后经济恢复。为了进一步促进战后全球经济的有序增长，建立一个世界标准规则极为重要。为了促进全球经济均衡增长，EAEC、ECSC、关贸总协定、国际货币基金组织、北约、联合国等一系列国际组织在战后的数年内被创立，旨在建立一个更具建设性的经济和国际秩序。在关贸总协定（如今的世界贸易组织）下，全球出现了第一个国际贸易框架，有效削减了各国之间的贸易壁垒。随着贸易壁垒的下降，行业和国家之间的技术转让有所增加。从 1950 年到 1970 年，全球外国直接投资增长了 8 倍。与此同时，1949 年北约的成立保障了欧洲成员国的军事安全，为西欧各国政府的重建提供了喘息的空间。随着国际组织的出现，全球秩序逐渐成型，各国经济快速恢复，饥饿等贫困问题得到解决，到1949 年底，法国恢复了 80% 以上的煤炭产能，并在 1947 年至 1950 年期间将其钢铁产能翻了一番。

随着社会秩序、基础设施以及国际秩序的重建，企业开始逐渐回到正常的商业轨道中。部分因战争得利的企业在稳定的社会环境下进一步发展，例如美国政府在战争期间要求辉瑞（医药公司）参与青霉素的生产，战后该公司充分利用积累的技术创造了深罐发酵生产流程，创造出新的抗生素，并成为当今主要制药商。类似的企业在全球还有许多，例如日本三菱重工、德国宝马汽车等企业在战后借助经济增长迅速占领了民用领域市场份额。

美国通过一系列基础设施提升了自身的比较优势。例如，美国州际高速公路系统始于 1956 年，提高了生产率和降低运输成本。高效的运输促使美国制造业竞争力进一步增强，相比其他地区拥有更强的比较优势。同时，美国企业在"二战"期间积累的丰厚资本与技术在这一阶段开始显现，美国的传统制造业在大量的固定资本投资下抬升了全球入门门槛，大量技术储备推进美国制造业开始向高附加值转型。

经历战后近 20 年的繁荣时期，欧美等国政府开始将重点从短期的战后恢复转向长期经济增长。各国开始在教育、能源、基础设施、科学技术研发、电信和运输等领域实施推动政策，这使各国居民的社会福利水平在这一阶段快速提升，人力资本得到快速提升，相应劳动力价格快速上涨。此时，美国制造业的比较优势逐步丧失。为了抵御成本上升的难题，部分企业开始将工厂外迁到其他的国家，例如已经有一定工业基础的日本和德国。在工业基础较强的国家发展高附加值的医药、半导体生产，设计等服务业则继续由美国本土企业担当。产业转移这一现象在此后的很长一段时间里持续往复进行，从日本到韩国和中国台湾，再从中国台湾、韩国转移到中国大陆，劳动密集型产业不断地从发达国家转移到发展中国家。跨国企业拥有先进的技术和大量的资本，对于他们而言，不同地区间的比较优势核心在于人力成本。跨国企业不断寻找更加廉价的劳动力，发展中国家在制造和出口的过程中逐渐积累财富，人力资本逐步提升，劳动力成本爬升，这使得跨国企业再一次寻找新的产业转移目的地。

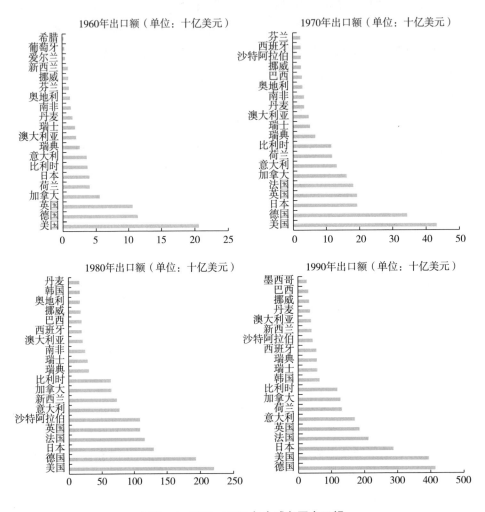

图 9 - 4　1960—1990 年全球各国出口额

（数据来源：OECD）

　　这一时期整体供需逐渐平衡。供给侧依靠不断改进的技术和更高效的生产模式使得商品价格逐年递减，企业不断提升自身产品的竞争力，各国政府竭力维护市场环境，使企业充分竞争。在需求侧，居民收入的快速增长使他们拥有更多的可支配收入，能够消费更多的产品。基本生活必需品的供需在这一阶段达到平衡。

20 世纪 70 年代到 21 世纪初：贸易崛起

在战后全球经济恢复的 20 年中，全球贸易规则逐渐清晰，一同清晰的还有全球政治局势。稳定的框架使得全球格局趋稳，部分发达国家开始从制造业向服务业转型。战后经济的快速恢复使发达国家人力成本快速上涨，各项针对制造业的优惠政策逐渐退坡减少。伴随制造成本的上行，发达国家将附加值低的制造业逐渐转移至人力成本更低的国家与地区。

美国在"二战"后将部分制造业转移到日本、德国等具有一定工业基础的国家，而后开始转向发展中高端制造业。承接了部分中低端制造业的日本、德国等国的出口额在这一阶段快速增长，本国居民的消费需求迅速得以满足，并开始对外出口产品以满足其他国家消费者的需求，为本国的经济增长提供支撑。人类需求在这一阶段迎来了巨大的增长，人们不仅仅局限于生存和安全需求，它随着技术的进步和经济的增长逐渐提升，这一趋势在 20 世纪后半叶越发明显，汽车、家电以及 3C 产品在这一时期的需求快速增长。收入快速上升让居民不再满足于简单的衣食住行，转而追求更加舒适的生活，通过私人汽车来减少出行的劳累、通过电视机来满足自身的娱乐等需求导致居民对商品需求范围品种不断扩大。此时，美国高端制造业、服务业开始崛起，为全球居民提供了更广泛的商品与服务消费选择项。

同一时期，美国的服务贸易出口开始快速上升，尽管美国仍然是全球最大贸易出口国，但其货物出口额所占的比重正在逐步下降。到 20 世纪 90 年代，美国出口总额虽然保持全球第一，但在结构上服务贸易占比迅速扩大侵占了部分商品贸易。随着制造业的流出，德国成为了商品贸易最大出口国。

整体来看，全球秩序的重建与统一象征着全球化进程的重启。全球在国际通行的贸易制度下快速建立了新秩序。投资、制造与运输的紧密协作为全球贸易提供有力支撑。全球商品供给趋于稳定，新技术叠加一系列贸易优惠政策促使企业生产成本逐渐降低。不断走低的商品价格让越来越多的消费者能够消费起曾经高价的商品，消费者群体不断扩大。

不断涌现的新技术提高了居民需求，人们开始追求于更高质量的商品，这

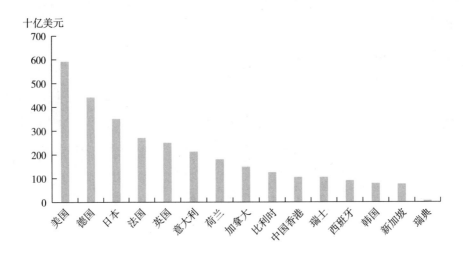

图9-5 1991年全球服务与货物贸易出口前15个国家或地区

（数据来源：OECD）

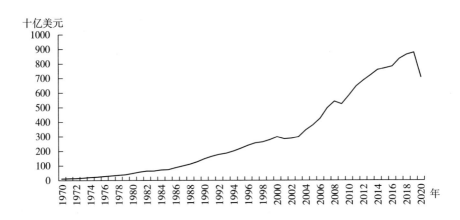

图9-6 美国服务贸易规模

（数据来源：OECD）

进一步促进全球企业供给升级，充分竞争的全球市场使企业在全球范围内寻找拥有比较优势的产品生产地区，提供优质低价的产品以获取更高利润。当今世界的产业分工已经在彼时有所显现。

9.3　21 世纪的中国发展

进入 21 世纪，全球范围内的产业转移仍然在持续，此时的产业转移趋势是以日韩为核心向中国转移。尽管中国在改革开放后已经开始通过部分优惠政策如税收减免、租金减免等方式引进外资，促进中国的工业化进程，但这一时期由于中国的社会主义市场经济体制尚不完善，部分制度改革尚未完成，转移进入中国的产业规模相对有限。当中国于 2001 年加入世界贸易组织后，大规模的外商投资开始涌入中国，2000—2010 年十年间，除了 2009 年因国际金融危机的影响小幅下滑外，外商直接投资占中国 GDP 的比重维持在 3% 以上。

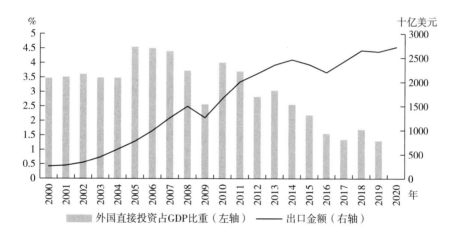

图 9 – 7　外国对华直接投资占 GDP 比重与出口金额

（数据来源：The World Bank）

大量外国资本流入中国后快速落地转化为各个跨国企业与中国企业的合资工厂。借助中国人口与政策红利，大量产品在中国生产，并通过公路、港口、机场运输到世界上的其他地区。中国商品出口在这一时期迎来了迅速增长，2000 年中国货物出口总额排在全球第五位，进入 2010 年，中国货物出口已超越美国成为全球第一。中国制造业发展速度是其他国家所不能比拟的，日本、德国制造业规模的扩张远没有中国迅速。

地理、国家政策以及社会稳定等因素对中国经济飞速发展起到了重要作用。中国国土面积辽阔，且大多数的国土都位于亚热带以及温带，不仅适合大量人口居住同时提供了广阔的土地来建造大规模生产的工厂，这使得中国拥有全球最完善的产业链。在庞大产业链框架中企业能够获得集群优势，产业集群能够通过缩短运输距离来降低运输成本和交流成本，加强中国相较于其他国家的比较优势。此外，中国的政策支持也起到了至关重要的作用，改革开放后中国正式走向社会主义市场经济，外汇改革使外企在中国的投资和交易变得更加便利和稳定。各地政府通过各种优惠政策引进外资，通过提供优质的土地以及租金、税收减免，大幅度削减了跨国企业的生产成本。同时，中国在 2001 年加入世界贸易组织后使中国向世界贸易组织成员国出口的部分商品能够享受一定程度的关税减免，进一步加强了中国制造的竞争力。

随着生产效率与技术的逐渐完善，发达国家的产品供应出现供大于求，中低端产品的供给在经历了近半个世纪的快速发展过后也已远远超过居民所需要的规模。此时的市场已成为买方市场，各个企业需要通过新的方法来提升自身产品的竞争力以实现更高的市场占有率和更高的利润，拉低价格维持一定的利润是企业的最终目标。

中国的地理优势、政策优势吸引大量制造业企业流入，加入 WTO 以及优惠的市场进入门槛促使中国拥有远超其他国家的成本优势。如果企业仍然停留在发达国家进行生产，这意味着产品的成本将远高于中国制造，这会导致企业竞争力下降甚至丢失市场份额。进入中国对企业来说并不仅仅是降低成本，中国庞大的人口支撑起了全球较大的消费市场规模，进入中国市场对于企业来说是上升的必然通道。在这一背景下全球大型企业争先入华，最终入世十年的中国经历了制造业腾飞，一举成为全球最大商品货物出口国。

在 21 世纪初加入世界贸易组织的中国成功地借助外商投资以及国际贸易实现了本国经济的快速发展。借助经济增长的东风，中国通过基础建设、改善教育与福利等多重举措提升中国的综合国力和经济增长的质量，使中国实现了快速飞跃，这在全球历史上实属罕见。

中国经济在 2010—2020 年经济增速有所放缓，开始逐步转向高质量发展。中国经济在经历了近 40 年的高速发展后，人均 GDP 已经突破 1 万美元，这意味着中国居民的福利待遇已经达到全球平均水平。随着中国人口红利的逐渐衰退，中国人力成本在进入 2010 年后开始逐渐上升，中国对外商投资的政策支持也已开始退坡，对全球企业的吸引力开始下行。尽管中国政府开展了如改善营商环境等措施，但经济因素仍是全球企业考虑的首要因素，企业希望获得的是更低的劳动力成本，营商环境的改善对于利润的改善并不明显。2010 年后，部分企业已经开始着手向东南亚进行产业转移，以追求更加低廉的劳动力价格，试图延续低成本和高竞争力。这一趋势在疫情的影响下或许将会被中断。

站在人类发展的历史长河上看，供需永远围绕均衡上下波动。在一个可自由交易的市场中，买卖双方通常会快速适应市场中的新情况。如果将时间放大至月、日的维度，会发现供需之间有较大的波动，这种情况可以被称为噪声。节选的时间段越小，波动的幅度将会越大，其中波动原因多为不可预测。因而在商品长期供需的研究框架中无须过分强调细枝末节的原因。从时间节点看，全球商品的供需关系在部分时间节点如大航海与"二战"后，存在着短暂的供需失衡，或是供小于求，或是供大于求，在利润的驱逐下，供需逐渐走向平衡。进入 21 世纪后，全球的基础供给逐渐走向富裕。整体上，全球市场已然成为买方市场，企业需要通过比较优势来不断提升自身的市场占有率。中国在加入 WTO 后抓住了发展的机遇，借助全球贸易实现经济快速增长。

第10章　21世纪初的贸易格局

　　进入 21 世纪后，中国凭借自身优势和外界环境快速发展为全球第一大货物出口国。2010 年后，中国开始有序推进产业升级。2015 年，政府工作报告提出了"中国制造 2025"计划，这标志着中国的制造业从中低端制造业开始迈向中高端制造业，中国也从制造大国开始转向制造强国。中国政府对中低端高污染制造业的支持开始退坡，部分跨国企业发现劳动力成本开始快速上升，因而逐渐将生产线转向欠发达地区，如东南亚以及非洲。不仅仅是中国，德国政府也在 2013 年开始推进"工业 4.0"，旨在进一步推进制造业的转型升级。本章将会通过对全球价值链影响重大的三个国家（中国、美国、德国）的贸易结构进行分析，透视这三个国家如何实现产业升级以及如何转移落后产业。

　　为何当前中国制造业会转向中高端，美国、德国等发达国家会在 20 世纪转向中高端制造业和服务贸易？从主观动能上来说，各国具有产业升级的动能。对国家而言，这将进一步提升经济增长的质量，提升人均 GDP、居民福利、生活质量的同时，也将减少环境压力。对企业而言，这意味着更高的利润率以及更高的投资回报率。无论是政府规划还是企业行为，都朝着相比于目前更高附加值的高端制造业以及服务贸易方向发展。客观来看，全球贸易使得产业的转型升级存在可能性。如果没有全球贸易，那么，一国需持续保持大量的中低端制造业以满足本国居民的生活需求，产业的转型升级将沦为空谈。发展中国家想要更快地实现自身经济的跨越式发展，则需要借助国外直接投资实现，这使得发达国家能够将产业链转移到发展中国家，而发展中国家也乐于接受这样的产业转移，原因在于转移来的产业利润多数高于本国产业并将带来红利，这将进一步促进本国经济的持续发展。

　　从上述两个角度看，发达国家的产业升级是建立在发展中国家承接其产业转移的基础上的。发展中国家很难完成对发达国家的反超，因为发达国家积累了大量的资本和技术，汽车、电脑、芯片等产品无一不是发达国家最先量产制造的。发达国家相较于发展中国家拥有更多的比较优势。在过去很长一段时间里，发展中国家只能被迫接受发达国家的产业转移而很难进行自身的产业升级。因此，随着时间的推移，当发达国家拥有更先进技术时，落后的技术则被逐渐下放至发展中国家。

10.1　产业升级趋势：美国出口格局及趋势

美国的进出口商品及结构：进口中低端商品，出口高附加值商品

美国借助"二战"实现了综合国力的提升，资本和技术也随之快速累积。"二战"后，在马歇尔计划下，美国借助庞大的工业生产体系向欧洲国家大量出口机械、化工原料、食物等中低端产品。出口帮助美国积累了大量的黄金储备及财富，美国进而将这些资本积累投入固定资产投资与研发支出，以进一步增强美国产品在全球的竞争力。

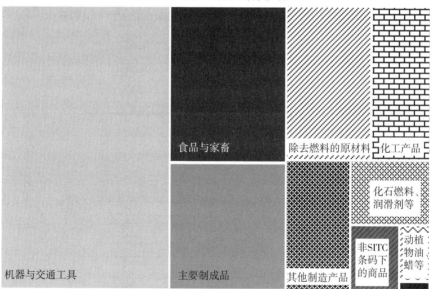

1962年美国出口：按SITC分类产品

图 10 - 1　1962 年美国出口

（数据来源：Atlas 数据库）

如图 10 - 1 所示，1962 年美国出口产品的 2/3 已经是工业制成品，相比之下中国等发展中国家出口均为初级产品。工业制成品能够获得更高的附加值，美国企业借助全球化贸易在这一时期获得了先发优势。尽管美国 20 世纪声称政府并没有特意实施产业政策扶持，但事实上，美国制定并实施了许多具有特定产业影响的法律、政策等以推动美国的转型升级，例如，1980 年的《贝多法案》旨在解决由美国联邦政府资助产生的知识产权问题；美国高校如麻省理工等可以通过申请联邦政府资助资金进行科研工作，并将科研成果合法地交易给企业，促进产学研紧密协作。此举帮助美国营造了良好的微观商业环境，这使得其拥有高度专业化、技术驱动的产业，提升了创新创业投资的良性循环。

20 世纪中后期，美国产业政策推动美国经济转向中高附加值制造业。在企业同时拥有了资本和技术储备时，追求更高利润率和投资回报率的渴望会使越来越多的企业进军服务业、中高附加值制造业。美国向世界供给的商品类型也相应地发生了巨大的转变：食物（包含大豆、小麦等农作物）占美国出口份额从 1973 年的 16.96% 下降到 2000 年的 3.75%；原材料的出口从 1979 年的 11.44% 下降到 1999 年的 2.56%；机械与交通工具的占比从 1980 年的 32.4% 上升到 1999 年的 38.81%；服务出口从有数据以来的 1980 年的 17.97% 上升到 2000 年的 27.65%。这一方面反映了美国出口规模的扩大，另一方面也反映了中高端附加值以及服务业的崛起。

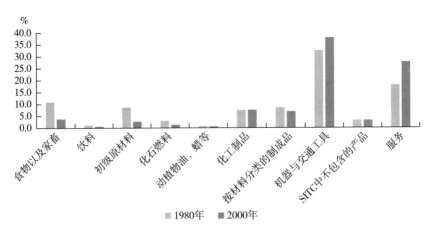

图 10 - 2　美国 1980 年与 2000 年出口商品份额

（数据来源：Atlas 数据库）

20 世纪中后期，美国制造业迅速占领世界绝大份额。随着全球航空业的迅速发展，航空公司对大型喷气式客机的需求也在逐渐上升，美国波音公司开始向全球的航空公司销售喷气式客机，这成为美国出口商品中机器与交通工具的重要组成。除此之外，通用、福特等美国汽车企业也向全球市场出口了大量汽车，和喷气式客机同时支撑起了美国机器与交通工具的出口。这反映出美国中高端制造业正在迅速崛起，从"量"走向了"质"。

在世界上第一台计算机埃尼阿克（ENIAC）诞生十六年后，1960 年 IBM 推出的 1401 型计算机迅速占领了英国、日本、德国市场，使得 IBM 成为全球最大的信息技术公司和最大的业务解决方案公司。1967 年，美国 GDP 为 8300 亿美元，而 IBM 的市值达到 1923 亿美元。美国在这一时期的半导体设备技术也领先全球，各国政府和大型机构对半导体设备的需求被美国企业满足。70 年代，MITS 公司发布的"牛郎星 8800"标志着全球进入个人计算机（PC）时代，而个人计算机的需求基数远高于大型计算机。此时的美国孕育了大量中小型半导体企业，从事半导体研发、生产以及配套软件开发，美国在半导体领域的先发优势进一步促进了美国始终走在全球商品供给的前沿。美国的高附加值制造业正在迅速增长，美国制造正迈向以高附加值为主的时代。1986 年，微软购买 MS‒DOS 并将其卖给 IBM 以供其预装载到个人电脑上，这是微软崛起的标志，也是美国服务贸易迎来巨大增长的开端。

美国的服务贸易出口在 20 世纪 80 年代开始迅速崛起，系统软件等配套服务出口只是美国服务贸易繁荣的一个缩影。与半导体产业相伴而生的还有信息通信领域技术（ICT‒Information and Communications Technology），互联网及其配套服务商品支撑起了 1980 年美国出口的 8.01%。这一时期，美国的医疗技术以及服务质量也随着美国经济增长而快速成长，大量的外国游客涌入美国以购买医疗服务或旅游服务。1980 年，美国旅游出口占美国出口总额的 4%，并在接下来的时间里快速增长，到 90 年代已超过 10%（旅游服务不同于传统的货物贸易，人们并没有进行实物的交易，提供跨境旅游服务的国家为服务出口，因为游客在当地消费了酒店、交通等服务，而游客来源的国家则将同期的旅游服务称之为服务进口）。总的来看，20 世纪末的美国供给正在逐渐转向高附加值制造业以及服务业，这一趋势进入 21 世纪后将变得更加明显。

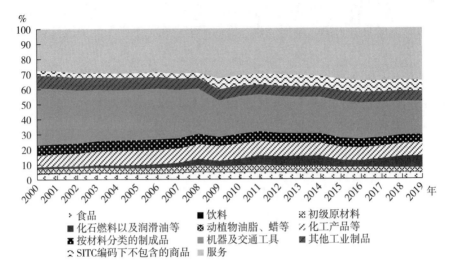

图 10 - 3 2000—2019 年美国各类型产品占出口总额的比重

（数据来源：Atlas 数据库）

如图 10 - 3 所示，进入 21 世纪以后，美国的服务贸易出口占总出口额的比重迎来了进一步的扩张。美国微软公司向全球出口视窗软件系统，达美航空、西南航空等航空公司向全球提供客运以及货运的航空服务出口。以医疗、旅游为主的服务贸易出口随着全球居民可支配收入的普遍提升而快速提升，其他国家的居民也能随着国际旅行价格的下降而前往世界最发达的国家旅行。金融以及保险行业出口在这一时期迎来了持续稳定的发展，尽管受到 2008 年国际金融危机冲击，但美国金融及保险行业出口从 2000 年的 3.02% 仍增长到 2019 年的 6.06%，保持了近 4% 的复合增速。因为服务提供者自身的技术提升以及需求方支付能力的提升，美国的服务贸易行业迎来了较快的增长，进一步推动了美国出口结构向服务业、高附加值产业转移。

美国过去引以为傲的机械制造行业迎来了小幅下行，除去满足本国需求外，部分收益率不及预期的生产企业将资本投入到了收入更高的高附加值制造业以及服务业，将产品出口海外以换取高额利润。越来越多的企业利用自身先发优势从海外获取超额利润，美国药企默沙东、辉瑞等企业通过掌握的大量专利以及研发能力出口药品，从全球获取利润。美国传统的汽车制造业在中国、日本、欧洲等部分国家和地区的冲击下正逐渐失去竞争力，美国出口汽车及机器占美国出口的比重快速下行。

美国出口商品格局经历了从基础工业制成品到中高附加值制造业，再到 21 世纪后以服务贸易为主、高附加值制造业为辅的出口格局，这背后是美国企业的先发优势以及适当的产业政策支撑，这也使得美国的出口产品附加值以及利润始终领跑全球其他国家，并在其他国家开始进入这一赛道时开始转向更高层级的产品出口。

10.2　制造业的趋势与未来：德国工业 4.0

尽管德国的国民生产总值在 2020 年为 3.8 万亿美元，远低于美国以及中国，位于全球第四，但德国在全球供给中起到了至关重要的作用。德国实物商品出口规模仅次于中国，位列全球第二。更为重要的是，德国 43% 的净出口是通过参与全球价值链实现的（GVC - Global Value Chain），这进一步凸显了德国在全球供给中的重要性。德国是讨论全球疫情前供需变化的重要组成部分，德国在一定程度上代表了制造业的前沿趋势。

德国在 "二战" 后一分为二，被美英法苏分区占领，苏联占领区为德意志民主共和国，美英法三国占领区合并为德意志联邦共和国，分别简称东德和

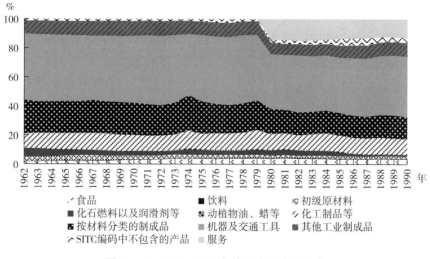

图 10 - 4　1962—1990 年德国出口产品种类

（数据来源：Atlas 数据库）

西德。尽管德国一分为二，但东德和西德都在"二战"过后进入快速恢复时期。20世纪70年代，联邦德国便出现"经济奇迹"。早在1990年东西德统一前，联邦德国已成为世界第四大经济体，贸易规模位居全球第三；民主德国在社会主义阵营中也是发展最优的国家。两者都被世界银行列为世界十大经济体。

德国已有的工业基础在全球化背景下帮助德国经济复苏并腾飞。1962—1990年，德国出口的机器及交通工具占比持续维持在本国出口总额的40%以上。德国自1960年以来的大多数年份都处在贸易顺差，这为德国带来了大量外汇输入，促进德国快速完成战后恢复并拉动经济增长。

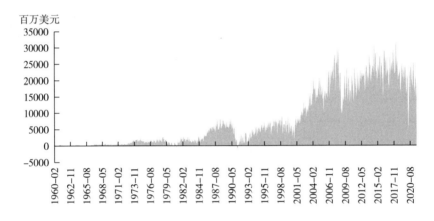

图10-5 德国贸易差额

（数据来源：Atlas 数据库）

德国作为全球老牌的工业制造强国，在很长一段时间里向全球输出了大量优质的工业产品，整车制造商大众汽车、变速箱制造商采埃孚、家电制造商西门子等企业享誉全球。上述企业作为德国制造的名片，支撑起了德国制造业。

进入21世纪后，中国以前所未有的速度追赶德国、日本等制造业大国，并于2010年成为全球第一大商品出口国。其他发展中国家和发达国家也乘着全球化和信息技术的东风在制造业上快速发展。德国制造业领先地位面临着巨大的挑战，迫切需要进行制造业升级以维持其地位。为此，德国于2011年提出"工业4.0"计划，旨在以第三次科技革命为技术基础，进一步推动制造业与互联网联结，实现以物联网为基础的新一轮工业革命。德国试图通过这一国家计划推动德国制造业的进一步升级，实现更高的产品附加值以及制造业利润率。

德国制造业面临的挑战不仅仅来源于其他国家,更来源于本国老龄化问题以及全球资源短缺等问题。早在东西德合并时期,德国已进入老龄化。2008年,德国 65 岁以上人口更是超过 20%,这意味着德国老龄化问题越发严重,工业制造业缺乏足够劳动力。

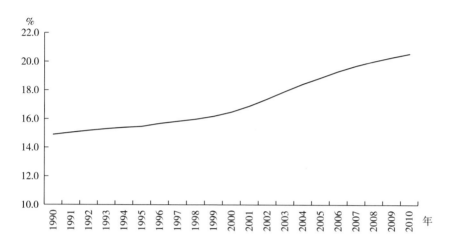

图 10 - 6 1990—2010 年德国 65 岁以上人口占总人口数比重

(数据来源:The World Bank)

德国的工业制造迫切需要转型,以自动化机械设备取代传统的劳动力。重要的是,全球大多数国家都面临相似的问题:有限的全球资源以及日渐严重的环境问题使得制造业原材料成本持续上升,企业迫切地需要通过技术改进来降低原材料耗损率以减少生产成本和降低对环境的压力。

在过去的几十年里,德国成功地通过应用信息技术和通信技术(ICT)实现了国内的工业精细化分工制造。在 2010 年,ICT 支撑了德国近 90% 的工业制造过程。"工业 4.0"是将信息化的制造过程进一步加以强化,实现更高效率、更加标准的工业化生产,其核心主要体现在以下八个方面:

- 标准化:贯穿整个价值链,实现不同企业网络的继承与连接;
- 复杂系统管理:利用模型与算法实现复杂产业链下的生产连续性;
- 全面宽频的基础设施:在德国与其贸易伙伴国之间实现高效宽频的信息基础设施;
- 安全与保障:从生产设施与产品需求两个维度保障人的安全与环境

安全;

- 工作的组织与设计:智能工厂下的员工角色将发生显著变化;

- 培训与可持续发展:推动员工终身学习,满足技术的持续更新迭代;

- 监管框架:管理指数级增加的数据,确保数据安全以及隐私问题得到重视;

- 提升资源利用率:通过"工业4.0"提高资源生产率,减少环境压力。

制造业的颠覆性改革

德国"工业4.0"方案不仅有助于提升其自身制造业竞争力,且具有一定的正外部性,即技术溢出:对贸易伙伴基础设施的建设(新一代的基础设施建设即信息基础设施,如通信基站、光纤等)。"工业4.0"助推德国与其贸易伙伴之间的联系更加紧密,进一步推动全球化加深,各国之间合作关系将会更加固化和顺畅。为实现更高水平的生产标准化,德国企业需要与其他国家贸易伙伴实现统一的标准,这将间接推动落后国家信息基础设施(如基站、地下光缆等设施)的建设。

工业生产方式的转型将会极大地缓解生产和装配环节劳动力紧缺问题。根据研究者对德国制造业的测算,到2025年,得益于机器人技术与自动化,德国的装配和生产岗位数量将会减少约61万个,这将极大缓解德国老龄化所带来的初级劳动力短缺问题。这一结果也并非意味着大量劳动者的失业,相反地,他们将在工业生产方式的转型中获得知识技能的提升并因此获得更高的薪水和更好的福利待遇。由于"工业4.0"对信息技术与数据科学要求尤为苛刻,这将为德国创造大量高级就业岗位。

当劳动力从基础的重复性劳动中解脱出来,人力成本——这一产业转移的主要动力逐渐减弱。企业不再需要在全球范围内寻找低人力成本的国家,他们将产业转移的费用用于自动化改造便能实现永久性的低人力成本。更为重要的是,"工业4.0"下的自动化生产将很少会出现人类操作时的错误,机械设备可以快速安全地完成复杂任务并提高产出质量。值得注意的是,前文强调的是人力成本价格重要性的下降,并非指人力资本在生产要素中已不重要,相反地,人的价值变得更加重要。无论是机器学习还是其他算法自身的迭代,仍然难以达到人类思维的高度。在从事创造性工作时,人的思维仍然是更重要的,机器和算法让人类从基础性的重复劳动中解脱出来从事更高层次的设计工作（算法编写、逻辑优化等工作）。

创意与设计类型的工作通常只需要在计算机内完成，而不一定需要本人到场完成，这意味着企业可以在全球范围内寻找合适的劳动者来完成工作。通过互联网将工作成果传输并落实到机器运转之中，企业不再需要像以前那样通过产业转移来寻找廉价的劳动力。这对于部分发展中国家来说或许是一个坏消息，他们或许将不能像过去的中国那样通过承接产业转移来实现自身基础设施的建设和产业基础的积累。当人力被机器所取代，原材料、土地以及运输的价格或许将重新成为中低端制造业企业建厂所要考虑的首要因素。对于部分发展中国家而言，尽管原材料、土地的价格很低，但他们的基础设施是欠缺的。运输成本将会掣肘企业向他们转移工厂，而发达国家往往会拥有更完善的基础设施和更低的运输价格，这将成为对部分跨国企业的吸引因素。产业转移的趋势与目的地或许会随着制造业类型的不同而产生改变。

部分企业因为美国人力成本的上升而将劳动密集型制造业转移到其他国家，在国内生产更高附加值的产品，提供设计、研发等服务。将视角放到 21 世纪第二个十年的德国会发现，德国的"工业 4.0"正在为制造业提供另外一种变革，而非美国企业在过去所进行的优化。美国企业将工厂进行合理安置以

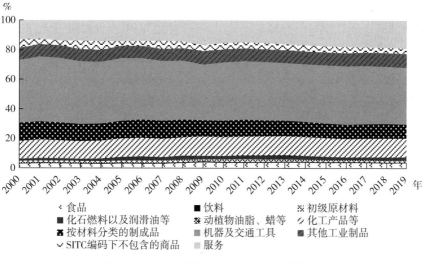

图 10 – 7 2000—2019 年德国出口产品份额变化

（数据来源：Atlas 数据库）

获得更高的利润，这是对制造业布局的优化。随着各国不同翻版的"工业4.0"技术的落地和实施，可以发现这一计划正如工业革命一样对各国的工业生产带来颠覆性的改变。对于劳动密集型产业来说，人力资源不再是最重要的影响因素，人的价值进一步被肯定。劳动力被用于从事更加有价值的工作（如设计、逻辑优化等），原材料价格、交通便利程度的优先级被进一步提升。观察德国，近10年，"工业4.0"对其出口商品结构的影响极为有限，但这一国家计划在一定程度上提升了单位产品的附加值，也在一定程度上使全球的分工更加固化。

随着时代的变迁，利润和附加值不能完全用于判断转移产业还是变革传统制造业是更优的选择，环境保护、解决发展中国家民生问题等因素都应当被纳入考虑。两种发展方式都能实现产品附加值的增加、企业利润的提升以及推动国家的经济增长。"工业4.0"对于发展中国家基础设施建设的效果或弱于产业转移，但其具有环境友好型。因此，很难绝对地认定哪一种方式更好，这仍需要根据具体的国家、产业来进行考虑，选择最适合的方式实现产业变革。

"工业4.0"带动新产业的崛起与壮大

"工业4.0"的核心在于信息物理系统（CPS – Cyber Physical System），中央控制器将指令通过互联网传输到生产设备。2012年互联网协议IPv6新增了大量网络地址（2^{128}个），互联网设备不再像过去IPv4协议那样受制于网络地址数量的限制（2^{32}个）。全球所有的物品都能通过物联网、无线网络接入全球互联网。物联网于"工业4.0"而言就像空气和水对人而言是必不可缺少的。在疫情前的很长一段时间里，相关产业因此得到了巨大的成长。

除去物联网设备外，云计算、大数据产业也相应地得到巨大增长。一方面，工厂中的机器将数据通过互联网传输到数据中心，数据中心对需求数据与原材料等诸多变量按照模型进行计算，得出最优的生产规模与生产时间等结论，并再次下发到联网的机器中。数据中心计算过程中需要的算力是巨大的。对于普通企业而言，研发并购置如此规模的数据中心显然是不划算的，专精于提供计算服务的云计算企业可能是更好的选择，谷歌云、阿里云等专注于为企业提供高效运算服务的专业企业在这一阶段应运而生。另一方面，物联网所传输的供给、需求等诸多数据的体量是巨大的。与数据中心类似，对于从事制造业的企业而言，对数据进行储存和分析的花费远不如将其外包，这样"工业4.0"又带动了大数据储存、分析等配套产业的发展。

传感器以及半导体设备是另一个跟随"工业4.0"崛起的产业，自动化的生产尤其依赖各类温度、重量、湿度等传感器。传感器对于"工业4.0"就如同眼睛、鼻子，传感器随着"工业4.0"的发展变得更加强大，拥有了更高的精度但更小的尺寸。正如上一段中所提到的"云计算"，尽管制造业企业将计算过程外包给云计算企业，但这并不意味着"云计算"是空中楼阁。提供服务的企业仍需采购大量半导体设备来进行实际运算，巨量数据的运算对算力要求是空前的。已经历近半个世纪发展的芯片产业在进入21世纪第二个十年后再次迎来快速发展，除去提供云计算服务的企业，其他各行各业也都或多或少地依赖微型处理器。这或许也是疫情下2021年"汽车行业缺芯"的重要原因，下一章将对这一现象进行进一步的具体分析。

综上所述，"工业4.0"不仅仅是对传统产业的颠覆，其也孕育了大量新生产业。除了物联网、云计算、大数据等产业，还有诸多配套基础设施在上文并未提及，但这都是"工业4.0"所带来的副产品。从类型上来看，这些新孕育的产业大多数是具有高附加值、高技术含量的制造业、服务业，也是目前最前沿的产业。

10.3　中国出口格局

中国在经历改革开放和加入 WTO 两大重要事件后，制造业规模与进出口规模快速扩张。中国在加入 WTO 后，不到十年时间便成为全球最大的商品出口国。出口促进了中国经济快速增长、企业资本快速积累。中国作为全球最大出口国，其供给的变化毫无疑问意味着全球需求趋势的转变。因此，对中国供给趋势的分析是解读疫情前产业变革趋势所不可缺少的。

逆势而行：高附加值转型

德国与美国在进入21世纪后，展现出了不同的产业发展形式：美国转向了高附加值、高科技含量的制造业，如半导体、医药等行业以及软件制造、ICT 服务业等；德国则进一步增强自身制造业的竞争力，通过"工业4.0"计划颠覆了原有的制造业，在人口老龄化社会中产业劳动力欠缺的现状下，实现了非产业升级下的产品附加值提升，降低了产品的单位成本。

2015年，政府工作报告首次提出了《中国制造2025》，这是中国版的"工业4.0"，但更接地气。与德国"工业4.0"有所不同，《中国制造2025》一方面强调推进制造业数字化、网络化、智能化即"工业4.0"下的CPS，另一方面强调推进产业结构转向中高端。由此看来，中国版本的"工业4.0"相较于美国、德国将会是更加全面的版本，因为其一是强调对传统产业的颠覆即通过智能化、数字化等方式降低产品单位成本；二是学习美国历史上的产业升级路径，将低端制造业有选择地转移到其他发展中国家，并逐渐以中高端制造业、服务业为主，实现更优的产业结构，为中国的长期经济增长打下良好基础；三是着重强调环境保护与绿色发展。

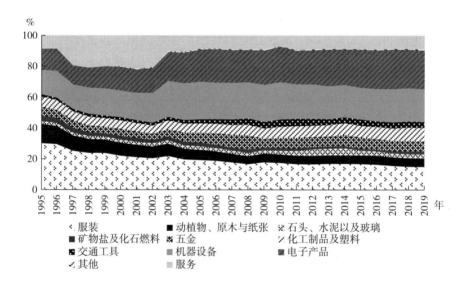

图10-8 1995—2019年中国出口产品份额

（数据来源：Wind）

中国在改革开放后的近30多年时间里，农产品、服装等产品出口份额随着时间的推移而逐步减少，电子产品、机器设备等附加值较高的产品出口份额进一步增长。一方面，中国从过去以各种优惠条件引进大多数外资，逐步走向了有选择地引进高端技术型外资。近些年来，最为明显的例子是特斯拉在中国建设的超级工厂，建设银行、工商银行、农业银行等银行向特斯拉提供了35

亿元有利率优惠的贷款，上海政府在其土地购置、审批等过程中也一路加速。这充分反映出中国政府对于产业转型升级的支持力度，积极引入全球掌握先进技术的企业来推动本土汽车厂商的发展。另一方面，部分企业由于中国人力成本的上升正考虑逐步撤出中国，走向东南亚和非洲等人力成本更低的国家，中国的中低端产业正在逐渐被其他发展中国家所承接。从这两个方面来看，中国仍然在优化自身内部的产业结构，意图向更高附加值的产业升级。

在《中国制造 2025》提出之后的第二年，国家制造强国建设领导小组发布"1 + X 规划体系"，针对制造业创新中心建设、工业强基、智能制造、绿色制造、高端装备创新五大工程发布实施指南。其中的重头戏——智能制造，强调普及数字化制造、智能化制造，推动制造业智能转型与自动化。同样是以汽车行业为例，吉利与沃尔沃的台州工厂被称为"全球工业 4.0 工厂"。该工厂已经能够部分实现"工业 4.0"下的愿景：全自动、全产业链的汽车生产，近 100% 的汽车生产制造组装流程被机器人所取代，每两分钟有一辆领克汽车（吉利与沃尔沃的合资品牌）下线。更为重要的是，其能够实现并线生产，即上一辆车是领克汽车而下一辆车又能够生产沃尔沃 XC40 汽车，这样的客制化生产可以有效降低多次建厂的成本负担。这仅仅是中国在实施《中国制造2025》以来的一个例子，其他的制造行业同样也发生了颠覆性的改变。

很显然，一方面，中国作为一个拥有全产业链的大国，并不能将所有中低端制造业全部转移至其他发展中国家，这从国家安全上而言也是一种风险。用"工业 4.0"的思路来实现中低端制造业的颠覆，实现非产业转移情况下的附加值提升与成本降低是追求经济增长与保障国家安全之间的完美融合。另一方面，近些年来，中国高端制造业与软件服务业等方面面临着美国等发达国家的打压，中国不能像德国那样固守既往的制造业阵地，仍需要向高端制造业、服务业进发，以支撑中国蜕变成为制造业强国。两种产业发展思路并举，是中国在 21 世纪面临产业革命和技术革命所交出的答卷，这一答卷经受住了新型冠状病毒的考验（但这已是后话，下一章就将解读中国全产业链对全球经济复苏的贡献及其对中国经济的拉动作用）。

专栏讨论：全球流行的区域贸易格局

自古以来，各国的商人都倾向于与地理位置相近的商人做交易。这一方面能够降低运输成本，另一方面也有助于信息传递，获取最理想的利润。这一贸易格局在全球化的当下仍然存在，从 20 世纪 50 年代欧洲内部的煤钢共同体到 1991 年欧洲建立的欧盟，再到 1992 年美国、加拿大、墨西哥三国签订的《北美自由贸易协定》，全球化在加深，区域性贸易也依旧存在。其原因是多样的，由于政治和经济之间的关系是十分紧密的，很难界定某一区域贸易是由于更多的政治因素或是更多的经济因素导致的。下文将对疫情前的部分重点区域贸易格局进行简单分析。

地缘贸易格局

欧盟

在目前的区域贸易格局下，欧盟是历史最悠久的区域贸易协议，其合作级别远高于贸易的一体化。整个欧洲在政治、经济层面多受益于其框架的高度融合。共同市场下的欧盟内部贸易量占总贸易量的 75%，关税的减免使得消费者能够享受到廉价的产品。因此，企业在框架内的利润高于外部。除去内部贸易的自由流通，欧盟与周边邻国签订有双边互惠协定，这意味着欧盟在与周边国家进行贸易的过程中，除了拥有天然的低运输成本，还能够享受到关税减免等优惠措施，使周边国家能够享受欧盟内部生产的产品，如德国的汽车、法国的奢侈品等。德国的生产工厂也因此能够获得价格较低的原材料。尽管英国这一重要国家于 2020 年正式脱欧，但对于整个欧盟而言，其内部仍然是牢固的，内部各国之间的联系依旧紧密。这一联合体仍然将在很长一段时间里持续下去，区域贸易的格局也将持续。

"一带一路"

"一带一路"是"丝绸之路经济带"和"21 世纪海上丝绸之路"的简称，这是中国国家主席习近平在 2013 年 9 月和 10 月分别提出的国际合作倡议，这是人类命运共同体的一次重要实践。陆上丝绸之路和海上丝绸之路在古代已具有一定的影响力，但由于古代中国的衰落，两条商路也逐渐走向没落。进入21 世纪后，中国提出的倡议让这两条具有千年历史的贸易之路重新焕发出了生机与活力。截至 2021 年 11 月 20 日，中国与 141 个国家和 32 个国际组织签署了共 206 份共建"一带一路"的合作文件。

从"丝绸之路经济带"来看，中国借助广阔的中亚腹地消化过剩产能，同时又满足了中亚居民对商品的需求，中国对外的投资建厂也有助于推动中亚沿线国家基础设施的建设和发展。根据近期的数据显示，中国在"一带一路"倡议以后对沿线国家共投资约 1398.5 亿美元，推进了沿线各国在电力、交通、信息技术等方面基础设施的建立与完善。

"一带一路"这一区域贸易格局除了能够像其他贸易格局一样实现关税的减免，更能推动各国经济的长期增长。部分中低端制造业被有序地转移到了沿线的部分欠发达国家，中国从而有机会向更高级别产业升级，而欠发达国家也得到了基础设施建设的机会，这对于双方而言是可持续的。与邻为商的另一个好处也是显然的，各国之间所面临的运输费用是极低的，受益于中国投资建设的中欧铁路，运输费用将得到进一步降低。

即使是在 2020 年及 2021 年新型冠状病毒的冲击下，中国仍然在积极地推进"一带一路"的投资和建设，沿线各国也在积极响应中国号召，推进这一国际倡议。

区域全面经济伙伴关系协定（RCEP）

《区域全面经济伙伴关系协定》（*Regional Comprehensive Economic Partnership*，RCEP）是东盟于 2012 年最先提出的。2020 年 11 月 15 日，第四次区域全面经济伙伴关系协定领导人会议以视频方式举行。会后，东盟 10 国与中国、日本、韩国、澳大利亚、新西兰正式签署协定。RCEP 于 2022 年 1 月 1 日对首批十个国家正式生效，韩国等其他国家也将陆续生效，这标志着当今世界上人口最多、经贸规模最大的自由贸易区正式建立，区内人口约占世界总人口的 30%，区内贸易总量约占全球总量的 30%。

尽管各国之间的减税安排不尽一致，但总体来看，当 RCEP 协定完全落实时，即过渡期以后，各国之间的零关税比例将占到所有产品的 85% 以上，这将进一步扩大 RCEP 内部成员国的贸易规模，提升贸易区内居民的福祉，推动产业转移。

RECP 的谈判正处于新型冠状病毒大流行时期，但各国政府在疫情期间依旧坚定地推动自贸区的建立，这说明自由贸易区的建立是符合后疫情时代的大势所趋：推进全球化背景下的区域贸易格局以进一步保障供应链安全。

　　无论是新型冠状病毒大流行以前还是以后，区域性贸易格局都在持续推进，或出于政治考虑，或出于经济发展的考虑。区域内部的贸易协定达成能够有效推进成员国内的关税减免、资金流动，进一步推动区域的经济发展。这一趋势在短期来看减缓了全球化进程，但其更像是一种"换挡提速"。当全球各地区都形成了一定规模的区域贸易格局后，各区域性贸易区最终也将走向汇合。区域性的减税和自由贸易将逐渐扩张到全球，这将进一步促进全球贸易自由度和便利度的提升，再一次推动全球化的前进。

第11章　现阶段的全球供需

2020 年，新型冠状病毒在全球蔓延。全球各国因遭受疫情冲击时间不同、防疫政策和防疫力度不同，各国经济恢复时间也因此不同。疫苗分配的不公平叠加发达国家货币政策的宽松，进一步扩大了各个国家之间经济恢复速度的差距。全球经济恢复的不均衡导致全球供需出现失衡：一方面，全球部分地区制造业受疫情影响无法恢复产能；另一方面，逐渐走出疫情的国家出现了需求升温。商品供需不均衡因运输及供应链问题又再一次被放大：供给周期不断延长，需求端价格明显上升。

从供需两侧基本面出发，供给侧在疫情冲击下出现了劳动力和原材料短缺的问题，其主要原因是疫情下人员流动受限，一些工厂停工时间被迫延长；部分已经复工复产的工厂在突发疫情冲击下，产能无法及时恢复至疫情前水平。从全产业供应链角度观察，供给不足其实是制造业环环相扣的表现。劳动力不足导致上游制造业无力提供相应产出保障，木材等一系列原材料的短缺导致中下游企业无法恢复产能。从需求侧来看，部分国家/地区疫情的好转使得居民不再受限于严苛的防疫政策，生活逐渐趋于正常。这释放了之前受疫情压制的需求，叠加发达国家宽松的货币政策，需求出现了快速升温。短时间内，全球快速上行的需求与缓慢恢复的供给出现严重脱钩，而全球运力的不足则进一步延长了恢复的时间，最终体现为商品价格快速上行。整体上看，供需问题可以被分为两个阶段。首先，在 2020 年前两个季度，疫情快速蔓延，防疫政策促使居民需求主动收缩，供给被迫收缩；其次，在疫苗接种率快速上升的地区，需求随着疫情缓和逐渐释放，但部分国家依旧受疫情影响而导致供给依然受限。本章以中国和美国作为全球商品贸易供需两侧的代表性国家，阐述疫情下全球商品贸易存在的供需问题。由于需求与疫情强相关，所以疫情冲击的强弱可以更好地诠释供需之间的强弱关系。

11.1 第一阶段：需求收缩，结构重构

2020 年初，疫情快速扩散。武汉从 2020 年 1 月 23 日至 4 月 8 日进行了总计 76 天的"封城"行动。中国其他城市虽然没有出现与武汉完全相同的防疫措施，但是跨地区之间的旅行同样被切断。在部分地区，还出现了村与村之间的隔绝。整体上，全国大范围内出现了实质性的出行或旅行限制。作为制造业大国，中国大量劳动力来自农村地区。而 2020 年春运返程开始日期为 1 月 10 日，除夕夜在 1 月 24 日。从时间上判断，在全国出现封锁政策前，中国大量的劳动人口已经返乡过年。这意味着在春节过后，因为出行限制，大量的务工人员将无法外出，工厂面临着劳动力短缺的问题而无法进行生产。作为制造业大国，出口和国内消费是中国经济的重要支撑，有序恢复生产是短期疫情冲击下恢复经济的必要手段。

为了保证复工复产有序进行，2020 年 2 月 3 日，中央提出"要在做好防控工作的前提下，全力支持和组织推动各类生产企业复工复产"。2020 年 3 月 4 日，中央强调"根据疫情分区分级推进复工复产"。2020 年 4 月 8 日，中央首次提出"全面推进复工复产"。2020 年 4 月 17 日，中央政治局召开会议，指出"全国复工复产正在逐步接近或达到正常水平"。为了全力推进复工复产的有序进行，中国各职能机构纷纷推出支持政策。

表 11-1 各职能机构对复工复产的支持政策

来源	措施
中国人民银行	设立 3000 亿元专项再贷款，提供低成本再贷款资金，对口罩、护目镜、消毒液等企业加强金融支持。向重点医用物品和物资的生产、运输和销售的重点企业提供低息利率信贷支持。综合低成本贷款利率和财政部贴息，确保重点企业实际资金成本降至 1.6% 以下。
财政部	扩大《慈善捐赠物资免征进口税暂行办法》规定的免税进口物资范围、免税主体范围等。对于捐赠用于疫情防控进口物资免征进口关税、增值税和消费税。 财政部印发通知要求，一是地方财政部门要切实发挥中央财政已出台的金融支持、税收优惠、社会保险、政府采购等政策作用；二是省级财政部门要加强与相关业务主管部门协商，积极研究支持医疗物资重点保障企业复工复产政策；三是地方财政部门要加强协同监管，全力支持疫情防控。

来源	措施
国有资产监督管理委员会	加大医疗防护物资的保障力度，涉医药类企业要科学排产，提高负荷，组织好临床诊治药品和医疗设备的生产、采购。加快有效药品研制和疫苗开发；有关化工企业要抓紧复工复产，优先保障防护装备所需基础原材料和消杀产品生产；口罩、医用防护服等急需物资生产企业要最大限度地发挥生产潜能，具备条件的企业要抓紧转产扩能，保障供应。
工业和信息化部	建立国家临时收储制度，采用贷款和贴息的方式进行收储，鼓励防护服、口罩、护目镜、测温医疗设备、病床、救护车等生产企业加速复工，投产扩产，向医用防护服等重点医疗物资企业派驻 30 名司局级特派员，全力帮助企业协调解决原材料、物流运输等问题，快速增加有效供给。
国家市场监督管理总局	对口罩等紧缺物资，有的地区启动新产能，全系统特事特办，最短时间办好经营执照许可证，马上可以生产。还有一些出口转内销的口罩，符合国外标准，办好许可，加上中文，可以转内销。
商务部	印发《关于积极扩大进口应对新冠肺炎疫情有关工作的通知》，要求各地商务主管部门高度重视扩大进口对疫情防控的重要性，扩大医疗物资及生产原料进口。
民政部	民政部发布《关于全国性行业协会商会进一步做好新型冠状病毒肺炎防控工作的指导意见》，要求卫生、防疫、医疗器械、医药产业、健康服务等防控疫情急需用品的生产企业尽早恢复节后生产经营，加急生产医疗物资，优先筹集用于疫情防控的防护服、护目镜、消毒液等医用急需物资。

数据来源：中国政府平台。

在政府大力支持以及企业的积极配合下，复工复产顺序大致为：重型制造业（资本密集）、生产服务业、必需消费服务业；一般制造业（劳动密集）、商业服务业、建筑业；生活服务业。从数据上看，重工业行业，如能源、金属冶炼、化工等，已处于运转状态，整体复工时间早、复产率高。2020 年 2 月 7 日，全国高炉开工率 64.1%，PTA 全国开工率 87.2%，2 月 13 日，PX 全国开工率 75.8%，均达到了节前开工率水平的 95% 以上。国内物流行业自 2 月 10 日起恢复"三通一达"。一般制造业，包括食品加工、家电、轻工、建材、医药（非疫情相关）、电子、通信设备、军工等在非湖北地区恢复时间在 2 月 10 日左右。从上述数据可以看出，中国疫情下制造业恢复时间维持了快、稳的特征，生产经营有序进行。虽然整体开工率不及疫情前水平，但快速复工复产为国内民生保障、商品需求以及全球抗疫物资的供应打下了坚实基础。

在防疫政策下，多国居民开始减少外出。不少有条件的居民（多为发达国家居民）开始居家办公。外出次数的减少削减了人们对商品的购物需求，例如，无法外出旅行就没有购置摄像机的需求，无须外出工作则减少了对交通、服装等一系列商品的需求。从结构上来看，由于居家时间长，必需消费需求增加，而使用场景的减少促使非必需消费缩减。上述描述中，需求的减少来自使用场景的减少，这一对比使用的基础背景是默认全球还处于疫情前的正常环境下。从一方面看，疫情造成的居家确实削减了大量需求，但另一方面，不可否认的是，在一个新的世界下它也创造了大量需求。居家生活办公使得人们更加依赖电子产品和网络。学校纷纷转向在线教学，过去接受线下教育的中学生可以不需要电脑，但现在没有电脑就意味着无法获得教育；不少人居家工作，依靠互联网参与视频会议，收发工作内容。大量的需求其实来自疫情本身，从个人防护到医用物资，病毒为全球创造了一个共同需求。但同时，整体需求出现了结构性改变。如果将全球供需切开，发展中国家，特别是中国，承担了疫情下的供给角色，发达国家则是市场中需求的消费主体。这也诠释了中国对经济的支持更侧重于企业端，而美国则更偏向于居民端。

在疫情期间，大量商品是由中国及其他发展中国家制造的。当 2020 年 3 月疫情开始在全球范围内暴发时，口罩等医疗用品的需求快速上升。而当第一波疫情过去，即 2020 年二三季度后，疫情边际缓和，居民开始重新回到线下购买生活耐用品（如服饰、家电等产品），企业也开始复工复产，从而带动了机电产品等生产设备的需求快速增加。

中国完善的供应链保证了全球新需求的供给，保证了全球大部分居民在疫情下生活与工作的有序进行。为此，保障中国制造业的有序进行不仅仅是对国内 14 亿居民生活的保证，更是对全球抗疫的支持，而保证制造业正常生产的核心在于减小疫情对制造业的冲击。2021 年末，中国疫情峰值虽已过去长达一年半，但防疫政策并未出现放松，各地政府部门一直坚持一例感染、地区封闭排查的政策，最大可能减少疫情扩散带来的冲击。

　　与中国相比，其他防疫政策相对宽松的国家在疫情冲击时便面临着停工停产的风险，且这一时间点具有不确定性。与中国相比，其供应链将会更加脆弱。中国严格的防疫政策对生产的保护作用也就显而易见。

　　德国 Toennies 肉厂作为德国最大的单一猪肉加工商，拥有德国猪肉市场27% 的市场份额。工厂在 2020 年 6 月出现了严重的感染事故，约 1500 名员工的新型冠状病毒检测呈阳性，约 2000 名员工被隔离，工厂因此被迫停工，北莱茵—威斯法特伦州政府也宣布重新采取封锁措施，这体现了疫情暴发对生产带来的不确定性。

　　美国部分制造业企业也因相同原因陷入停产。2020 年 11 月，美国制造业新订单从近 17 年来的最高水平回落。因为病例激增，工厂被迫关闭，疫情的不确定性对制造业生产的连贯性带来了巨大的考验。

贸易数据观察

　　2020 年 4 月至 5 月，中国出口数据中防疫物资占比较大。纺织品对中国出口同比增长的拉动达到 2%，防疫物资如口罩等商品出口贡献近 6%。受制于海外疫情导致的减产停工，中国机电产品、劳动密集型产品的出口大幅减少。

　　进入 2020 年下半年后，随着海外疫情缓和，医疗物资对中国出口的拉动作用开始逐步减弱，机电产品和劳动密集型产品展现出较强的拉动作用。同年9 月，机电产品（除去医疗器械）对出口增长拉动近 7%，防疫物资拉动仅为1.7%，中国产品在全球的市场份额快速提升。10 月，防疫物资拉动作用进一步回落，机电产品贡献进一步上升至 7.6%；劳动密集型产品拉动作用也开始凸显，其对增长的贡献率达到 2.9%。2020 年末，机电产品对中国 11 月出口增长拉动上升到惊人的 14.8%，中国劳动密集型产品（如服饰、手工制品）等产品对中国出口拉动达到 4%，加速替代其他生产国。

　　从中国出口国家和地区来看，在 2020 年第三季度，美国对中国出口拉动最大，主要由于其国内库存水平较低而消费恢复快于生产。欧盟内国家由于疫情的影响对中国出口拉动逐渐放缓，日本对中国出口增长转为拖累项。到2020 年末，由于疫情再起，各地区对中国出口拉动逐渐趋于均衡。整体来看，中国出口旺盛与其他国家和地区疫情情况密切相关：疫情趋稳则对中国的机

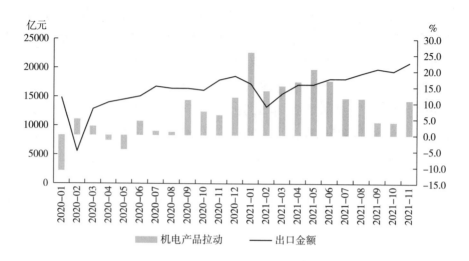

图 11 - 1　机电产品拉动中国出口增长

（数据来源：Wind）

电、劳动密集型产品需求巨大；而当疫情严重时，其他国家和地区对中国的口
罩、医疗器械等产品需求较大。

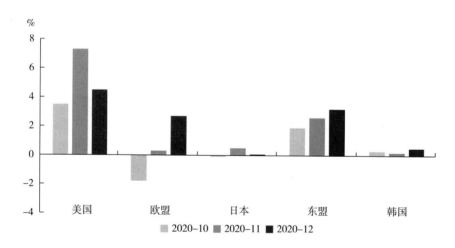

图 11 - 2　美国、欧洲、东盟对中国出口拉动

（数据来源：Wind，平安证券）

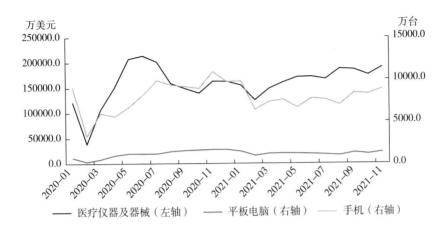

万美元 / 万台

250000.0 / 15000.0
200000.0
150000.0 / 10000.0
100000.0
50000.0 / 5000.0
0.0 / 0.0

2020-01 2020-03 2020-05 2020-07 2020-09 2020-11 2021-01 2021-03 2021-05 2021-07 2021-09 2021-11

—— 医疗仪器及器械（左轴）　—— 平板电脑（右轴）　—— 手机（右轴）

图 11 - 3　中国部分出口产品金额

（数据来源：Wind）

11.2　第二阶段：需求回升，供给跟随

部分国家并未实施类似于中国的防疫政策。截至 2021 年底，部分国家已经遭受了多轮疫情冲击。2020 年 12 月 14 日，辉瑞公司研发生产出首批疫苗。随后不久，12 月 31 日，国药集团中国生物新冠灭活疫苗已获得国家药监局批准附条件上市，中国疫苗正式对公众开放。美国和中国疫苗的成功问世为世界带来了希望，美国道琼斯工业指数、纳斯达克指数以及中国上证指数均出现上涨。

在接下来的数个月中，美国和中国开始在国内对居民进行大面积接种。中国在开始全民接种疫苗后仍然采取"零容忍"政策，继续实行严格疫情管控，保证一切经济活动有序进行。美国则相反，在防疫政策上开始出现放松。2021 年 5 月 13 日，美国疾控中心（CDC）宣布完成疫苗接种的人群不必再佩戴口罩，学校逐步恢复开放。

随着疫情限制的逐渐放宽，美国居民开始大规模出行，人口流动规模快速扩大。随着出行增多，使用场景回归，商品需求同步回升。

根据库存数据和零售销售额数据可以将美国供需两侧分为两个阶段：

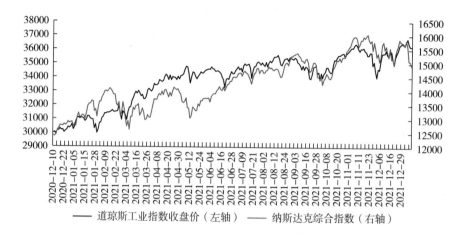

图 11 - 4　美国主要股票指数

（数据来源：Wind）

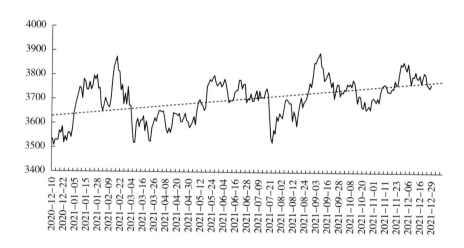

图 11 - 5　上证 A 股指数

（数据来源：Wind）

　　第一阶段：2020 年 4 月，疫情蔓延速度较快，美国零售额出现激增，主要原因为居民对生活物资的抢购。零售额在 4 月至 6 月内激增后从 6 月开始逐渐趋稳，这期间美国遭受了第一轮疫情冲击。在零售激增的背景下，美国库存快速下降。5 月数据显示美国零售商销售额与库存额交叉，形成供需失衡问

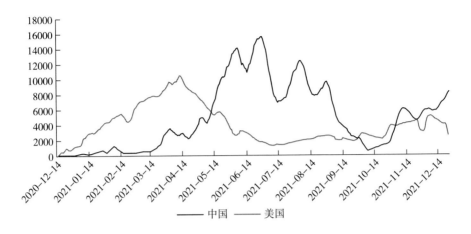

图 11 - 6　中国与美国疫苗接种对比

（数据来源：Wind）

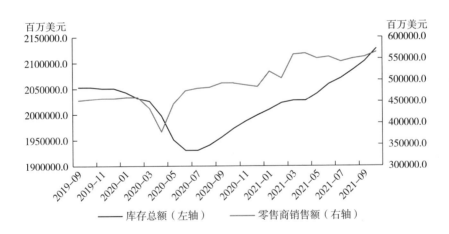

图 11 - 7　美国库存总额（季节调整）及美国零售商销售额（季节调整）

（数据来源：Wind）

题。零售大幅走高导致供给难以并行，6 月至 7 月美国库存总额与零售额差距出现峰值。

第二阶段：疫苗启动，社会逐步回归常态，使用场景增加导致需求上升。2020 年 12 月，美国零售商销售额持续攀升，并在 2021 年 4 月探顶。供给侧在 2020 年 7 月探底后稳定回升，不断尝试缩小需求缺口。截至 2021 年 11 月，两

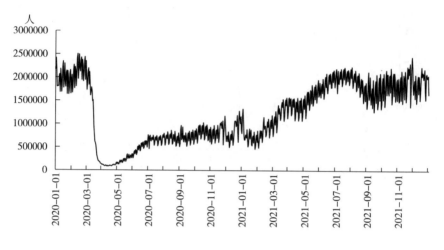

图 11 - 8　美国每日出行人数

（数据来源：美国交通部）

线再次出现交叉，供给逐渐回攀上风口。

　　美国零售数据随着疫情好转出现大幅抬升，同行的还有库存。从数据上看，供需的平行会带来一种供需恢复平衡的错觉。结构上，美国需求并未被充分满足，反而还有很大一段空缺。

　　美国失业率随疫情缓和逐渐下降，大量的居民开始重新返回工作场所。与中国不同的是，美国居民出行以私家车为主，而非公共交通。因此，疫情进一步强化了居民私家车出行的偏好（避免乘坐公共交通以减少感染风险）。美国汽车需求在 2021 年迎来了巨大增长，销售额与汽车价格的快速增长反映出汽车供给的严重不足。2021 年 6 月，美国二手汽车及新机动车的价格同比上升45.2% 和 20.6%，价格上涨幅度令人咂舌。

　　汽车消费无法被满足的原因之一是供应链的中断。疫情初期，居民消费低迷导致汽车经销商取消了大量订单，生产节奏被打断。当汽车生产重启，又面临着零部件供应的短缺。其中汽车芯片短缺现象较为严重，马来西亚芯片生产产能受到疫情掣肘，全球芯片供应持续不足，进而影响新车生产及交付。新车供应的紧缺以及居民可支配收入有限，导致大量美国居民转向二手车市场，但二手车的体量远小于新车，这使得美国二手汽车的价格上升幅度远高于新车。

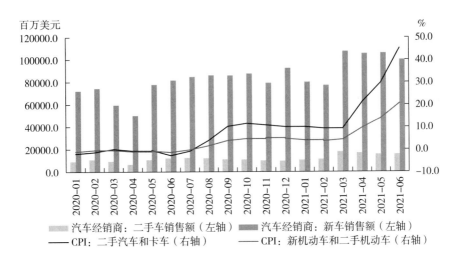

图 11 - 9 美国汽车销售与 CPI 指数

（数据来源：Wind）

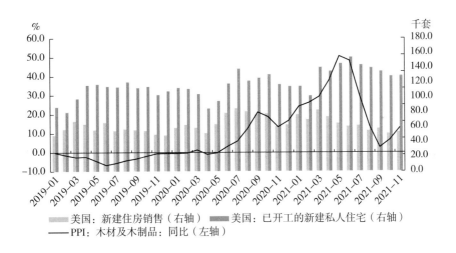

图 11 - 10 美国基建及其原材料价格

（数据来源：Wind）

除了强劲的汽车消费，美国木材市场同样出现了供不应求的情况。货币流动性快速释放导致大量资金流入房地产，居民买房需求强烈，并因此带动新房开工潮。木材在新房建设过程中供不应求，其价格也相应地快速上行，2021年 5 月同比涨幅达 50.6%。

从供给侧来看，以中国为首的制造业国家同样遭受着前所未有的压力。中国在严格的防疫政策下率先复工复产，但是在全球供应链紧密结合的今天，中国无法以一己之力完成全球市场的商品供给。制造业的上游、中游、下游分别遍布在全球各地。上游国家如果不能及时复工复产则必定对中国制造业带来冲击，失去原材料就如巧妇难为无米之炊，无法进行下一阶段的生产。

上游冲击

疫情对大宗商品生产国带来了巨大冲击，不同国家都出台了相关措施以遏制新型冠状病毒传播。在秘鲁政府宣布实行为期 15 天的全国隔离以遏制 CO-VID‑19 的防疫政策之后，英美资源集团便宣布从其位于秘鲁的 Quellaveco 铜项目中暂时撤出大部分员工和承包商。这一事件只是全球大宗商品生产放缓的一个缩影。全球大宗商品出口国主要位于南美洲、非洲以及大洋洲。

南美洲：2020 年 3 月，秘鲁政府实行了宵禁政策以减少新型冠状病毒的传播，此时铜矿也被执行了严格的限制措施。2020 年 5 月，秘鲁政府总统 Martín Vizcarra 宣布将采矿业列为"重要行业"并同意逐步重启采矿业。2020 年 8 月，秘鲁的新确诊病例数达到了高峰。由于矿山主要位于偏远山区，矿工的生命健康无法得到及时有效的保障，此时已有数千名矿工被感染。尽管政府管制已经放松，但矿山的生产能力仍受到一定的影响。

非洲地区：进行大宗商品和初级产品生产的国家由于缺乏疫苗以及良好的防疫政策，导致疫情缓解的时间要晚于中国及一众发达国家。考虑到经济问题，这些国家大多在疫情初步缓解以后开始放宽限制推动生产。以南非为例，南非在疫情冲击下，将封锁时间延长至 2020 年 4 月 30 日，允许其矿业公司以 50% 的产能恢复运营。

大洋洲：澳大利亚联邦政府在疫情期间宣布采矿业为重要行业，并因此牵头推动疫情下采矿业的正常运作。尽管在疫情初期采矿业受到了一定的冲击，如 Newcrest Mining 宣布，截至 2020 年 3 月底，黄金产量下降了近 17%，但在近两年的疫情期间，澳洲政府的支持以及澳洲地广人稀的自然条件使得澳洲的矿业公司仍然能够保持疫情前的产能。

全球各大洲矿山开采产能均在一定程度上受到疫情影响，尽管在第一波疫情冲击后部分恢复，但产能仍难以达到疫情以前的水平。随着疫情的缓解、消费和制造业的复苏，大宗商品需求开始快速上行，2020 年矿山产能带来的限制开始凸显。大宗商品价格在 2020 年底到 2021 年的近一年时间里快速上行，比较明显的有铝、铜等商品。疫情期间，新能源汽车的产量与销量快速上行，而目前的新能源车零部件中包含了大量铝制材料，金属铝的需求量也随之激增。

疫情后，大量居民开始居家办公，3C 产品需求在短时间内爆发。电路板、半导体等元器件是 3C 产品的重要组成部分，而金属铜又是电路板的生产原料。受制于秘鲁铜矿以及其他地区铜矿产能限制，金属铜的现货交易价格也相较于疫情前翻了一倍。

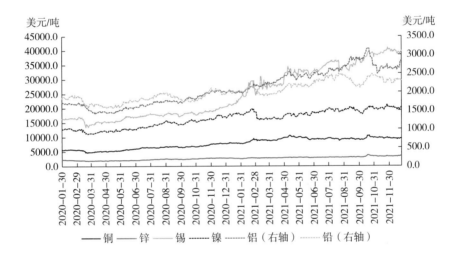

图 11 – 11　主要大宗商品价格伦敦交易所现货价格

(数据来源：Wind)

中国作为全球最大的制造业国家，对上述大宗商品的需求巨大。尽管中国内部有一定规模的金属矿生产能力，但仍需要依赖从全球大量进口以满足生产需求。2021 年，中国制造业对原料的需求无法被满足，这导致中国的生产者价格指数（PPI）在这一年均呈现上行的趋势，其中，采掘工业 PPI 上涨幅度尤为明显。

对全球其他国家来说，如美国、欧盟，其生产者价格指数向消费者物价指数的传导相对畅通，上游价格的上涨最终被消费者所承接。在中国，由于下游

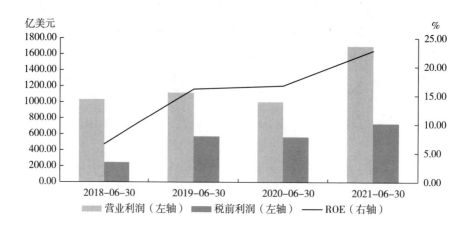

图 11-12　澳大利亚必和必拓公司 BHP 财务数据

（数据来源：Wind）

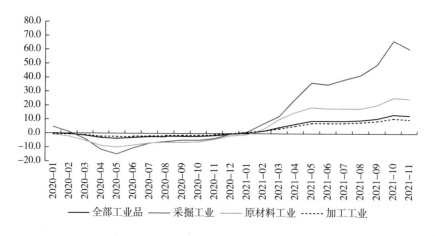

图 11-13　中国生产价格指数（PPI）

（数据来源：Wind）

企业数量远高于市场出清所需，下游市场间的企业过度竞争，导致上游商品的涨价无法传导到消费端，下游企业的利润被压缩。从中国部分上市企业利润来看，大宗商品的涨价使中上游生产企业利润快速增加。例如，中国铝业主营业务为电解铝以及氧化铝生产，从其 2021 年上半年运营数据可以发现，其销售价格上涨近 31.25%，净利润增速达 8542%。

表 11 – 2　　　　中国部分产业链中上游上市企业 **2021** 年上半年
利润与产量同比变化

公司名称	主营业务产量同比增速（%）	净利润增速（%）	净利润（亿元）
沙钢股份	4.21	116.45	5.46
柳钢股份	18.93	135.21	4.31
中国铝业	34.90	8542	30.75

数据来源：Wind。

相比之下，中国部分下游企业利润则没有如此可观。汽车龙头企业吉利汽车 2021 年 1~6 月净利润 23.81 亿元（2020 年 1~6 月 22.96 亿元），汽车销售量 63.02 万辆（2020 年 1~6 月销售 53.04 万辆），同比增长 19%，利润增速不及销量增长。下游装配建筑龙头企业鸿路钢构 2020 年 1~6 月成本上升 26.88%，归母净利润下降 37.29%。绿地控股营业成本上升 39.52%，毛利率同比下降 3.03%。从结构上来看，竞争少、需求大的行业仍然获益，如主营集装箱的四方科技，净利润同比增长 34.71%。从整体上来看，国内较为激烈的市场竞争是促使市场价格保持稳定的一大原因。上、中游的压力被加速叠加在了下游企业。

11.3　第三阶段：需求强劲，价格上行

随着全球经济的继续复苏，需求持续走强。从全球供需角度看，生产原材料价格快速上行导致商品生产国原料价格快速上行。延续大宗商品价格上行趋势，部分原材料价格的上行导致生产成本上升。最终，商品价格上涨促使需求国出现部分商品物价上行。然而，原材料价格的上涨只是导致需求国商品价格上涨的直接原因，除原材料价格外，汇率及其他成本（如运输）也在一定程度上抬高了最终商品价格。

疫情以来，海运价格及人民币汇率持续走强。海运价格上涨背后的因素较为复杂，除去根本的商品需求量增大以外，2021 年不可预测因素如宁波港因疫情暂时性封闭、台风 Ida、苏伊士运河的堵塞，均有一定影响。

需求端消费数据显示美国居民需求旺盛，但是实际需求与价格之间的关系是模糊的。实际需求是指居民需要通过购买特定商品来满足真实需求，例如，

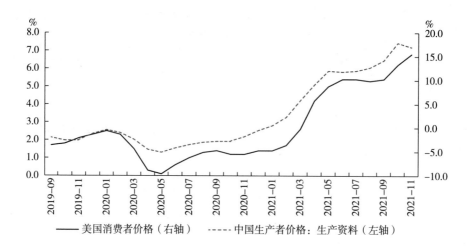

图 11 - 14 美国 CPI 与中国生产资料价格同比

（数据来源：Wind）

图 11 - 15 中国出口价格指数

（数据来源：Wind）

学校重新开放会促使学生购买文具等。真实使用场景出现次数增多推动了真实需求上升，而高通胀将在一定程度上限制人们的购买量。美国非营利组织MarketPlace 调查数据显示，居民端认为消费金额的上升更多来自高涨的价格，多数受访者认为自己将削减原先制订的购物计划，将有限的消费能力注重在必需品上。在一定程度上，价格的上升隐藏了实际社会需求。在零售市场中，电

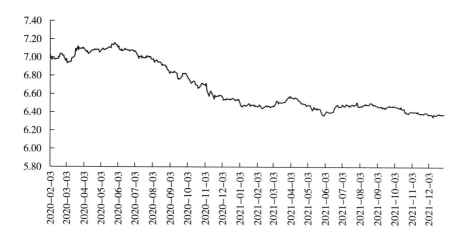

图 11 - 16　美元兑人民币即期汇率

（数据来源：Wind）

子产品、家用产品、在线消费、加油站消费排在前位。

2021 年 12 月，美国市场无惧价格上行，需求再次升温，背后原因为 2020 年受疫情影响的大量居民释放了此前未能正常参与圣诞节活动的消费需求。根据 Bain 咨询公司数据，2021 年 11 月美国零售店内销售同比增长 14.6%，创有史以来 11 月最高增幅。在线购买、非商店销售、店内提货（BOPIS）同比上涨 12.8%。根据万事达卡（MasterCard）Spending Plus 数据，感恩节周五至周日销售额同比上升 14.1%。在假日时段中，11 月 CPI（服装）上升 5.0%，体育用品上升 8.4%，家具和床上用品上涨 11.8%。根据 Digital Commerce 360 数据，感恩节周二至周日的平均零售价格比去年同期上涨了 13%。综合来看，价格上行，但需求中枢依旧存在。

11.4　市场的自我调节

新冠肺炎疫情的冲击让全球很多行业无法回到正常的运转状态，市场也理应出现偏差。供给与需求之间依靠价格的自主调整，使两者始终处在相对平衡的状态。2021 年，供需两端主要出现了供给受到冲击、需求出现变化、价格波动剧烈的问题。

当大宗商品供给无法满足需求时，大宗商品价格快速上行，制造业成本被迫抬升。万幸的是，在过去的几十年中，全球各国协力打造了完善的全球产业链，这使得原材料供给不受限于特定地区。例如，在一个地区因疫情停滞后，企业可以在全球其他区域购买木材等原材料。从需求层面来看，全球化贸易让市场的自我调节机制具有韧性。在一国内部供需缺乏足够弹性的情况下，全球化的贸易让供给与需求能够在全球范围内得到平衡。通过比较优势，企业和居民可以在全球范围内选择价格合适的商品和产品。

全球化下的供应链在疫情中体现出了极大的韧性，但同时也带来了一些问题：一国货币政策的作用不再受限于地区与国家。美国等西方国家的货币宽松政策抬高了全球价格预期，从而抬升了物价指数。国外供给不足和通胀快速上行导致中国PPI居高不下。输入性的通胀通过预期以及商品贸易快速传导至全球各地。

总体来看，尽管疫情下的供需出现了较大的波动，但市场通过价格浮动机制让供需在短时间内得以再次平衡。无论是疫情的冲击还是政府政策的影响，市场总能保持在动态均衡之下。但供给的平衡并不代表对长期经济增长有利，价格过高导致的需求减少或是价格过低导致供给过剩都会影响长期经济增长。疫情后各国仍需要通过各类调控政策使价格维持在合理范围内，避免出现滞胀导致经济增速无法达到潜在水平的情况。

专栏讨论：微观供应链

美国加州部分港口作为美国重要海上贸易节点在2021年面临着严重的海上拥堵问题，加州长滩市市长说："由于全球大流行产生的重大转变和长达数十年的供应链挑战，我们在长滩和洛杉矶港口面临着前所未有的货运激增。"

美国港口世纪大拥堵的原因是多方面的。

一是由于美国政府向居民发放了大量现金或消费券用于度过新型冠状病毒大流行的特殊时期，美国居民的消费随之激增，消费品的总体需求比疫情前高出22%（2020年2月与2021年8月相比）。商品需求激增使运输需求膨胀，大量的货轮被用于亚洲与美国之间运送货物，货轮数量和集装箱数量远超疫情前水平。据机构估计，长滩港口2021年处理的集装箱数量有望超过900万个集装箱，超过其2020年创下的810万个集装箱历史纪录。

二是美国劳动力仍未返回工作岗位。负责港口运输的港口工人、卡车司

图 11－17　加州奥克兰港口外排队卸货的船只

(图片来源：BBC News)

机、铁路工作人员的无法返港导致大量的集装箱从船上卸下后只能堆放在港口的堆场中，而不能及时进入美国内部商品市场。在 2020 年疫情来临期间，美国政府向失业居民发放了大量的救济补助。而考虑到疫情感染的风险，劳动力更不愿意回到工作岗位。进入 2021 年后，美国宽松货币政策的结果开始显现，美国通货膨胀率高企，这导致劳动者的实际收入大幅缩水，许多劳动者考虑到实际购买力的大幅减少而拒绝工作。在 2021 年 10 月，全美各地接连爆发了工人罢工运动以抗议疫情工作风险、低于通货膨胀的工资涨幅以及福利问题。港口及其配套服务缺乏劳动力是美国疫情后劳动力匮乏的一个缩影。

最后，另一个重要原因是美国港口及其配套设施投资已经多年不足，美国港口的物流问题在疫情之前便已经存在。数据显示，港口闲置运力历年不超过 5％。很显然，这一问题并没有那么容易解决，港口的固定资产投资从投入到实物的周期是以年为周期的。考虑到进口需求压力可能在未来 1 年至 2 年缓解，企业和政府或许并没有强烈的意愿增加固定资产投资。

制造业——疫情多轮冲击的风险控制

随着全球化的成熟，在信息技术的加持下，21世纪信息、人口、货物的流动速度得到提升。但值得注意的是，跟随这一速度流动的还有疫情的传播。通过这次疫情可以发现，世界的进步是不均衡的，这一问题在疫情冲击下格外明显。很多曾经无法满足居民基本生活需求的国家，现如今，互联网、智能手机均已经普及。全球不少发展中国家高楼林立，但在疫情面前，公共医疗卫生系统却格外脆弱。不均衡的发展使得部分国家在多次疫情冲击下屡屡遭受危机，公共医疗系统崩溃，感染人数激增。同时，由于技术限制，大部分发展中国家无力自行研制疫苗。在这样的困境下，疫情不断冲击，发展中国家制造业持续受到考验，全球产业链越发脆弱。

马来西亚作为全球重要的芯片测试和封装中心，向全球出口大量芯片，但在疫情的影响下，马来西亚的主要芯片供应商英飞凌科技股份公司（Infineon Technologies AG）、恩智浦半导体（NXP Semiconductors NV）和意法半导体（STMicroelectronics NV）持续面临着疫情冲击。在封锁期间，这些企业仅允许60%的员工同时工作，只有当80%的员工都完全接种疫苗后才能恢复所有员工同时工作。不稳定的产能对下游产业也带来了巨大的考验，汽车组装厂、3C组装厂都面临着"无芯可用"的局面，经常因为芯片紧缺而停工。

除了芯片，橡胶生产也面临着相同的局面。全球最大的橡胶手套制造商Top Glove的2000多名员工被检测出新冠阳性，马来西亚政府命令该公司分阶段关闭公司以对员工进行筛查。Top Glove占全球外科手套市场份额的1/4，其在马来西亚、泰国、越南以及中国的工厂共拥有21000名员工，临时停工意味着该公司的手套交付将延迟2～4周。

上述两个例子充分反映了发展中国家所面临的压力，疫情的不确定性风险导致其生产节奏被打断。产品交付周期不确定性的增大影响了下游企业的生产计划，导致最终产成品生产受到影响。但很遗憾的是，大多数发展中国家由于疫苗的缺位和治理能力的欠缺，并没有能力完全控制疫情，这仍将使在这些国家或地区的制造业企业处在不可控的疫情风险之中。

第 12 章　经济全球化的新常态

截至 2021 年底，新冠肺炎疫情已在全球范围内蔓延两年。近期，奥密克戎毒株的出现将部分国家推向新一轮疫情。此前，人类希望疫苗可以改变一切；现在，随着越来越多毒株种类的出现，人类已经无法清晰地辨认当前疫情所发展到的阶段。疫情究竟是会长期持续还是逐渐消失？没有人知道答案，就好像没有人可以预判出，在德尔塔毒株出现后，还会出现奥密克戎毒株。无论是什么新变种，除去感染者以外，新型冠状病毒对人类生活的影响都是大同小异的。新冠的出现已经对人类的生活造成了潜移默化的改变。疫情的持续会加深这些改变，纵使疫情消失，某些潜移默化的改变也无法再恢复原状。

上一章节中提到需求与供给在单方面受到冲击的背景下会自行调控。从短期来看，调控的工具是价格；从长期来看，新的需求终将被满足。这是基本的商业逻辑，也是企业盈利的核心。在需求出现结构性变动后，供给也将做出与之相适应的调整。当前，在全球范围内，从普通居民到国家领导人对全球的看法均在发生变动。在疫情影响下，各行各业发展方向或内部结构势必会发生或多或少的变动。

放眼未来必先观察过去。在疫情冲击下，居民健康面临巨大挑战，人口流动受阻，企业无法复工复产，商业出行被迫中断。虽然在互联网的帮助下，部分商业活动被转移至线上，但是较多的商业活动还是无法仅仅依赖网络完成，还需要实体的存在，这就如凯文·凯利在《必然》中所写，"互联网时代是一个复印机，但它有很多不能复制的东西，比如信任"。

供需的简单逻辑是企业 A 生产的商品可以被居民 B 使用。只有居民发生了购买行为，企业才能盈利，才能持续运作。如果将这两点拉长，流程就会变成：初级产品进入工厂被加工成最终产品，再由零售商店售卖给普通居民。其中，商务是每一环节之间的桥梁：工厂需要派出业务专员去考察购买哪家企业的原材料才能在保证出品率的同时，又尽量降低成本，同时也需要派出市场人员去调查该工厂生产商品的种类及价格是否满足市场需求。零售店老板也需要不断确认当地居民的购物偏好，尽量满足不同人群的不同需求。21 世纪以来，数字化高速发展。综观全球，大量的工作仍然没有被数字产品及其操控的机器人所完全替代。工厂依旧需要大量工人，AI 系统也无法帮零售店老板精准地发现商机。综上所述，本章将以疫情冲击为背景，探讨出行（人口流动）、零售、供应链、制造业应如何更好地适应未来的不确定性。

12.1　出行

防疫政策是稳定经济最好的保护措施，但同时也是最直接的冲击因素。居民因防疫政策而被限制出行，提供出行服务的航空公司、轨道交通公司的客流量随之下降，这导致其收入在 2020—2021 年发生疫情的两年时间里大幅下降。按目的可以将出行分为两种：旅游出行与商务出行，但这其实很难从数据上区分居民出行的真实意愿。因此下文将其合并考虑，并将单独讨论居民两种出行目的在未来的发展趋势。

旅行

疫情以来，全球各地相继推出严格的防疫政策，多国疾控中心对入境人员采取了严格的健康监测。目前中国要求入境人员集中隔离 14 天、再居家隔离 14 天，而其他国家隔离时间多在 14 天左右。如果选择出境旅行，往返旅程隔离时间必然超过一个月，这对于大多数人是无法接受的。在全球部分国家，跨地区的旅行也会被政府跟踪，比如从存在疫情区域出发的游客在入境另一地区时必须进行核酸检测。美国疾控中心建议居民跨区域旅行后进行一周的健康监测，未注射疫苗的还应自我观察 10 天并进行新冠病毒检测。不断变化的防控政策让游客难以提前规划出行。从数据上看，近两年长途旅行次数放缓，而短途旅行次数在增加。

世界旅游城市联合会发布的报告显示，2020 年，全球旅游城市经受了前所未有的巨大冲击。2020 年，全球 600 个旅游城市的国际游客总量为 6.36 亿人次，比 2019 年的 14.71 亿人次减少 8.35 亿人次，市场规模总体下降 56.7%；600 个旅游城市国内游客总量为 86.15 亿人次，比 2019 年的 128.5 亿人次减少 42.3 亿人次，市场规模总体下降 32.9%。

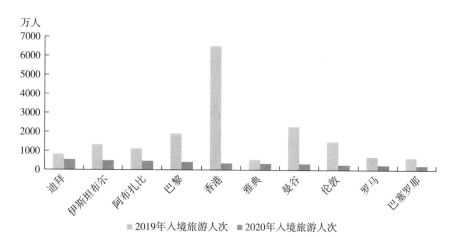

图 12-1　2020 年入境旅游人数前十位城市

（数据来源：世界旅游城市联合会）

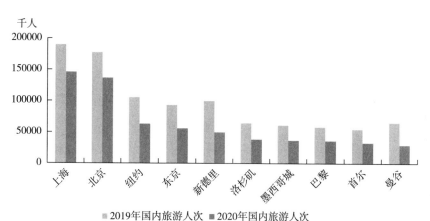

图 12-2　各国国内城市旅游人次

（数据来源：世界旅游城市联合会）

　　在严格的防疫政策下，中国国内居民出行次数自然放缓。不幸感染上新型冠状病毒肺炎的人不仅要担忧自身健康，还要面对因大数据技术曝光其行程记录所引起的社会舆论压力。从外界看，居民所工作的企业/组织必须承受，一旦出现人员感染则必须进行集体隔离的压力，而集体隔离对于小微企业而言又是难以承受的。在疫情及国内防疫政策的压力下减少出行甚至不出行也许是更为安全又经济的选择。

效果极为显著的"零容忍"政策带来的是居民对外出风险的重新认识。到目前为止，疫情肆虐全球已两年，全球多处还面临着疫苗接种率不足甚至日新增感染率仍在上升的情况，这意味着中国将继续维持疫情"零容忍"的政策。无论政策在未来如何变化，长达两年的疫情政策已经重构了中国居民对出行风险的研判。

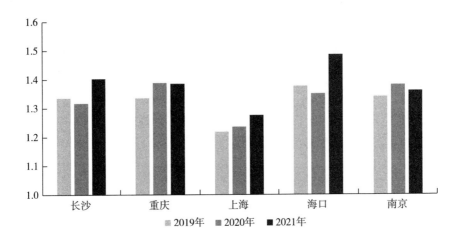

图 12 - 3 2019—2021 年国庆假期高德地图主要旅游城市拥堵指数

（数据来源：高德地图）

文旅部的测算显示，2021 年国庆假期出游人次达 5.15 亿，虽已恢复至疫情前同期的 70.1%，但按可比口径仍同比减少 1.5%，这说明中国 2021 年的国庆出游人次仍然在减少。以高德地图日度高频数据"拥堵延时指数"为例来进行分析，作为分母的近三年（2019—2021 年）十一假期出行人数在减少，但"拥堵延时指数"却普遍增高。这说明在疫情后，更多的中国居民选择了自驾出行，路面汽车数量相应增加，从而导致"拥堵延时指数"上升。

除了出行方式的转变，中国居民在旅游期间的消费习惯也开始发生转变。观察数据发现，尽管在过去的部分节日中，出游人数已经恢复到疫情以前，但旅游收入恢复率却远不及出游人数恢复的速度。即使是恢复情况最好的 2021 年劳动节，旅游消费的恢复情况也仅仅达到疫情前的 77%。

造成旅游消费恢复缓慢的原因一方面是旅游地点和方式的转变，更多的居

图 12 - 4　旅游收入与出游人数恢复率

（数据来源：平安证券）

民选择了以居住地周围为目的地进行短期游，这导致了酒店、交通运输等消费的减少。2021 年国庆长假期间，尽管旅游消费远不及往年，但从网联平台交易增速来看，交易笔数和交易金额均大幅增长。这充分说明消费者的消费已转向线上、居住地周边的线下消费，消费者的旅游消费偏好发生结构性转变。

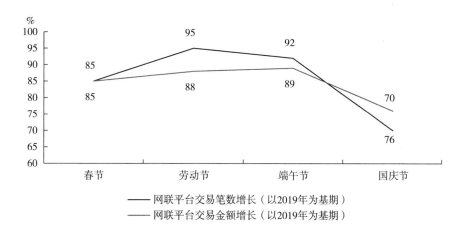

图 12 - 5　网联平台交易增速

（数据来源：平安证券）

另一方面也是消费者自身的风险判断发生转变。疫情造成的心理冲击仍未转变，消费者仍然期望保有更多的储蓄以抵御疫情导致的收入减少风险。从人民银行 2021 年 10 月公布的第三季度城镇储户问卷调查报告显示，有 50.8% 的居民更倾向于储蓄，较上季度增长 1.4%。从疫情以来的储蓄倾向分析，居民的储蓄意愿更加强烈，导致旅游消费等系列消费的减少，背后的深层原因仍是居民风险判断的变化。

受疫情、疫苗效用等主要直接因素，叠加严格的防疫政策、经济原因等间接因素的影响，居民的风险偏好发生变化，居民出行习惯也因此出现重构。

如果疫情出现常态化，且中国依旧维持严格防疫政策，那么中国居民的出行将可能会出现如下一些特征：（1）短途旅行增加；（2）自驾出行数量增加；（3）旅游消费进入新常态，持续低于疫情前的消费水平。

上述趋势是疫情下的特殊产物，当未来疫情得以消除，这些趋势也许会逐渐消失。居民仍然希望进行长途旅行，比如跨国旅行；居民旅行的目的在于经历见识不同的事物、人、自然景观，而短途旅行所带来的新鲜感将随着时间的推移而逐渐减少。当疫情消失后，居民不再因担忧感染新冠病毒的风险而避开乘坐公共交通；飞机、高铁的速度及舒适性都要远高于自驾，自驾出行的居民也会相应地减少。在疫情风险逐渐降低后，居民的消费倾向将回到疫情前水平。尽管疫情改变了人们的储蓄—消费偏好，但人们会更在意当下的情况。预计疫情后，随着资金流动性上升，居民的消费偏好将会缓慢回升，居民消费水平将会随着疫情的消失而逐渐恢复。

其他国家/地区

全球其他国家和地区也有类似现象。美国居民在疫情前将大量可支配收入用于旅游，从 2021 年 10 月美国乘坐飞机出行的旅客数据来看，整体的旅游需求尚未完全恢复，国内旅行的恢复程度远高于国际旅游需求。国内旅游需求低于疫情前 14%，而国际旅行需求低于疫情前的 -38%。

旅游行业展望

增强游客健康安全保障

目前的当务之急是保护游客的人身安全。及时获取信息并有效救治医疗至

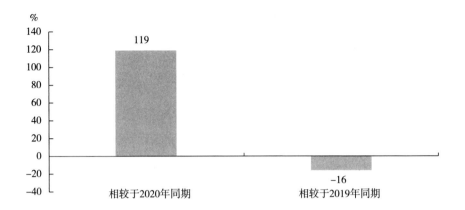

图 12 – 6　2021 年 10 月美国航空旅行人数同比增速

（数据来源：美国交通部）

关重要，在紧急情况下，还要能够帮助游客返回祖国。旅游大国纷纷采取相应措施以保障游客安全：中国在每个区域甚至是街道均建立了负责人机制；日本建立了一条 24 小时访客热线；墨西哥的访客助理应用程序将游客与地方当局紧密联系；新西兰和其他部分国家可以有条件地对无法返回原目的地的旅客进行签证延期。另一项重要措施是深入清洁旅游地的各大公共场所、人员密集场所等，并培养酒店员工的防疫意识，如约旦已经开始在死海度假胜地实施严格的消毒措施。

在数字时代，信息的快速传播可以帮助游客及时获取信息。发达的媒体可以有效减少错误信息的出现，同时，媒体还可以提供各国最新疫情局势和防疫政策。而各国信息通常由政府中央通信部门管理，包括定期的媒体简报、新闻发布会和问答环节发布，媒体则负责将信息传递给居民。中国在这一方面的表现尤其突出：每级政府均有完善的信息沟通系统，中央政府每天对公众更新各地疫情状态；同时，中国还使用公开信息溯源已有感染者，及时控制潜在感染人群。在新加坡，总理会在固定时间直接向民众通报信息。在英国，政府会通过 YouTube 网站召开新闻发布会，为民众提供最新统计数据和防疫措施。澳大利亚卫生部通过创建专属网页，每天向民众提供有关疫情传播的最新信息，以及其应急计划的详细信息和为急需帮助的人提供支持。新加坡还发起了一场提高公众认识的运动，使用漫画向所有年龄段的人传达防疫流程，并通过

WhatsApp软件提供关键更新。

重建旅行者信心

一旦准备好重新对游客开放，那么额外的安全协议以消除疫情暴发的风险就是必需的。首先，这意味着需要继续监测国内和国际局势，以确保入境旅行不会对其目的地构成健康威胁。其次，旅程中的所有接触点都需要得到保护。举例来说，尽量实行在线的签证程序以减少身体接触；实时跟踪进出疫情地区的航班；在公共场合设置适当的标记以保持社交距离；向工作人员和旅行者提供足量的洗手液和个人防护设备（PPE），并在必要时进行健康检查，甚至采取隔离措施；各场所例行消毒和深度清洁；每趟航班上可以根据社交距离法规分配座位；在疫情严重时减少或取消飞行服务；在必要场所安装高效颗粒空气（HEPA）过滤器；消费者在酒店中的大堂、餐厅和健身房等公共区域均需要遵守社交距离法规；针对食品存储、餐饮制作采取必要的清洁和消毒措施。最后，发展旅游业的国家需要采用积极有效的营销，给予消费者足够的安全感。例如，印度尼西亚政府计划花费约720亿卢比（500万美元）用于社交媒体影响力活动，以宣传其旅游热门城市；澳大利亚计划针对其国内和国际旅游市场投入数百万美元进行宣传，以吸引游客回归。

对于有条件进行短途旅行的旅客，更多人会选择私家车出行，那么旅行目的地必须为接待自驾游客做好充分的准备。Booking.com 的一项调查显示，46%的旅行者在乘坐公共交通工具时害怕接触病毒。MMGY Travel Intelligence 的"旅行安全晴雨表"显示，在 2020 年最后几个月，汽车在疫情中的安全问题是一个反复出现的旅行主题。

综上所述，树立标准统一或至少接近的卫生法则至关重要。随着旅行的多元化，游客已经不限于居住在普通的酒店中。Booking.com 上提供的住宿条件包括酒店、公寓、乡村别墅、青年旅社、露营地等，Airbnb 则专注于提供民宿服务。就此来看，所有类型的居住场所是否可以提供统一的清洁消毒标准是十分重要的问题。疫情下，人们更加偏向豪华型的连锁酒店，其主要原因也来自对民宿消毒程度的不信任。作为互联网平台，Airbnb 无法像其他实体连锁酒店服务商一样提供实时监管。因此，树立旅行者信心的必要手段是树立统一标准的卫生法则并加以实时监督。

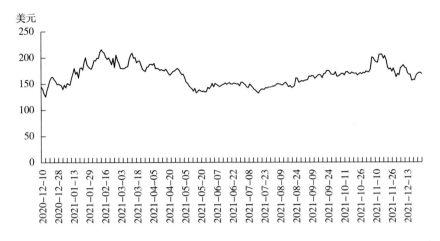

图 12 - 7　Airbnb 公司股票价格（收盘价）

（数据来源：Wind）

商务旅行的未来

从 2020 年开始，线上办公逐渐普及，并可能在未来实现常态化。在疫情前，员工需要按时到办公地点打卡上下班；在疫情下，居家办公成为许多企业和员工的选择。负责企业内部事务的员工可以轻松在线办公，然而需要和外部交流的销售经理、渠道经理、人力资源专员等员工则无法仅依靠网络完成全部工作。

疫情发生前，需要对外交流的员工需要经常往返于国内、国际各大城市或地区以寻找新的客户、新的员工或是新的合作伙伴。疫情来临后，他们不仅面临着被感染的风险，还面临着各国政府不同的管制措施。在信息技术高度发达的今天，虚拟现实等方式被应用至商务领域，用于与不同地区、不同国家的客户、员工进行交流。尽管这一方式并不能完全复制当面交谈的表情和动作，但在疫情时期，其效率远高于花费旅途时间甚至是隔离时间对每个客户进行实地拜访。更为重要的是，员工不再需要进行办理签证、调整时差、学习语言等烦琐且复杂的环节。

在疫情以前，部分跨国企业已经开始通过视频会议等方式来减少员工跨国的长途飞行，但这一趋势是缓慢的。疫情作为催化器，加速了企业的数字化转

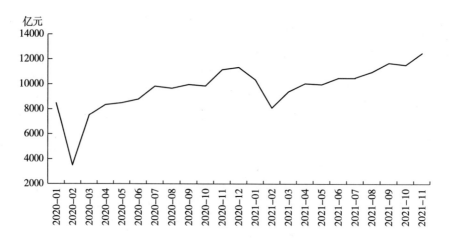

图 12 – 8　中国机电产品出口额

（数据来源：Wind）

型。数字化办公不仅存在于地区层面，在企业内部，越来越多的跨部门协同工作也在转向数字平台。

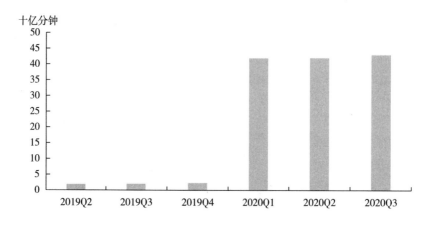

图 12 – 9　Zoom 会议软件使用时间

（数据来源：Zoom 公司）

　　Zoom 作为全球较大的视频会议平台，其全平台会议时间在 2020 年迎来了爆发式增长，仅 2020 年第一季度的会议时间相较于 2019 年第四季度就增长了17 倍。除此之外，Microsoft Teams 作为微软推出的在线协作平台在 2020 年也迎来了爆发式增长，其使用人数在 2019 年仅为 2000 万人，在 2020 年第二季

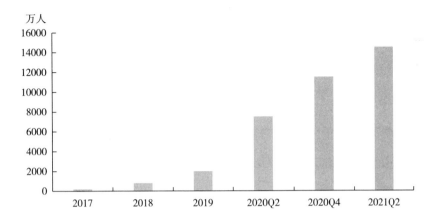

图 12 - 10　微软 Teams 会议软件使用人数

（数据来源：微软）

度已经达到 7500 万人。上述数据充分反映出企业用户在疫情背景下对线上协作办公平台的依赖程度。

对于企业客户来说，70% ~ 80% 的企业客户希望维持目前的线上销售以及线上合作模式，因为这会减少疫情感染风险、提高效率，而卖方往往会迎合买方的需求，选择以网络方式进行销售。剩余小部分作为刚需的商务旅行尚不会被完全取代，例如对工厂进行实地考察、对客户提供上门服务等。

12. 2　零售

零售数字化

持续两年的疫情给全球各国居民的生活习惯带来了深刻的改变，这些改变未来可能会随着疫情消除而复原，也有可能在疫情后继续持续下去、成为新常态。在疫情下，人们尽可能地减少面对面接触，以降低感染风险。而在过去，零售行业通常都是以线下为主：销售员在百货商场向顾客推销商品、在服饰店向顾客介绍服饰、在汽车 4S 店向顾客介绍汽车并协助试驾。在 2020 年 2 ~ 4 月的中国武汉，政府为了尽快控制疫情，在疫情严重地区限制居民前往超市购买商品，由专人负责送菜到家或 2 ~ 3 天仅允许一户一人前往商店购买日用品。

其他城市居民尽管没有被限制，但也会考虑到被感染风险而减少线下购物，转而在网上购买。疫情期间，中国互联网直播带货（网上零售的一种形式）迎来快速增长，填补了线下零售的空白，让消费者能够在线上清晰地了解并购买商品。

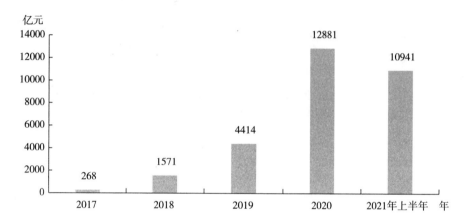

图 12 – 11　中国直播电商交易额

（数据来源：网络收集）

不仅仅是直播带货，在疫情前已经存在的传统网上零售，如亚马逊、天猫、京东等企业，在这一时期也得到了快速增长。2020 年下半年及 2021 年，当中国的疫情逐渐受到有效控制，中国的居民仍然习惯于网上零售这一销售方

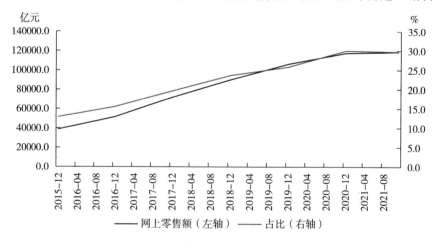

图 12 – 12　中国网上零售额及其占比

（数据来源：国家统计局）

式。尽管国家统计局尚未公布 2021 年全年网络零售额占比，但从 2020 年的趋势可以发现，其一改 2019 年下行趋势，在 2020 年首次达到 30%，这意味着疫情确实实改变了居民的生活习惯——更偏好线上购物而非线下。这一趋势也可以从中国邮政局公布的快递发展指数中得到印证：2020 年上半年累计完成快递业务量 340 亿件左右，同比增长超 22%；2021 年上半年快递业务量近 500 亿件，同比增长 45%。

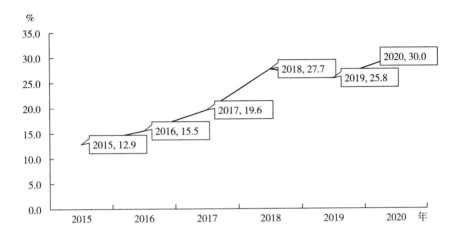

图 12 – 13　网络零售额占社会消费品总额中的占比

（数据来源：国家统计局）

传统零售业受到的冲击是显而易见的，从中国部分上市百货商店的财务报告中可以发现，2020 年净利润同比增长率行业中值为 – 55.93%，这充分反映疫情之下居民消费行为的改变。中国作为疫情控制相对较好的国家，其线下零售业尚且如此，其他疫情严重国家则会更甚。

这一趋势极有可能是长期的。网上零售的配送时效及商品实物与图片不相符等问题正在被逐步解决。

配送时效性问题正在被新零售解决，新零售意味着线上与线下的结合：线下作为配送和取货的渠道，线上作为流量的入口和交易结算的中心。中国的网上零售巨头阿里巴巴正通过其旗下的盒马占领这一领域，消费者可以通过线上下单然后由盒马配送站（在城市内用于保障快速配送）指派外卖员进行配送，这保证了商品运送的时效性，在某些情况下甚至会比消费者在线下直接购买商品更加迅速。不仅仅是盒马，中国的另一电商巨头京东也加速在各地建设仓库，用于储备线上销售的商品以便在消费者下单后及时送达。这样时效能够控制在一天甚至半天时间，对于相对较近的收货目的地，部分地区的京东则会使用如图 12 – 14 所示的无人配送小车以提升配送效率，降低配送成本。

图 12 – 14　京东快递车

（图片来源：百度百科，京东无人配送车）

除了中国，海外电商巨头亚马逊也在加速落地类似的服务，并尝试通过无人机配送等方式提升时效性。整体上，快递行业的时效性随着各种新技术的运用不断提升。根据中国邮政局披露的《2021 年 6 月中国快递发展指数报告》，国内重点地区 72 小时准时率为 77.9%，较 2020 年提升 0.4%。

图 12 – 15　盒马快递

（图片来源：搜狐网）

在疫情前很长一段时间内，消费者往往喜欢在线下实体店选中商品并最终在网上购买，由于在店里试穿试用才能发现衣服是否真正适合自己、手机使用效果是否达到要求等，再加上网络销售的价格往往会低于线下零售，消费者形成了上述消费习惯。近年来，随着虚拟现实、增强现实技术的进一步发展，消费者能够在手机上查看产品的 3D 图，通过店家的视频直播了解产品的细节和使用感受。除此之外，一些商家还推出了 AR 商品销售功能，比如苹果公司让消费者可以通过增强现实技术感受商品外观。过去在线下选购商品才能享受的体验正逐渐被网上零售弥补。

在疫情以前，线上零售规模已然在逐渐扩大，而当其能够满足配送时效与线下购物体验后，线上零售的规模将突破过去瓶颈、站上新的台阶。疫情就像是按下了加速键，不少居民由于对疫情的担忧而选择线上零售，从而加速了线上零售占比的提升，进一步促进了配送时效、商品介绍服务等的改善。尽管线上零售的占比越来越大，但是线下零售因其所能提供的独特购物体验等固有特性，在短期内仍难以被完全替代，这也是受当代科技水平所限。在网络正逐渐成为零售的主要场所时，线下零售店在后疫情时代或许更应当考虑转型升级，针对居民的消费偏好开拓线上零售线下配送的模式。

企业消费者也倾向于线上销售

除了居民的消费习惯变化，B2B 销售也发生了巨大变化。麦肯锡咨询的报告显示，B2B 的买家和卖家都青睐线上销售，超过四分之三的买家和卖家认为这种新的数字模式更有效率，并表示他们现在更喜欢数字自助服务和远程人工参与而不是面对面的互动。自助服务和远程交互使客户更容易获取信息、下订单、获得支持和安排服务。只有 20% ~ 30% 的 B2B 买家表示希望恢复面对面采购，主要是在传统上以现场销售模式为主的行业，例如制药和医疗产品。

疫情前的 B2B 电子商务主要针对小件商品和快速流动的零件。在疫情之下，这一趋势发生转变，巴西超过 50% 的 B2B 决策者表示，他们愿意通过完全自助服务或远程购买超过 50000 美元的商品，21% 的企业将愿意花费超过500000 美元。

网络销售可以帮助销售企业降低每次访问和采购的成本、扩大影响范围，并显著提高销售效率。2019 年，在疫情暴发前，全球 B2B 电子商务网站和市

图 12 – 16　居民意愿调查

（数据来源：麦肯锡咨询公司报告——《COVID – 19 如何加速巴西 B2B 销售格局的变化》）

场内的交易量增长 18.2%，达到 12.2 万亿美元，超过了 B2C 行业的市场规模。在疫情对数字化发展的加速下，到 2027 年，全球 B2B 电子商务交易量预计将达到 20.9 万亿美元 。DHL 快递全球销售执行副总裁格里温指出："在线购物和跨境运输成为新常态，不仅对 B2C 零售商如此，对 B2B 企业也如是。B2B 电子商务的崛起是大势所趋，疫情后自然也会延续疫情前的趋势，就像 B2C 业务一样，疫情就像一个助推器，助推 B2B 电子商务业务的快速增长。"

12.3　供应链

正如上一章所提到的，生产者物价指数（PPI）在供应链受阻的背景下快速上升，并传导到多数国家的消费者物价指数上，最终引发了严重的通货膨胀。为了改善疫情下脆弱的供应链，小到企业、大到国家均已经开始尝试强化供应链的抗干扰能力。

供应链重新布局

部分发达国家制造业持续外流，因而必须通过进口来满足本国居民对商品消费的需求。WTO 成立以来，大部分发展中国家充当起生产者的角色，但是，发展中国家的抗风险能力十分有限。近两年，疫情导致发展中国家产能受到冲

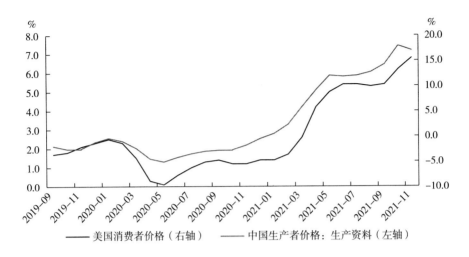

图 12 - 17　美国 CPI 与中国生产资料 PPI 同比

（数据来源：Wind）

击从而无法满足供给。在这样的背景下，供需出现失衡，商品价格上行，推高通货膨胀。企业获取利润的能力受阻，在疫情下，很多企业开始考虑将生产基地回迁到本国（大多为发达国家），因为在国内拥有更好的疫情防控措施和医疗基础设施，能够最大限度地保证生产的连续性。

近年来，中国人力成本逐步上升，疫情反复导致工人复工复产意愿减弱，这进一步抬升了价格。部分企业正在将工厂从中国迁移到东南亚国家，如运动品牌阿迪达斯关闭了中国的工厂并迁移到了越南，以获得更低的劳动力价格。2020 年，越南实施了严格的防疫政策，成功将确诊病例始终控制在较低数量，生产受到的影响相对较小。但当 2021 年德尔塔变种病毒开始肆虐时，越南政府放松了防疫政策，这导致该国的确诊病例快速上升，企业生产安全受到冲击。此时，跨国企业在重新衡量究竟应该在何处建厂，以及是否应该从中国迁出。答案是显然的，尽管中国的劳动力成本不再是优势，但中国安全的社会体制以及完善的产业链会逐渐让企业放弃迁移工厂的想法。

除此之外，供应链风险促使企业工厂实现区域化布局，而不是在全球范围内寻找最优成本。美国的企业将工厂从亚洲重新布局到墨西哥、巴西等美洲国家，以实现产业链上下游更牢固的分工协作，较短的运输距离和陆上运输能够避免因海上运力限制而导致的供应链中断。

韧性更强的供应链

供应链在未来将会变得更加富有弹性。不仅商品贸易是全球化的，病毒同样也是全球化的，也存在区域差异。新型冠状病毒在不同的地区、不同的时间暴发、流行。当某些国家面临疫情时，其他国家疫情可能相对缓和或已经被控制。将生产转移到疫情相对可控的国家，能保证生产的连贯性。这意味着在后疫情时代，企业将会把生产相同产品的工厂布局在不同的国家和地区，以便增强供应链的弹性和抗风险能力，当一国的生产受到其他因素影响时，能够及时地选择其他国家或地区的工厂进行替代，保证供给的稳定。

在很长一段时间里，制造业企业和零售商往往会储存一定的库存以备不时之需，保证供给的稳定。库存会被精确计算以避免过多库存占用企业资源。疫情冲击下的中断时间远超制造业企业、零售商的预期，这导致不少企业（如丰田、奥迪等）整车装配工厂无法继续生产，零售商无法获得足够的商品，消费者所购买到的商品价格快速上涨。在经历过疫情后，制造业和零售商的安全库存相较于疫情前会存在一定程度的提升，用于增强供应链的抗风险能力，使其在面临极端情况时也能保证供应链的正常运转。

后疫情时代的运输环节

在疫情严重期间，航运价格飙升，制造业企业、经销商都被迫承受畸高的运输成本。疫情之前，托运人往往会与某家承运人达成协议，让其负责货物的运输。在疫情下，如果承运人倒闭，托运人的运输需求则无法被满足，交货周期将会被大大延长。托运人还需要重新寻找新的供应商，并需要通过与承运人诉讼拿回已经支付的定金或运输费用。

鉴于上述情况，企业开始意识到选择单一承运人的风险，他们需要寻找多样化的承运人以保障自身的运输需求。除此之外，疫情下的海运价格畸高，企业需要在这种背景下"货比三家"，选择服务价格相对合理的承运人来实现对企业运输成本的控制。

新型冠状病毒作为不可抗力，在其流行期间暴露出航运合同条款存在的问题。合同双方尤其应该考虑承运人在合同期间无法履行义务的问题，这通常是由于其本身经营不善的问题或政府的原因，而非病毒本身。在这种情况下，合同的用语显得尤为重要，对于不能履行义务的情况在合同中应描述为"政府行为"或类似用语，而不是"流行病"或"突发公共事件"。

12.4　制造业

悲观预期下徘徊的固定资产投资

疫情初期，各国的生产企业即供给方，由于商品需求的减少而相应地缩减供给，以避免库存过多和生产成本上升。此时部分企业已经开始减少固定资产投资、控制产能扩张，以提前应对需求的衰退。但是现实与供给者所预期的全球需求将迎来大衰退不同，得益于各国政府积极的防疫政策，当各国疫情逐渐缓和时，需求快速回升，商品供不应求、价格高涨。但由于疫情的不确定性较高，大多数企业仍然不敢进一步提升固定资产投资即扩大产能。

后疫情时代，工业企业对未来的预期仍然是悲观的。需求短期的快速上行可能难以维持，因为产能提升的周期通常以年为单位。当固定资产投资转换为产能后，全球的需求是否依旧旺盛？这是企业决策者需要慎重考虑的问题。

显然，中国制造业企业在 2020 年末和 2021 年的出口浪潮中出现增长，但它们并未大规模提升生产产能。这说明这些企业认为疫情的冲击是暂时的：疫情可能长期持续，居民消费增长将不如从前，产品销售迎来下行。固定资产投资在疫情阴影散去之前的很长一段时间里，仍然将维持在低位，而难以恢复疫情前的高速增长。

加速迈向工业 4.0

前文提到，各个制造业国家都提出了自己的制造业升级计划，德国的"工业 4.0"、中国的"中国制造 2025"等。工业升级的核心都在于智慧制造，通过信息系统实现高效生产。这一转变对于各国的制造业来说是漫长的，因为需要投入大量的研发费用以及基础设施改造费用（如处理器、数据中心等），而这需要企业和国家数十年的投入才能够实现。对于企业来说，研发投入在短期并不能获得回报，因此其转型意愿并不强烈。况且，大多数企业没有技术储备和资金储备来踏出"工业 4.0"的第一步。

　　然而疫情为部分企业按下了"工业4.0"的启动键。人作为重要的生产要素在疫情冲击下显得尤为脆弱。工业生产中，员工高密度聚集使得疫情传播变得极其容易。一旦发生大规模的员工感染事件，政府会要求企业停工停产以确保员工的生命安全。只有通过采取隔离、治疗、深度消毒等措施确保了员工安全的情况下，才能再次开工。这导致很多企业的生产节奏被打乱，产品交付周期延迟，进而带来了潜在的违约赔偿。

　　在疫情背景下，"工业4.0"显得顺理成章。机器的自动化生产绝不会受到生物病毒的影响。只要电力供应以及远程维护人员得到保障，自动化的工厂就会源源不断地接收原材料并运出产成品。机器能够带来更加标准化的产品和更高的效率。当企业被迫停工，每天都面临着经济损失，企业的决策者们不得不重新思考，是推进"工业4.0"还是继续沿用传统制造业。近两年时间里，多种病毒变种的出现，开始让决策者们考虑长期与新型冠状病毒共存的假设。在这一假设下，使用自动化生产的机器来替代普通生产工人是大势所趋。这样，企业生产的连贯性才能得到保证，成本将在高涨的商品价格下加速回收。

　　综上所述，疫情让人类重新意识到了人力资源在生产过程中的重要性，促使企业开始提前走向"工业4.0"，加速自动化进程以实现更加稳定的生产和更低的管理成本，未来的工厂或将是少人甚至无人的。

第 13 章　气候变化

　　本章中的自然、地理、人文都是以全球化为背景的。在环球旅行发生之前，人类还未意识到自然地理本是全球一体的，一个地区的环境变化必然会影响到相邻地区甚至是表面上看似毫无关联的地区。在人类实现环球旅行后，地球上不同的地理环境、人文社会、产业经济逐步全球化。资本的逐利性决定了其在全球范围内的转移，但地球环境的不利变化却不会因为资金的流动而被轻易转移直至消除。"人类命运共同体"不应仅仅停留在文字层面，人类应该意识到，当部分发达国家将污染产业转移到相对落后地区时，吞食恶果的将是地球上的所有人类。

13.1　全球变暖概况

　　全球变暖问题近年来越发成为 21 世纪大国之间的热议话题之一。全球变暖为什么被人类越发重视？其原因是多样的。最简单的原因是温室气体的流动是不以各国领土边界为界限的，减少温室气体的排放需要全球各国通力合作，一国减排而另一国加速排放仍然会加剧全球变暖。更深层的原因则是全球变暖的程度已经达到新的阶段，如果放任自流至气候变暖的程度超过地球承受范围的临界值时，不可逆转的、毁灭性的灾难将带来更为可怕的后果。

全球变暖原因

　　全球变暖即全球气温升高，表现为人类生活地区的平均温度高于过往同期温度，从其成因来看，主要分为两个方面。一是由于地球上导致温室效应的气体（温室气体主要有二氧化碳、甲烷、一氧化二氮以及部分人造化学品气体等）增加，这些气体吸收并留存大量来自太阳的热量，从而使全球气温上升。二是由于地球公转轨道变化以及板块运动等因素引发的气候周期变化。某一周

177

期的跨度往往以百万年计算，对于当前处于冰期还是温暖期，尚没有统一的结论。不同周期下的气温变化方向截然不同，但无论当前在温暖期或是冰期，地球本身的变化对于人类而言是不可逆转的。因而本文主要讨论人类排放温室气体引发的全球变暖。

温室效应使地球的气温能够维持在相对稳定的范围，从而孕育了地球上的大量生物，反观没有大气层的月亮则昼夜温差强烈，不适宜生物生存。但随着人类改造地球活动的增加，大量的二氧化碳、甲烷等其他温室气体在人类第二次工业革命后被排入大气层。大气层的保温效果显著加强，温室效应从而越发明显。在太阳辐射强度没有明显变化的情况下，全球气温逐步上升。

在21世纪初，有人怀疑是否因为太阳本身散发的热量产生变化而导致了全球气温变暖。但事实上，根据2010年Mike Lockwood以及2009年Judith L. Lean的研究显示，目前太阳本身热量变化对气温的影响仍然是模糊的。太阳平均能量要么保持不变，要么略有增加。但更为重要的是，如果变暖是由于太阳能量变化引起的，那么地球高层大气的升温应当快于低层大气。而事实上，高层大气在变冷，而低层大气和地面则在变暖。

因此，当前全球变暖的主要因素仍然是来源于人类活动。大量的二氧化碳在化石燃料的燃烧过程中被释放，甲烷在垃圾分解以及部分家禽的消化过程中被释放，一氧化二氮在有机化肥耕作施肥的过程中产生，氯氟烃（CFCs）等工业合成化合物在人类生活中被广泛使用从而可能引起泄漏。总的来说，造成

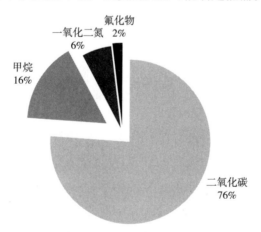

图13-1　全球温室气体排放构成

（数据来源：IPCC在2014年的工作报告）

温室效应增强的气体主要有以上几种类型,而其中,如图 13 – 1 所示,占比最大的仍然是二氧化碳(其占比超过四分之三),这也是当今人类将延缓全球变暖的核心放在减碳上的原因。

数据上的全球变暖

全球变暖的主要成因是温室气体的增加,尤其是二氧化碳。从 1850 年到 2012 年,全球累计排放了近 2.5 万亿吨二氧化碳,其浓度从 1850—1857 年最高点的 300ppm 上升到 2012 年的 417ppm。

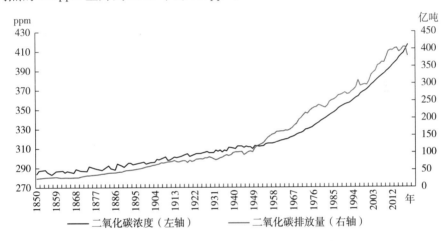

图 13 – 2 二氧化碳排放量与浓度

[数据来源:EPICA Dome CO_2 record(2015)&NOAA(2018)]

按经济部门来看,根据 IPCC 在 2014 年的工作报告显示(https://www. ipcc. ch/report/ar5/wg3/),全球热力和电力生产排放的二氧化碳占全球温室气体排放的 25%,主要来源于煤炭、天然气、石油等化石燃料的贡献;工业温室气体占 21%,主要来源于化石燃料的燃烧以及冶金等制造生产过程;农业、林业和其他第一产业占 24%,主要来源于森林砍伐、牲畜饲养等;交通运输占 14%,主要来源于化石燃料如汽油和柴油的燃烧;建筑物内部的排放占 6%,主要是燃烧化石燃料、生物燃料用于取暖或做饭等;其他排放占 10%,主要是燃料的提取、精炼、加工以及运输。

从不同地区来看,北美洲、欧洲在 20 世纪排放了全球最多的二氧化碳。随着经济的发展,欧洲的碳排放开始逐步收窄,而以中国和印度为首的亚洲国家在进入 21 世纪后排放了全球七大洲最多的二氧化碳。北美洲的碳排放量则有所回落，但仍然维持在较高的水平上。

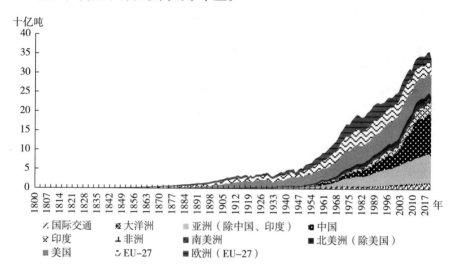

图 13 - 3　全球碳排放地区结构

（数据来源：Global Carbon Project）

　　二氧化碳排放量的增多加强了全球温室效应，全球气温随之上升。截至 2020 年，全球平均气温已上升约 1.02℃。除了大气增温，海水的温度也随着大气气温的升高而不断上升。然而大部分热量堆积于海洋表面，因此不同深度

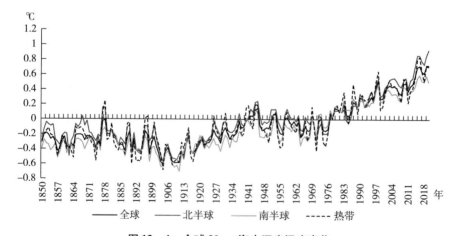

图 13 - 4　全球 20cm 海水深度温度变化

［数据来源：英国气象局哈德利中心（Met Office Hadley Center）］

下的海水温度存在着差异。以 1961—1990 年平均温度为基准，全球不同海域 20cm 深度的海水温度至 2018 年上升了 0.5 ~ 0.9℃。在 2018 年，北半球海水温度上升幅度最高（0.93℃），而南半球海水温度上升幅度最少（0.51℃）。

根据 NOAA 和 NCEI 的数据，全球海洋自 1955 年以来一共吸收了约326 × 1021 焦耳的能量，这一热量相当于人类在过去 6 年多的时间里用于烹饪、电力、工业、供暖等能源的八倍。海洋储存的热量基本上等同于地球上大气储存的热量。

除此之外，地表上不同区域的大气气温上升幅度与海洋温度上升幅度大致相同，都存在一定的结构性分化。从图 13 - 5 可见，尽管在不同年份下由于厄尔尼诺和拉尼娜等极端气候现象导致不同地区的气温出现显著的差异，但近半个世纪以来，在存在一定结构性差异的情况下，全球各大洲代表性国家的温度均普遍上升。从平均值来看，中国近 30 年来气温上升幅度最大（0.93℃），而澳大利亚上升幅度最小（0.41℃）。

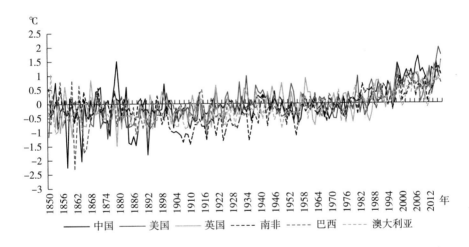

图 13 - 5　六大洲代表性国家气温变化趋势

[数据来源：Climatic Research Unit（University of East Anglia）

in conjunction with the Hadley Centre（UK Met Office）]

发展中国家能否跨越环境库兹涅茨曲线

从全球碳排放情况的历史可以看出，大多数发达国家的碳排放都经历了先排放后减排的历程，美国、英国以及其他欧洲国家的碳排放大多属于这样的发展历程。这一现象被环境库兹涅茨曲线所完美描述。对于如今的发展中国家来说，能否跨越环境库兹涅茨曲线、在经济增长的过程中减少碳排放或是将碳排放控制在相对合理的范围是值得思考和探索的问题。

库兹涅茨曲线最早由经济学家西蒙·库兹涅茨在20世纪50年代提出：随着经济发展，市场力量会使经济上的不平等先增大后减少。1991年，美国经济学家 Grossman 和 Krueger 首次实证研究了环境质量与人均收入之间的关系：污染与人均收入之间存在倒 U 形关系。具体而言，污染在低收入水平上随人均 GDP 上升而增加，在越过临界点进入高收入水平后污染随人均 GDP 增长而下降。1993年，Panayotou 联合上述两种研究，首次将环境质量与人均 GDP 之间的关系称为环境库兹涅茨曲线（EKC）。

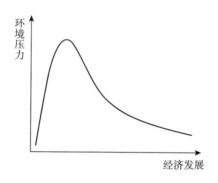

图 13 – 6　库兹涅茨环境曲线

在 EKC 假说被提出后，长期以来一直存在争议：有大量学者实证研究确认不同国家、不同地区的经济和环境之间存在倒 U 形关系，但也有大量学者研究出部分地区经济和环境的关系并不仅限于 U 形，还存在着同步关系、N 形关系等。根据 Saqib 和 Benhmad（2021）的荟萃分析研究，目前有 57% 的文献支持 EKC 假说有效性，而 43% 则不支持。除此之外，环境库兹涅茨曲线对于不同类型的污染物存在不同的拟合效果，不同污染物的转折点存在较大区别。钟茂初等（2010）的研究中指出，EKC 假说成立的理论基础不是经济增长本身，而是隐含在经济增长过程中的产业结构升级、技术进步、政府对环境污染治理力度的加大以及人们环保意识的增强等。

综合上述研究来看，全球的发展中国家有着不同的发展基础，面临着不同的发展方式。尽管在某些特殊环境指标（如 SO_2 或造林与森林采伐）下可能会呈现 U 形，即环境压力随经济增长而减小，但大多仍要面临前期环境压力随着经济增长而增长的现实。发展中国家在前期发展过程中很难拥有治理环境问题的动力和资金，一方面由于污染的效应尚未显现，另一方面由于国内的企业缺乏足够资金在生产过程中引入环保技术。发展中国家在没有政策干预的情况下往往面临人口快速上升的问题，这必然将加重国内的环境压力。除此之外，发展中国家往往处于城市化阶段的初期或中期，这同样加重了环境负担。上述因素决定了发展中国家在发展初期控制环境污染所面临的挑战是巨大的。

在发展中国家发展过程中，有一些因素能够使发展中国家加速迈过 EKC 拐点，降低环境压力峰值。良好的产业结构如更多的第三产业有助于减少环境压力。目前有一些国家主要发展旅游业等服务业，这些产业相较于传统的第一产业、第二产业，对环境的压力更小、附加值更高，进而使得这些国家能加速进入倒 U 形的后半段。

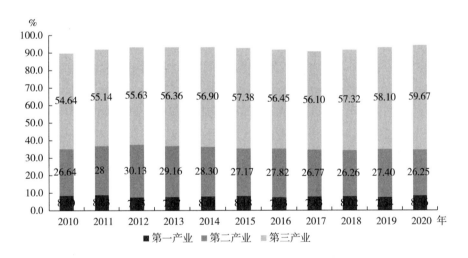

图 13 - 7　斯里兰卡产业构成

（数据来源：Sri Lanka – share of economic sectors in the gross domestic product 2010 – 2020 | Statista）

随着全球化的推进，在疫情前，国际旅游业发展迅速。旅游业相较于工业和农业能够在一定程度上减少环境压力，但又能给当地居民带来收入。以斯里兰卡为例，其产业结构主要以第三产业服务业为主，占 GDP 比重超过 55%。

由于斯里兰卡的产业结构，其环境压力与经济增长呈现出 U 形增长。旅游业对环境的改善在短期来看是有利的，因为其淘汰了重污染工业，减少了酸性气体、污水等的排放。这说明，发展中国家是有潜力提前利用地缘优势转变产业结构来跨过环境库兹涅茨曲线拐点的。从长期来看，旅游业的发展与环境压力呈现正相关。斯里兰卡目前的能源结构存在的问题——超过 50% 的发电量来自火力发电，这是其环境压力在后期逐步增大的重要原因。如果斯里兰卡能够在不影响经济的情况下转向清洁能源，或许 U 形的后半部分便不会出现。经济增长若正向作用于环境保护，则有可能跨越"先污染，后治理"的魔咒，实现经济增长而污染减少的良性循环。产业结构的调整导致环境压力的减少并非孤证，摩洛哥、柬埔寨等国服务业尤其是旅游业的发展均减少了其环境压力，帮助其实现了 U 形发展。得益于人文交往的全球化，其他发展中国家可以尝试借鉴这一发展经验来避免"先污染，后治理"的发展道路。

除此之外，对外开放同样有助于在经济发展的同时减缓环境压力、缩减 EKC 曲线的峰值以及加速到达峰值的时间。以中国这一最大发展中国家为例，对外开放在中国的发展过程中一定程度上减少了环境污染。在过去一段时间里，"污染避风港假说"或"污染天堂假说"被学者所广泛讨论，其主要含义为部分发达国家的环境监管政策随着发展而逐渐严格，这导致部分污染企业会将工厂迁移到其他的欠发达国家以规避高额环境罚金、降低环境成本，因为大多数欠发达国家地区的环境监管法律、政策相对宽松。根据中国部分省份的研究案例分析，这一假说似乎并不能成立。因为外商带来的投资产生了技术溢出，意味着尽管生产过程中排放了污染，但这一污染相对弱于中国自身发展时所产生的污染。这又引出了与之相对的另外一个假说——"污染光晕假说"。这一假说认为，尽管发达国家转移的是落后产能，但在某些情况下仍然会产生技术溢出，被动地改善发展中国家的环境压力，降低 EKC 曲线峰值。

事实上，这两个假说在不同国家和不同地区均能找到实证支撑的案例，甚至在中国国内都能找到截然相反的案例。如果再次分析这两个假说的含义，会发现其关键的变量在于发达国家迁入的技术对于环境污染的相对程度，如果高于发展中国家当前阶段的技术，则是"污染避风港假说"，反之则是"污染光晕假说"。因此，如果发展中国家的环境政策能够与本国技术水平相匹配，则意味着其能够避免"污染避风港"的出现。相反，如果环境政策严格程度高于本国技术水平而低于发达国家，则意味着发展中国家能够在对外开放中缓解环境压力。这一思路从理论上来讲能够促进发展中国家实现 EKC 曲线的跨越或是加速到达 EKC 曲线顶点。但现实的变量仍是多样的，全球有一百多个发展中国家，它们处于不同的发展阶段。发达国家可以选择技术更加落后的发展中国家，此时技术领先的发展中国家的环境政策已经高于前者，这就意味着它们能够吸引的外商投资是有限的，政策决定者很有可能为了吸引外商投资而放低环境门槛，进而加重本国的环境压力。以上仅考虑了一种变量，事实上还有更多的变量，比如技术基础（这决定了外商投资所能选择的发展中国家范围）、发展中国家的本国地理因素等。

因此，发展中国家应该拒绝外商投资或拥抱外商投资是没有绝对正确的答案的。但值得注意的是，对外开放吸引外商投资的确有助于减轻环境压力。与此同时，应加上一个约束条件：有担当的政府应当采取与本国平均技术水平相当或略高的环境监管政策，以促进本国的产业升级以及获得外商投资带来的技术溢出，进而减轻本国的环境负担，顺利跨越 EKC 曲线峰值。

综上所述，发展中国家是能够跨越环境库兹涅茨曲线的。一些国家天然的地理禀赋（如旅游资源）所带来的以服务业为主的产业结构能够帮助其更顺利地跨越 U 形曲线，即环境污染随着经济增长而减少，跨越峰值后污染增加。如果这些国家能够在积累资本后对环境问题进行进一步治理，U 形的后半部分很有可能是可以避免的，即实现环境治理和经济增长的良性循环。同时，外商投资对于环境而言很有可能是一把"双刃剑"，其结果的好坏在很大程度上取决于本国政府政策制定的优劣。如果本国政府的环境保护严格程度略高于本国技术水平而显著低于发达国家，则能够实现外商投资与环境治理相得益彰。除此之外，应当还有其他方式能够助力发展中国家跨越环境库兹涅茨曲线，避免"先污染后治理"的老路，期待未来其他学者的进一步研究。

13.2　全球变暖对人类社会的影响路径

2021 年 11 月，近 200 个缔约方在格拉斯哥召开的 COP26（联合国气候变化框架公约第 26 次大会）上通过了《格拉斯哥气候公约》，承诺将全球气温上升幅度控制在 1.5 摄氏度。

近年来，全球变暖问题的关注度不断上升。这一方面是因为全球变暖带来的气候变化、生态问题已经影响了人类赖以生存的环境，甚至产生了大量的经济损失。因此，致力于解决生态问题的投资能挽回部分损失并可能在长期带来收益。另一方面，当前全球变暖的程度是人类历史上前所未有的。如果仍然坐以待毙，当全球升温超过临界值后，不可逆转的灾难将会威胁到全球人类的存亡，这也是《格拉斯哥气候公约》中所提及的。

马克思曾在《黑格尔法哲学批判》中提出，经济基础决定上层建筑。这同样适用于分析全球变暖对人类社会的影响路径——全球变暖产生的经济影响作用于政治、文化，推动全球各国在近年来加速部署减碳工作。

值得注意的是，全球变暖引起的气候变化对人类而言是相对长期的一个过程。人类往往会更担忧于当前的灾难比如 COVID-19，而并未意识到全球变暖的严重性。但事实上，其紧迫性并不亚于 COVID-19，人类需要耗费大量的时间来为碳排放踩下"刹车"，这不是一朝一夕就能完成的工作。同时，经济因素并不能完全驱动个人与企业层面，人类往往会因为其自身所能做的事情太有限而放弃行动。政府以及部分游行、示威活动则会进一步激起大多数人们的紧迫意识。接下来，我们会从这两条路径来具体分析人类对于气候变化的认知和行为转变。

全球变暖对全球环境、气候以及人类经济的影响

不管人类活动的全球化进行与否，地球本身便是一体的，空气、水、热量在不同地区不分国界地流动。当人类向空气中排放二氧化碳等温室气体时，这些气体也会在不同国家间流动，从而逐渐增强全球温室效应，进而引发气温上升。热量流动是全球气候变化的重要变量，热量推动了水在全球范围内的运动。当这一变量发生变化时，水随之流动，全球的气候也相应产生变化，暴露在环境之中的人类及人类活动也会因此受到影响。

全球变暖导致的极端天气主要表现为水、热的变化，液态水、气态水、固态水的剧烈变化及其次生灾害是绝大多数极端气候的成因。根据目前全球的研究，全球变暖与极端气候之间的关系尚不明了，但部分极端天气的频率、强度与全球变暖之间的相关关系是已知的，例如，由于气旋和风暴频率的减少，干旱和高温在全球中纬度地区的破坏性会更甚于其他地区；南亚的热带季风在全

球变暖的情况下会带来更多的降水；热带气旋的强度会随着大气升温而增强，部分次生灾害如泥石流的频率和强度会随着极端气候的增加而增加。上述几种灾害是当今世界造成经济损失的主要灾害。如图 13 - 8 所示，近半个世纪以来，造成经济损失最大的三种灾难分别是地震、洪水以及风暴，其带来的损失占比在 2010—2020 年的十年里超过灾难总损失的三分之二。

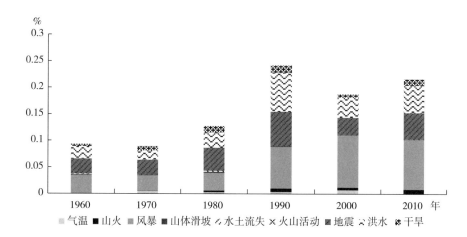

图 13 - 8　自然灾害造成的经济损失占 GDP 比重

（数据来源：NASA）

除此之外，从图 13 - 8 中可以清晰地看到，近 30 年灾害带来的损失占全球 GDP 的比重在进一步上升。这一方面是由于人类开拓了更多的土地，从而暴露在更多的极端气候之下。另一方面由于全球变暖引发的极端气候频率增加，进一步加剧了灾难带来的损失。未来，当洪水和风暴随着全球变暖而进一步加剧，人类因此受到的损失或许更大。

人类的大多数生产活动都或多或少会受到全球极端气候的影响，比如高纬度更加显著的干旱和高温会严重干扰农业粮食生产，从而影响当地第一产业增加值，同样给全球的粮食安全带来挑战（IPCC 在第五次调查过程中预计，全球的粮食产量在 2030—2049 年会增产约有 10% 的概率，约 10% 的概率认为 2030—2049 年粮食减产将超过 25%）。

除了全球变暖后液态水和气态水剧烈运动引发的极端气候，全球变暖同样会引发固态水（冰）的剧烈变化。全球冰盖的质量在近一个世纪的时间里逐渐下降，融化速度也逐步加速。

不仅仅是冰盖质量的快速降低，北极海冰的面积也面临着大规模缩减。北极海冰面在每年的九月到达最低点（海冰吸收最多热量的时刻），而其正以每十年 13% 的速度减少。全球冰川的减少意味着海水的增加，全球海平面相应上升。根据 NASA 的数据，海平面高度自 1995 年到 2020 年上升了约 1 厘米，自 1990 年至今上升了约 2 厘米，海平面正在以前所未有的速度上升。

海平面上升给人类的生存和生产活动将会产生巨大的影响，尽管目前来看只是初露端倪，部分沿海低地已经开始出现被淹没的迹象，许多海岛国家在未来面临沉没的风险，这将直接带来大量的经济损失。除此之外，海平面上升带来的部分次生灾害也在显著地影响着人类的生产生活活动，例如中国南部沿海低地用于种植的土地受到沿海风暴潮的影响而更容易被淹没，虽然不同作物受到的影响存在一定差异。除此之外，大量的土地面临着盐碱化问题，这将对沿海地区的粮食产量造成影响，进一步加重全球的粮食危机。

海平面上升淹没近海土地不仅仅影响了农业，而且也会影响工业生产。尽管目前来看还没有出现制造业因为海平面上升而大规模内迁到内陆地区的现象，但如果按照目前全球海平面上升的速度，若不采取行动，更多海边低地在未来将被淹没，第二产业从而受到影响，那时的经济损失将进一步扩大。

上述的影响或许已是老生常谈，但全球变暖带来的影响并非仅止于此，全球变暖还会造成欧洲森林经济价值的严重损失，对阿拉斯加的基础设施造成破坏等。全球的学者仍在不断探索全球变暖对人类带来的经济损失。目前已确认有大量经济损失来源于全球变暖带来的气候变化，且经济损失正随着时间的推移而逐渐扩大。人类逐渐意识到需要采取措施来尽可能地减小目前的损失，并避免未来更大的损失，这在某种程度上也是推动各国参与减碳目标的原因。

全球政府加速应对全球变暖

20 世纪 70 年代，基础科学研究发现氟化物会对臭氧层造成损害，进入 20 世纪 80 年代，全球各国意识到南极上空的臭氧层空洞正在因为人类大量使用氟化物而增大，在 1987 年，全球一百多个国家达成共识签署《蒙特利尔议定书》，旨在淘汰会危害臭氧的有机化合物，这一合约于 1989 年生效并经历 9 次修订，在国际合约的约束下，全球南极洲臭氧层空洞在缓慢缩小，预计在 2050—2070 年将恢复到 1980 年的水平。这是联合国历史上的首个全球各国普遍认可的条约。

二氧化碳等其他温室气体的排放远比氟化物要广泛，因而在解决全球变暖问题上，全球各国的合作力度和合作进程远没有控制臭氧层空洞那样强力而迅速。对于全球变暖和温室气体，全球各国于 1994 年达成《联合国气候变化框架公约》，世界上几乎所有国家都是这一公约下的缔约国，其核心是通过稳定大气内温室气体的浓度使自然生态系统能够适应气候变化，人类的粮食安全、经济发展能够持续。全球已经意识到了这一问题，并在每年都召开联合国气候大会进行磋商，但其带来的损害尚不明了，并未明显地普遍影响各国的经济、安全，这一框架并未限制全球的碳排放量，全球碳排放量在此之后仍然在大量增加。

1997 年缔约方在日本京都召开第三次会议并通过了《京都议定书》，《京都议定书》扩大了《气候公约》的范围，在减排问题上则涉及各国的公平性问题，G77（发展中国家组成的经济组织）国家主张应由发达国家承担更多的减排任务，因为其在历史上的累计排放量更多，这一协定对大多数的发达国家开始执行限制排放的法律措施，且将其分为两个承诺期：2008—2012 年和2013—2020 年，要求发达国家在 2008—2012 年减少温室气体排放。除美国外，大多数缔约方都参加了第一个京都承诺期，且达到了第一个承诺期的目标，但在第二个承诺期出现了分化，部分国家退出《京都议定书》，部分国家没有承诺采取新的目标，比如美国。执行力度的有限导致全球在进入 21 世纪后仍然大量排放温室气体，较 20 世纪仍在加速。

在 2013 年于华沙举行的缔约方会议第 19 次会议上，《联合国气候变化框架公约》建立了一个机制，供在 2015 年巴黎缔约方会议第 21 次会议（COP21）之前提交国家自主贡献（NDCs）。各国被赋予了自由和灵活性，以确保这些气候变化减缓和适应计划适合本国。这些灵活性使得发展中国家能够根据自身的经济、科技实力确定与之相匹配的减排方案，让发展中国家也能够广泛参与到减少碳排放之中，194 个缔约方递交了第一份国家自主贡献计划，并约定每五年各国将更新自身的 NDC。2015 年，在巴黎举办的 COP21 上，全球各国达成《巴黎协定》，将全球平均气温相较于工业化前的升温控制在 2℃以内，并努力将升温幅度限制在 1.5℃以内；提高适应气候变化不利影响的能力并以不威胁粮食生产的方式减少温室气体排放；使资金流动符合温室气体低排放和气候适应性发展的路径。

在第一份NDCs后，进入2020年，由于疫情的影响，各国自主贡献计划的提交时间被后移到2021年。在2021年格拉斯哥举行的COP26上，近200个缔约方达成共识，通过《格拉斯哥气候公约》确保将全球升温幅度限制在1.5℃的目标，同时这也是首个逐步减少煤炭使用的国际协议。但根据会议前各国递交的自主贡献计划，即使承诺得到完全实现，地球仍将升温2.4℃，没有达到避免灾难性后果的1.5℃门槛。如果要控制在1.5℃，则意味着全球二氧化碳排放要在2030年前减少45%，当前承诺仅减少13%。于是在会议上决议在2022年各国再次提交NDC情况，以保证各国的减排措施符合减少升温1.5℃的目标。中国在第二次NDC更新的目标是：二氧化碳排放力争于2030年前达到峰值，努力争取2060年前实现碳中和。到2030年，中国单位国内生产总值二氧化碳排放将比2005年下降65%以上，非化石能源占一次能源消费比重将达到25%左右，森林蓄积量将比2005年增加60亿立方米，风电、太阳能发电总装机容量将达到12亿千瓦以上。

从《联合国气候变化框架公约》缔约国的会议来看，各国对于全球变暖问题的重视程度正在逐渐提升，目标趋向明显，但在各国自身的目标上却屡屡出现落差。一方面，全球各国因为气候变化带来的经济损失正在快速增加，各国每年因为极端气候而遇难的人数正在上升，这在一定程度上使各国希望通过减缓全球气候变化来减少本国的经济损失，人员伤亡。另一方面，全球各国所处的地理环境存在巨大差异，气候变化带来的损失因此不同，且各国在迈向低碳、零碳路线上仍然面临着巨大的经济成本和机会成本。

世界各国虽然已经处在高度融合的全球化阶段，但各国的经济利益在气候变化面前却并不一致，全球各国在经济和气候问题上存在一个对立：美国、欧洲各国等背靠大片陆地并以大片陆地的资源排放温室气体获取大量经济收益的国家排放了大量的温室气体、掌握了大量资本，而因为受到气候变化带来的相对威胁小于部分岛国而不愿意履行自身相应的责任，比如拒绝提交更高标准的国家自主贡献计划；相反地，部分岛国如马尔代夫，它们拥有有限的陆地，排放二氧化碳十分有限，拥有的资金同样是有限的，它们没有机会也没有能力实现更大规模的国家自主贡献，但它们却受到了最严峻的考验，即海平面上升而导致国家被淹没。

经济因素推动了全球各国开始积极地应对全球气候变化这一议题，但同样是因为经济因素，各国由于自身受到的损失存在差异以及科研人员所说的"灾难性后果"并不直观，大多数国家并没有尽最大可能来应对全球气候变化。对于各国贡献目标与全球 1.5℃ 目标的差异，或许中国提出的人类命运共同体能够加以弥补，中国和美国在格拉斯哥气候大会（COP26）上发表联合宣言，承诺将继续共同努力，当全球二氧化碳排放超过 40% 的两个超级大国共同努力，或许能够推动全球各国减少对经济利益的顾虑，进一步推动全球减碳工作，实现 1.5℃ 目标。另外，公众对于环境保护的认知也是全球各国推动减碳工作的重要变量，提升公众对于气候变化威胁的认知有助于推动各国政府为全球减碳作出更多的自主贡献。

全球变暖引发的社会意识变迁

随着人类对世界认识的逐步加深，工业革命以后的人类大多不再相信"神"掌管着天气，转而相信科学。

当科学家在 20 世纪中后期提出"全球变暖"这一推测时，部分保守派试图通过一些证据来证伪。而部分民众开始了解并接纳这一观点，但大多数人并未深切地感受到气候变化带来的影响，因而民众并未对此产生强烈的情绪。大多数人对气候变暖带来的影响感到危机，或许是因为科幻小说和电影中所描述的景象，例如 2004 年上映的电影《后天》。但对于大多数并未经历全球变暖引发的极端气候的人来说，他们对于全球变暖的忧虑程度是有限的，远远低于那些亲身经历过气候变化的人们。全球各国政府采取的部分措施在这一时期开始对居民的思潮产生影响，部分发达国家开始制定相关法律和规范。当法律作用于企业，延缓全球变暖这一目标开始影响到供职于企业的居民，越来越多的居民因此而受到影响。与此同时，部分居民因为切身感受到全球变暖带来的危害，而认为目前政府所做的工作是仍然不足的。于是在进入 21 世纪 10 年代后，大量抗议游行与示威开始出现在历史舞台。除了游行，因为不满于政府的环境保护力度而引发的罢课、罢工在这一时期也屡见不鲜。示威游行、罢课等活动进一步唤起其他民众对于气候变化严峻性的认识，但全球仍有很多民众并不能接受为此付出金钱，承受行为上的不便。

气候变化主义者往往会对全球变暖等气候问题表现出极其激进的行为，而其他的大多数人并没有对此表现出这样一种狂热。根据前文分析来看，经济损失是一个很重要的原因，因为他们切身感受到了气候变化带来的灾难。但事实上，居民收入、受教育程度以及政治倾向同样起到了重要的作用。比如大多数对气候变化认知更强的民众其实并未亲身经历过极端气候灾难，他们对于气候变化严峻性的认知是来源于更好的教育，他们比其他民众更容易接触到关于气候变化最新的科学研究，这使得他们对气候变化的认知更加完善。除此之外，拥有更多财富的居民也会更加在乎全球变暖以及环境保护，对于人类事业也更加在乎。这或许能够从马斯洛需求层次理论中得到解释，这些居民在积累财富过程中满足了自身较低层次的需求转而寻求自我实现，对于全球气候变化的重视与行动则是其自我实现的一种方式。这些因素或许是北欧部分国家极其注重环境保护与延缓气候变化的部分原因。但当把目光放回到全球其他国家，会发现很少有国家能够像北欧这几个国家拥有如此完善的福利待遇，且居民人均GDP 在 50000 美元以上。

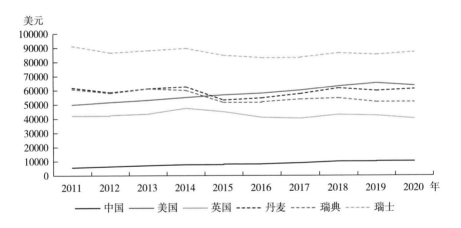

图 13 - 9　各国人均 GDP

（数据来源：Wind）

要知道大多数的发展中国家人均 GDP 仍然在 10000 美元以下，这意味着他们中的大多数人无法享受到良好的教育和富裕的生活，他们仍然需要考虑和忧愁自身的生计问题。对于他们来说，眼前的生活显然会比未来的气候变化更加重要。因而在大多数的发展中国家，尽管居民了解了气候变化问题，但他们并不会主动作出大量的改变，因为他们并未意识到这一问题的急迫程度，也很难意识到。

在这一全球现状下，不同的居民对于全球变暖问题的认识存在着两个极端方向。发展中国家居民对全球变暖引发的气候变化的认识显著弱于发达国家居民，而各国居民对于全球气候变化的认识则会显著影响到该国国家自主贡献（NDCs）的目标。在这一背景下，发达国家不断推进减排目标而发展中国家却进展缓慢，这势必会影响全球的整体减碳目标。因此，未来全球各国合作和努力的气候目标需要兼顾部分发展中国家居民，通过宣传、教育等方式提升发展中国家居民对气候变化的认识，进而推动政府强化 NDCs 目标的实现。

全球不同地区的政府到居民，需要在不同程度上转变自身关于全球变暖的看法。整体来看，全球人类对气候变化的重视程度在居民与政府的相互促进下得以加强，但全球变暖问题的解决应当是平稳且可持续的，部分过于激进的方案仍值得被警惕。气候变化与全球经济增长同样都应是可持续的，而不应单单瞄准减缓气候变化这一目标。相应地，针对全球变暖问题上过于"鸽派"的观点同样需要被摒弃，当前全球变暖问题来源于人类自身，也将会对未来的人类造成重大的影响。为了避免产生不可逆转的气候变化情境，人类仍需要提升对这一问题的重视程度。

未来，随着气候变化影响的逐渐加深，各国民众对气候变化的感知将会更加强烈。大量的环境保护 NGO（非政府组织）在瑞典、美国等发达国家兴起；电动车的出货量在 2021 年大量提升；企业与投资者在考察一个企业时开始着手关注企业 ESG（环境、社会以及企业治理）。这将从市场范围内自发地推进各国内部的减碳工作，从而实现经济利益和低碳的平衡。除此之外，由于民众对于气候变化的感知度与该国在巴黎协定框架下递交的国家自主贡献目标成正比，各国在 2022 年补交的 NDCs 目标将会进一步提升，从而尽快达到控制全球升温不超过 1.5℃ 这一目标。

全球变暖与其衍生的气候变化问题已经被证实是由于人类在工业革命后大规模排放二氧化碳等温室气体所致。全球变暖及其引发的气候变化正在愈演愈烈，每年因为极端气候引发的经济损失正在逐步扩大。在 21 世纪 10 年代，每年全球因气候变化引发的损失占全球 GDP 的 0.2%，每年有大量人类因为极端气候的肆虐而丧命。因此，人类迫切地需要将全球变暖控制在 1.5℃ 以内，以避免不可逆转的危机。

　　全球各国政府在 20 世纪中后期便已经开始通过《联合国气候变化框架公约》着手解决和缓解这一问题，但由于当时的危害尚不明显以及各国自身经济利益等因素，全球各国并未广泛地控制温室气体排放。随着气候变化对全球经济造成的损失正在快速扩大，各国开始重新审视并真正着手解决当前的气候问题。这唤起了部分居民对于全球气候问题紧迫性的认识，并反作用于各国政府，加速推进各国政府确认并履行国家自主贡献（NDCs）。但由于全球发展程度的差异，各国居民对于全球变暖的认识也存在差异，未来仍需补齐发展中国家短板以加速推进全球减碳工作。值得一提的是，根据对环境库兹涅茨曲线的讨论，发现发展中国家能够通过产业结构的转型以及对外开放等方式学习外国先进技术以实现对环境库兹涅茨曲线的跨越，这意味着发展中国家有可能可以有效避免"先排放后治理"的发展路线，同时将进一步加速全球各国到达零碳之路的终点。

第 14 章　气候经济与可持续发展

面对已经上升的全球气温，为了避免更严重的气候灾难以及未来经济出现不可持续发展的情况，人类不应仅仅停留在适应气候变化的阶段，采取行动减缓气候变化并进行经济转型是更为重要的任务。利用气候经济进行技术革新或结构性转变，碳排放集中的行业或领域逐步实现减碳排放，从而实现可持续发展，这对碳排放大国来说不仅仅是挑战，更是一个充满潜力的经济机遇。这也正说明了气候问题其实是一把"双刃剑"，给人类所带来的不一定只有灾难，更有机遇。

14.1　绿色溢价

"溢价"（Premium）本来为证券市场术语，是指所支付的实际金额超过证券或股票的名目价值或面值。"绿色溢价"最初由比尔·盖茨提出，是指在会造成污染的能源技术和清洁的能源技术提供的能源本质一样的前提下，由造成污染、产生较多碳排放的技术转向清洁的、产生较低甚至零排放技术所需要付出的额外成本。比如假设普通牛肉的平均零售价是 40 元/斤，而植物肉的平均零售价是 60 元/斤，那么简化来说，用植物肉代替普通牛肉的"绿色溢价"则为 20 元（60 元减去 40 元）。但值得注意的是，普通牛肉的价格并不能完全反映甲烷等温室气体的真实成本，因为其实是所有的牲畜而不只有牛这一种牲畜排放了温室气体，前文的计算只是用于说明概念的简化算法。

转用清洁能源所额外付出成本的大小，即"绿色溢价"是根据不同行业或领域、所使用的不同能源、将要用于代替的对应种类的能源所决定的，并不只有一个固定的规模或范围。而且"绿色溢价"是一个不断变动的指标，其大小的估算需要假定很多条件。更为重要的是，其前提中提到的两种技术提供的能源本质应相同，成本则也应相近，这是更难以确定的。

尽管如此，"绿色溢价"在如今的决策领域仍然发挥了重要的作用。一方面，"绿色溢价"可以作为判断投资某项清洁能源先后顺序的依据。当目前的"绿色溢价"很低甚至为零时，这是值得立即投资的；当"绿色溢价"较高甚至过高时，这类技术就不适合立即大规模推广，而需要投资研发新的技术、新的产品以降低"绿色溢价"后再出口到无力支付当前溢价的国家和地区，这其实也是利益点所在。另一方面，"绿色溢价"还可以作为展现人类阻止气温变暖进程的衡量工具，因其是量化而可观的数字。

目前，有些行业或领域的绿色溢价很高，从而阻碍了这些绿色技术或"绿色选项"的推广。只有部分富裕国家或富裕企业有意愿或有能力进行投资研发，降低绿色溢价，而这些国家或企业愿意在当前拿出一笔金额不菲的、本可投资于近期就能获得可观利润领域的投资费用，看重的必定不是当前的利益，而是未来的、长久的、持续的利益。绿色溢价被先进的技术降低后有多方面益处，具体来说，一方面，在全球范围内能使用上更清洁的、更绿色的技术，是有利于更好地保护地球并实现可持续发展的，毕竟地球是人类赖以生存的唯一家园（目前的科技发展还不足以支持整个人类搬迁到另外一个星球生活）；另一方面，率先掌握降低绿色溢价的技术并将已降低绿色溢价的产品或技术本身推广到世界范围内，这对企业来说将是利益点所在。全球适应委员会的数据表明，在2020—2030年投入1.8万亿美元进行气候方面的技术革新，将产生超过7万亿美元的收益。换言之，在10年的时间里，投入全球GDP的0.2%，将产生近4倍的投资回报。采取行动的企业作为其中的一员，未来可能获得的投资回报也将是十分可观的。而有些行业绿色溢价很低甚至为负数，但是并没有得到大面积推广，这就可能是受没有政府引导或民众意识尚未转变等的影响。

14.2 减缓气候变暖与产业转型

当考虑到如何采取行动时，首先需要弄清人类造成温室气体排放的主要活动到底有哪几大类。参考比尔·盖茨及突破能源联盟（Breakthrough Energy Coalition，即比尔·盖茨牵头，马云、杰夫·贝索斯等人参与组成的致力于减缓全球气候变暖的联盟组织）的分类方法，下文将从五个方面具体分析如何减缓气候变暖以及转型经济产业。

农业及林业

农业一般和林业、其他土地利用划为一个领域，牲畜饲养和森林砍伐是该领域温室气体排放的主要来源。区别于其他人类活动，农业主要排放的温室气体不是二氧化碳，而是甲烷和一氧化二氮，且二者排放量都较大，尤其是农业排放的一氧化二氮占据了温室气体中一氧化二氮总量的 80%。而这二者造成的温室效应比二氧化碳更为可怕，甲烷是二氧化碳的 28 倍，而一氧化二氮则高达 265 倍。因此，农业领域的低碳转变措施是值得尤为关注的。

从农业领域来看，随着全球人口的不断增多，为了满足随之增长的粮食需求，科学家已经研发出了多种高产的水稻、小麦等粮食作物，但这些作物的种植都离不开肥料，而越高产的作物则需要越多的肥料。肥料又是农业领域温室气体排放的重要来源，这个无尽的循环使得农业温室气体排放量居高不下。同时，以牛类为代表的牲畜饲养，其中主要是牲畜的气体排放及粪便释放了过多温室气体。

从林业领域来看，植物吸收二氧化碳的特性导致植物在其生命周期中会从大气中储存一些碳，另外一些有机物和土壤也会有上述特性，这种特性被称为生物碳封存。因为生物碳封存需要二氧化碳从大气中分离出来并将其储存在碳池中，这也被称为"碳汇"。"碳汇"使得植物产生了缓解全球气候变暖的作用，而林地被破坏的国家或地区就失去了这一天然的减缓方式。

因此，在农业及林业领域，人类需要调整牲畜的饲养等管理方法，以减少肠道发酵产生的甲烷；控制粪便分解的方式，以减少一氧化二氮和甲烷的排放；捕获已经排放的温室气体，促进甲烷的回收和利用；植树造林、退耕还林、退牧还林，保证植物发挥碳储存的作用。

电力行业

在第二次工业革命后，人类进入电气化时代，电力的使用越来越广泛，规模也越来越大。尽管电力本身是清洁的动力，但全球电力生产过程中普遍排放了大量的二氧化碳和其他温室气体。IPCC 数据显示，电力生产所排放的温室气体占 2019 年整体温室气体的 25%，人类约 62% 的电力都来自燃烧化石燃料

（主要是煤炭和天然气）。作为全球碳排放量第一大来源，电力生产行业迫切需要进一步加速转型以追赶 COP26 会议上将全球升温限制在 1.5 摄氏度的目标。

电力作为当前性能最为理想的能源在 21 世纪的使用量仍会大规模增长，因为电力的效率显著高于石油、燃煤。随着电力使用规模的增长，当务之急是提升清洁电力（生产过程中零碳排放或低碳排放）占总体电力生产的比重。清洁电力的种类有很多种，目前主流的清洁能源分别是水电、风电、太阳能、生物能以及地热。对于清洁能源来说，发电的稳定性以及储能问题是其目前的两大痛点，水电、生物能、地热的能源输出相对更加稳定，而风电、太阳能等电力形式则更易受到天气影响，其在一年范围内、一天时间内的能源输出波动较大。下文分别以水电和风电作为相对稳定的清洁能源和不稳定清洁能源的代表来分析如何获得更多清洁电力。

水电

水电的生产形式主要有两种，一是通过重力势能使水流动并带动发电站中的涡轮叶片转动从而使发电机组发电；二是水动力发电，通常也被称作波浪和潮汐发电，主要形式是通过水的自然流动带动发电机组发电。从目前的全球实践来看，大多数的水电仍然是第一种形式，全球的潮汐发电厂仅占很小一部分，且技术仍然处于研发阶段。因此，下文主要讨论第一种水电生产形式。

水电站通常有坝式、引水式、混合式、径流式、梯级、抽水蓄能等多种形式，不同的河流周边环境可以选择不同的水电站建设模式以实现高效的电力生产。由于水电的发电形式完全依赖于重力势能，除了在电站建设初期使用原材料排放了二氧化碳，在水电站的发电过程中并不会排放二氧化碳，基本实现了"零排放"，但水电的发电效率存在季节性差异，雨季的电力相对充沛，而旱季发电能力较差，这给电网带来了不稳定性因素。近年来，抽水蓄能电站开始被广泛运用，在雨季，电厂生产的电力通常无法被完全消化，但也不能被电池等储能设备储存，此时的水电厂通常会将富余电能用于抽水，将水从海拔较低的地方提升到海拔较高的地区实现储能，这一过程中的能源效率能够达到近 70%，在一定程度上解决了水电的季节性波动问题。

水电的发展相对早于其他清洁能源，因为其修建的技术研发投入要相对低于核电等其他清洁能源。但随着能源技术的逐渐提升，其在全球电力生产中的占比正在减少，这主要是由于水电极其依赖自然地理条件，并不是所有的土地上都能修建水电站。

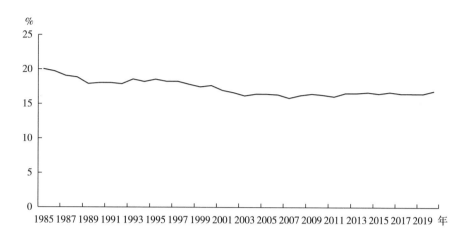

图 14 – 1　水电在全球能源中的占比

（数据来源：美国能源部）

从成本角度来看，水电目前的成本已经接近煤炭等化石能源，并在某些煤炭价格高涨的时候低于煤炭发电成本。在 2020 年，每千瓦时水电的成本仅为0.044 美元，但其较 2010 年上涨了 18%，这或许是水电占比下降的原因。但总体来看，水电仍然是全球最便宜的能源。

从绿色溢价来看，水电的绿色溢价几乎为零。一方面，水电的增长受到自然环境的掣肘，因为全球并不是所有地方都有足够的河流和水域以供水电持续维持较高水平的增长。另一方面，水电站的建设成本投入巨大，对于一般的小型私人投资者而言成本过高，建设大型水电站更是如此，因此在中国，水电的建设通常都是政府与私人资本合作。未来，水电仍然需要在清洁电力转型的过程中扮演重要的角色。

风电

风力发电通常利用风力带动涡轮叶片转动进而推动发电机发电，按风力发电机所处的位置分类通常分为海上风力发电和陆上风力发电。风力发电与水力发电类似，在其发电的生命周期内基本上不产生二氧化碳排放，属于零碳的清洁电力。但风力发电面临着周期性的波动，全球的大气流动并不稳定，从而导致风力发电的产出存在较大波动，这会显著影响电网内部的电压稳定性，因而风电通常不能作为独立的发电方式，需要匹配其他稳定的发电形式（火电、核电等）来保证电网内部电压稳定。

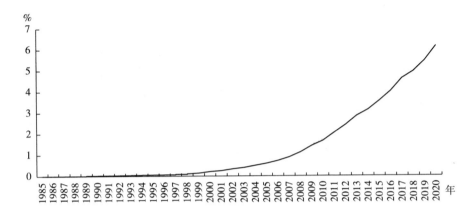

图 14 – 2　风力发电占总发电量份额

（数据来源：美国能源部）

近年来，风力发电占全球发电量的规模正在快速扩张，到 2019 年已经超过了 6%，其成本也随着技术进步以及规模效应稳步下降。根据国际可再生能源署的数据显示，2019 年，新的陆上风电场的全球加权平均电价为 0.053 美元/千瓦时，全球不同地区的每千瓦时发电价在 0.051 美元至 0.099 美元之间。在没有财政支持的情况下，成本最低的风力发电项目成本低至 0.030 美元/千瓦时。未来，成本将继续下降，风力涡轮机价格的下降尚未明显放缓，因为风力涡轮机技术的持续进步、规模经济和运维成本的降低都需要一定的时间。

2020 年，陆上风电的平准化发电成本为 0.039 美元/千瓦时，海上风电的平准化发电价格为 0.084 美元/千瓦时，两者相较 10 年前 2010 年的 0.089 美元/千瓦时和 0.162 美元/千瓦时均有较大规模的下降。这意味着对于电力企业来说，从化石燃料发电转向风电已然具有足够的吸引力。从图 14 – 3 中也可以反映出这一趋势：在进入 21 世纪后，风力发电的规模正在快速提升。在这样的大趋势下，风电已然可以在逐利而行的资本帮助下快速增加，但考虑到《巴黎协定》的紧迫目标，各国政府仍然需要辅以相应的税收优惠政策、补贴等引导性措施，加速提升风力发电装机规模。

总体来看，电力行业的零碳之路已经起步，全球清洁电力的占比已然超过 20%。且随着清洁能源占比的提升，清洁电力的绿色溢价已然在逐步降低。某

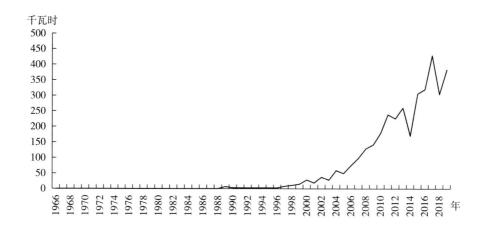

图 14 – 3　新增风力发电

（数据来源：美国能源部）

些清洁能源种类的绿色溢价已经为负，电力企业开始自发地进行转型。考虑到《巴黎协定》下的 1.5 摄氏度目标，企业的转型速度仍应加快。根据国际能源署（IEA）的数据，到 2050 年，可再生能源需要占到全球发电结构的近 90%。而在目前，这一比例仅为 29%。国际能源署的路线表明，到 2030 年，每年需要增加 630（GW）的太阳能光伏和 390（GW）的风电装机容量。

表 14 – 1　　　　　　　　　　　　各类能源成本

项目	总安装成本			容量系数			平准化发电成本		
	2020 年美元/kW			%			2020 年美元/kWh		
	2010	2020	变化	2010	2020	变化	2010	2020	变化
生物能源	2619	2543	– 3%	72	70	– 3%	0.076	0.076	0
地热能	2620	4468	71%	87	83	– 5%	0.049	0.071	45%
水电	1269	1870	47%	44	46	5%	0.038	0.044	16%
太阳能光伏	4731	883	– 81%	14	16	14%	0.381	0.057	– 85%
CSP	9095	4581	– 50%	30	42	40%	0.34	0.108	– 68%
陆上风电	1971	1355	– 31%	27	36	33%	0.089	0.039	– 56%
海上风电	4706	3185	– 32%	38	40	5%	0.162	0.084	– 48%

数据来源：国际可再生能源署。

　　在目前的负绿色溢价仍不能引导企业实现对存量火力发电厂的替代的现状

下，政府应担负起引导和推动作用。通过政策引导等方式，促进电力企业新增装机容量转向清洁能源的同时，逐步对过去低效的小火电厂进行替代。

电力行业的市场化协作以及远距离输电技术也需要进一步加强。目前储能技术尚不能支撑大规模的电力存储，这意味着超出需求的电力供给往往被浪费。通过电力的市场化运作和远距离输电能够实现不同地区电力的合理调配，尽可能地平缓供给和需求的波峰、波谷，减少电力浪费，增强电网的弹性。这同样是电力行业走向零碳之旅的重要途径。

制造业

IPCC 工作组在 2014 年的调查数据显示，工业制造业是全球第二大碳排放来源，此处讨论的制造业碳排放主要在于制造业的能源设施燃烧的化石燃料以及与能源消耗无关的化学、冶金和矿物转化过程中的排放和废物。需要强调的是，此处的制造业碳排放将发电产生的排放排除在外。

制造业内包含了很多产品的生产，不同产品生产过程中产生的二氧化碳存在较大的差异。一方面，对于大型的工业产品生产如水泥、钢材等，其生产过程中会产生大量的二氧化碳，主要来源是煤炭的燃烧。这两种产品都需要通过高温加热来实现生产，在这一过程中，电力并不能创造足够的高温，因而仍需要使用煤炭等化石燃料燃烧升温。根据 IPCC 在 2014 年的数据，钢铁制造在 2006 年排放了 2.6Gt 二氧化碳，这一数据在近些年来进一步扩大；根据 IEA 在 2009 年的数据，水泥生产过程中的燃料燃烧向大气中排放了 0.8Gt 二氧化碳，这一数据同样在持续扩大。除此之外，在化学品、纸浆和纸张等诸多工业产品的生产过程中，使用化石燃料提供能量也是其碳排放的主要来源。另一方面，在一般制造业的生产过程中能源消耗主要依赖于电力，没有直接的化石能源消耗，这意味着其迈向零碳之旅的主要解决路径在于实现清洁电力和对少量排放的二氧化碳进行碳捕集。

整体来看，加速推进制造业电气化是大势所趋。除了电气化，工业企业在用电过程中也需要尽可能地使用清洁电力而非由化石能源生产的电力。但目前显而易见的是，工业企业生产产品的绿色溢价仍然较高，其与传统产品之间的竞争仍然处于不利地位。根据中金公司的测算，钢铁、水泥、电解铝、基础化工、石油化工行业的绿色溢价比例分别为 22%、156%、34%、66%、8%。

从细分行业来看，不同的行业适用不同的解决办法。钢铁行业可以通过电弧炉替代传统的高炉炼铁，避免使用产生大量二氧化碳的焦煤，这将使得其绿色溢价的比例相对偏低。水泥行业目前则缺少确切的减碳技术，石灰石分解过程中产生的二氧化碳无法被避免，解决这一过程中产生的二氧化碳的唯一方法就是"碳捕集"。但目前碳捕集的成本仍然偏高，将相应地导致其绿色溢价远高于其他工业部门。这两个行业反映了绿色溢价处于高低两端的制造业行业面临的困境和机遇。对于已有明确的减碳路径的制造业而言，未来的核心路径在于进一步改进工艺，降低二氧化碳的排放，提升能源的利用效率，同时进一步推进电气化，提升清洁能源在工业生产过程中的占比。对于尚无明确的减碳解决方案的制造业如水泥行业，减碳一方面依赖于减少对水泥的使用，利用复合材料等其他环保材料对部分用途下的水泥进行替代；另一方面加速推进碳捕集技术的发展，碳捕集技术成本的降低将会普遍地降低所有制造业产品的绿色溢价。

交通运输业

交通运输业碳排放在全球整体碳排放中的比重相对偏低（约 14%），但其实现减碳从而达到碳中和的可能性是足够高的。因为如今全球几乎所有（95%）的运输能源都来自石油燃料，主要为汽油和柴油。从交通运输业排放的二氧化碳结构来看，公路运输排放了绝大多数的二氧化碳，其中客运排放 45.1%，货运排放 29.4%，航空运输和轮船运输分别占比 11.6% 和 10.6%，铁路由于电气化的原因其排放占比仅为 1%，管道运输占比为 2.2%，因而对于交通运输业未来的减碳目标而言，核心在于减少汽车的碳排放量，并在可能的情况下减少航空业、轮船运输的碳排放量。

交通运输业在过去一个世纪的时间里，普遍使用内燃机作为驱动的动力，其能够提供充沛的动力，但也存在着另外一个问题：效率低下，相较于大型的燃煤发电厂或是清洁能源，内燃机的效率要低于上述两种能量转换效率。这导致事实上有很大一部分能量流失，达到相同目的所需要排放的二氧化碳进一步上升。这也是为什么当今世界各国大力推进电动车的重要原因，即使是火力发电，其产生的电力驱动汽车的效率也要高于燃油车，能够排放更少的二氧化碳。

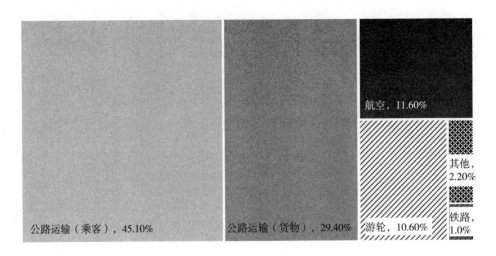

航空，11.60%

其他，2.20%

公路运输（乘客），45.10%

公路运输（货物），29.40%

游轮，10.60%

铁路，1.0%

图14-4　交通部门的碳排放占比

（数据来源：国际清洁交通委员会，国际能源机构）

对于汽车而言，加速推进电气化是其走向碳中和的重要路径。目前也有尝试使用氢燃料、乙醇燃料的汽车企业，但其占比仍然有限，在此主要讨论电动汽车。

公路运输的汽车产生二氧化碳主要来源于两个方面：一是汽车生产过程中，原材料所排放的二氧化碳；二是汽车在生命周期中排放的能源以及维护保养过程中所排放的二氧化碳。Polestar在2021年发布报告，披露了其旗下电动汽车Polestar2与沃尔沃的燃油汽车XC40之间的碳排放比较。从其数据中可以发现，在生产过程中由于电动汽车动力电池以及轻量化的设计理念导致其铝的消耗量大于燃油车，在其生产的过程中，电动汽车的碳排放量是高于燃油车的。

但如果将眼光放到汽车的全生命周期来看，就会发现电动车在全生命周期下的碳排放会明显小于燃油车，碳排放的差值则取决于电动车所使用的电力组成。如果电力都来自清洁能源，则电动车的碳排放量则很快能够低于燃油车的碳排放量。在全风能的能源组合下，极星汽车实现低于沃尔沃汽车的碳排放仅需50000公里，在化石燃料占比较高的全球能源组合下需要112000公里。因此公路运输的减碳仍然依赖于清洁的电力，这也是运输行业实现零碳目标的核心。

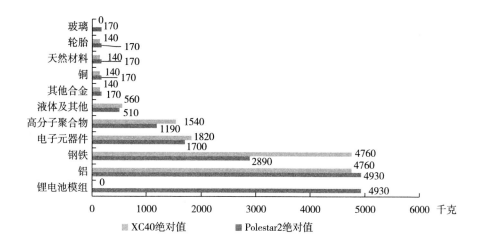

图 14 – 5 沃尔沃 XC40 与 Polestar2 车型碳排放对比

（数据来源：沃尔沃汽车公司）

从绿色溢价角度来看，目前的电动车价格普遍高于燃油车，但在使用周期上来看，电动汽车维护保养的平均成本要低于燃油车，两者全生命周期下的绿色溢价趋近于零。但目前而言，电动汽车的局限性仍然在于电池的性能限制：充电速度以及储能空间。未来的电动车企业仍然需要进一步解决这两个短板。

电池的能量密度同样是影响航空业、航运业电动化的重要障碍。为什么汽车、铁路等交通工具都相继实现了电动化而航空和航运仍未实现，这主要是受电池的能量密度限制。如果大型喷气式客机想要实现电动化，这意味着它需要携带的电池将随着它的续航快速增长，对于人类目前的航空技术而言，两者之间难以实现协调，这导致电动喷气客机在短时间内无法与公众见面。远洋货轮也面临着相同的局面，对于需要跨越上万海里的货轮来说，这需要携带巨大的动力电池，电池成本是奇高无比的，安全风险也是巨大的。因而对于这两种运输方式而言，在电池技术取得较大突破之前，生物燃料、液化氢、天然气等能源形式或许是一个更好的选择。

整体来看，对于交通运输行业而言，减碳的核心在于电气化和生物质燃料等零碳燃料的研发与使用，这一过程的核心在于实现比化石燃料更低的使用成本。从目前看来，氢燃料、生物燃料的使用成本在大多数情况下仍然高于化石燃料，居民和企业缺乏自发使用该类燃料的动力。一方面，政府需要通过环境保护政策、补贴政策等方式推动燃料转型；另一方面，从事氢燃料、生物燃料生产的企业需要进一步加强科技研发投入以不断降低燃料的使用成本。

建筑业

建筑是与人类生活息息相关的场所，而建筑业则是与人类生活密切相关的行业。作为世界上最大的经济生态系统之一，建筑生态系统对实现全球可持续发展目标发挥着重要作用。建筑生态系统是指所有住宅、商业建筑以及基础设施的整个生命周期，包括设计、材料生产、建造、使用和拆除整个环节。ESG（环境、社会和治理）则是用于衡量建筑生态系统中企业可持续发展和社会影响的重要因素，其可以在整个生态系统以及建筑物和基础设施的整个生命周期中进行评估。具体来说，一般是从空气质量、能源管理到建筑对生物多样性、废弃物和水资源影响等方面进行详细评估。将温室气体排放量分摊至整个建筑生态系统绝非易事，但如图 14 - 6 所示，建筑业直接或间接地造成了占全球燃料燃烧的二氧化碳排放量的 40% 左右、温室气体总排放量的 25%。

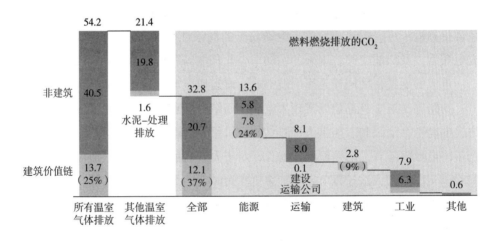

图 14 - 6   燃料燃烧排放的二氧化碳

（数据来源：麦肯锡咨询公司）

建筑生态系统的温室气体排放主要由两部分组成：约占 30% 的建筑和基础设施的原材料加工（主要是水泥和钢铁），约占 70% 的建筑运营。而建筑物寿命一般为 30 年至 130 年，如果要在 2050 年前实现减缓气候变暖的目标，那么在这些建筑和基础设施生命周期结束前就需要提前更换至更环保、低碳的新一代建筑。

在建筑生态系统整个生命周期中，设计环节是决定建筑物温室气体总排放量的关键环节，因为到施工阶段开始时，大部分影响温室气体排放的计划都已经被确定。因此，在设计行业，低碳环保的绿色建筑被越发重视。绿色建筑，也称为可持续建筑、低碳建筑，早在 20 世纪 60 年代就已被提出。自 1990 年世界首个绿色建筑标准在英国发布后，各国或地区陆续推出自己的标准。

与此同时，建筑业作为本身能耗较大的行业，建筑运营也排放了较多的温室气体，比如其所带来的建筑物内部的供暖系统、冷却系统、制冷系统的碳排放也是全球温室气体的主要来源之一。目前，家庭电器的电气化其实是负绿色溢价的，纯电动取暖和制冷设备既适用于新建建筑物又适合翻新后的老旧建筑物，而价格又比燃气动力的电器设备相对来说更便宜。但现状是电气化的电器并没有得到大规模推广，这在很大程度上是由于这一类电器的使用寿命较长，使用者没有合理的理由在电器生命周期结束前更换至更低碳环保的设备。这就需要政府采取引导措施比如从生产企业端，对生产低碳电器的企业征收更低的税收；从消费者端，给予消费补贴或者更优惠的电价。

总的来说，若要降低碳排放，从建筑生态周期的前端来看，需推进钢结构、PC 预制等装配式建筑，减少建筑原材料与能源消耗；从建筑生态周期的末端来看，则需推动建筑用能电气化和低碳化，实现制冷供热的"零碳"化。

14.3　顺应时代：企业 ESG 发展前景

随着全球化进程的不断成熟，全球商业逐渐进入平稳阶段，这意味着市场上的大多数需求已经得到满足。但这并不是皆大欢喜的好事，对于居民而言，足不出户即可购买世界各地的商品，生活水平和生活幸福度得到极大提升，这的确是一件好事；而对于企业来说，探索出未来的、潜在的利益爆发点将比以前困难很多。处于新世界，站在新阶段，企业需要新的视角、使用 ESG（环境、社会和治理）理论去创造新的价值。

ESG 即从 E（Environment 环境标准）、S（Social 社会责任）、G（Government 公司治理）三个维度探索企业的中长期发展潜力，而不是仅仅着眼于短期盈利能力。ESG 中的 E，即环境标准，包括某一公司所需的资源、吸收的能源、排放的废物，以及由此对生物的影响。尤其值得注意的是，E包括碳排放和气候变化。每家公司运营都需要使用能源和资源，每家公司都影响着环境，并受其影响。S，即社会责任，主要指企业与其开展业务所涉及的人和机构的关系以及相关的声誉，S包括劳资关系、多样性和包容性。每家企业其实都在一个广泛的、多样化的社会中运营着。G，即公司治理，是企业为自治、做出有效决策、遵守法律和满足外部利益相关者需求而采用的实践、控制和程序的内部系统。每个正常存在的公司本身都是合法的创造，都需要进行适当且适宜的治理。

越来越多的证据表明，公司在环境、社会和治理因素（即ESG）方面的业绩更有助于发展业务并取得成功。在新兴时代，以ESG为导向的投资经历了迅速的上升。目前，全球可持续投资超过30万亿美元——自2014年以来增长了68%，自2004年以来增长了十倍。其快速增长的原因在于：一是社会、政府和消费者对公司更广泛、更全面影响的关注，二是投资者和企业管理者意识到优秀的ESG评分可以保障公司的长期成功，也就是保障了未来的回报及利润。从趋势上看，ESG将对提升信息透明度、提高社会期望、加强投资者对ESG重视程度发挥积极作用。

信息透明：越来越多的科学证据显示ESG将有利于促进企业信息的透明化。例如，在一些欧洲国家，关于空气污染对健康造成损害程度的研究引发了关于是否应该监管甚至禁止内燃机的公开辩论。同样，将性别多样化的董事会与改善财务业绩联系起来的学术研究正在促使决策者和投资者就劳动力性别多样性展开辩论。与此同时，人工智能、区块链和虚拟现实等技术正在提升前所未有的行业透明度，投资者和其他利益相关者能够借此跨越公开报道的环境、社会和治理信息，探寻企业内部数据。

社会期望：无论是制定立法的决策者、做出购买选择的消费者，还是决定为某些公司工作的员工，这些无论影响力大小的人都可以对公司盈利能力的强弱产生直接或间接的影响。但值得注意的是，决策者的主观行动意愿越来越强。例如，在德国，政府决定到2038年逐步淘汰煤炭发电；与此同时，消费者的态度也在转变——对可持续产品和服务的需求正在上升。根据最近的波士顿咨询公司（BCG）的分析，72%的欧洲消费者更喜欢环保包装产品，46%的全球消费者表示在选购时更看重环保理念而不是品牌。在消费品包装行业，企业生态论坛最近的一项调查发现，可持续产品占 2013 年至 2018 年市场增长的 50%，在此期间占美元市场份额的 16.6%。

投资期望：投资者重视 ESG，因为站在其角度，每位投资者都希望自己可以投资到长盛不衰的企业。近年来，越来越多的投资者从 ESG 的角度评估公司，并使用结果为投资组合构建提供信息参考和决策建议。万得（Wind）资讯平台也在今年推出了 ESG 数据库，除此之外，还有一些评级机构与数据库正在积极搭建 ESG 系统。

当前，ESG 正在快速普及。需要明确的是，ESG 并不只是一种潮流，而是可以真正带来价值的评价标准。如上段"社会期望"中提到的，在可接受范围内的绿色溢价中，客户更愿意为"绿色环保"付费。根据麦肯锡咨询公司的调查数据显示，在汽车、建筑、电子和包装类别等多个行业购买情况调查中，超过 70% 的消费者表示，如果绿色产品符合与非绿色替代品相同的性能标准，他们将愿意额外支付 5% 的费用。这一消费者行为无疑将为企业带来利润。其次，E（环境标准）的推行可以大大降低成本。以 3M 公司为例，自 1975 年其启动"污染预防付费"（3P）计划以来，总计节省了约 22 亿美元。该计划涉及重新制定产品、改进制造流程、重新设计设备以及回收和再利用生产中的废物。联邦快递则计划将有着 3.5 万辆燃油车的车队全部转换为电动或混合动力发动机。到目前为止，已转换了 20% 的车辆，减少了 5000 多万加仑的燃料消耗。不仅如此，ESG 还可以提升企业员工生产力。一家有较好环境记录的公司可以更容易吸引和留住高素质的员工，通过灌输使命感来激励他们，并提高生产力。据调查，员工满意度与股东回报是呈正相关的。伦敦商学院的亚历克斯·埃德曼斯发现，在超过 25 年的时间里，进入《财富》杂志"100 家最佳工作公司"名单的公司，每年的股票回报率比同行高出 2.3%~3.8%。此外，人们长期以来一直认为，不仅有满意度，而且有联系感的员工表现得更好。

14.4 气候经济：从利益先行到细水长流

根据《中国气候变化蓝皮书 2020》，在 1951—2019 年，中国年平均气温每 10 年升高 0.24℃，升温速度明显高于同期全球平均水平。控制碳排放已成为全球的共识，2015 年 12 月巴黎气候大会上通过的《巴黎协定》旨在督促缔约各方尽快达到碳达峰，尽早实现碳中和，以控制全球平均气温相比工业化之前 2℃以内的升幅。

　　站在全球层面，1990—1994 年《联合国气候变化框架公约》下全球开始正式合作，明确了国际合作应遵守公平原则、共同但有区别责任原则等一系列准则，明确了发达国家率先采取行动的顺序。在框架下，发达国家与发展中国家一道各行其职，避免发展中国家减碳导致经济发展倒退的问题。气候问题是人类必须共同面对的问题，不能被某些利益体作为工具限制其他国家/地区的发展。为此，自愿减排，尽力而为是首选。当前，多个国家在给出碳减排承诺和碳中和目标后纷纷采取行动。排除疫情影响，观察 2019 年数据可知，相较于 2017 年全球二氧化碳排放量增幅 1.5%、2018 年增幅 2.1%，2019 年二氧化碳排放量为 0.6%，增幅趋势已放缓，表示全球碳减排行动已有些许成效，但部分国家减排速度缓慢，各国仍需加大行动力度并继续落地执行。

　　气候经济是以气候为基准考量的经济体。纵观人类文明，从亚当·斯密到凯恩斯，每一个时代的经济学家都在研究如何推动经济增长。几乎没有人思考过经济增长背后的环境问题。经济学家总是考虑长期问题，这个长期看来是远远不够的，凯恩斯说从长远看，我们都已死去。如果只看自己的一生，那么就无法称之为长期。气候经济学必须立足于真正意义上的可持续发展。过往，宏观的经济增长、微观的投资回报率是首要目标；今天，这一目标不会改变，只是加入了可持续发展的要素，变成可持续的经济增长以及可持续的投资收益。两者相比，可持续的发展增速可能不及前者，但可以做到细水长流，让人类命运生生不息。气候经济下人类需要全面转换思维模式，让可持续发展与经济增长并行。站在长期，人类行为会进入新的高度，从认准投资回报率到细水长流，稳定的收益、更强的幸福感将重于快速但短暂的资本积累，这是对全社会固态思想的一种推翻。细水长流意味着回报率在短时间内低、投资周期长等一系列问题。气候经济是人类思想的进步，是当前人类责任担当的体现。为了后世代的生生不息，社会的决策均应该考虑对环境的影响。

第 15 章　气候变化下的未来

　　广义的全球化在大航海时代前就存在。人类诞生初期，不同的文明对天空、太阳、月亮都有着不同的理解。直到跨越大陆，人类才逐渐明白各族人民享有的是一个太阳。大气的流通、海洋的连通都表明地球居民享受的环境是共享的而非地区独有。人类可以在自己的领土上标识航空识别区，但是无法限制头上的云飘到别的国家去。世界环境的贯通也使得全球污染的扩散不具有局限性。2019 年，美国加州的山火导致邻近地区均受到烟雾污染。地区之间的隔断只存在于思想意识，而非物理。维护好自己管辖区域内的环境就是在维护全人类赖以生存的生态环境，相反，污染破坏自己的土地也将带来全球生态环境的退化。2020 年初，在全球范围暴发的新冠肺炎疫情就是一个典型案例。科技加速下的人口流通助长病毒在全球范围内快速传播。站在今天，面对自然灾害，人类依旧无力。目前，人类有足够先进的地震预警系统可以帮助灾害发生地区减少人员伤亡，但无法避免楼房倒塌等一系列经济财产损失。在自然灾害冲击下，人类能做的似乎只有保全人力资源用于后续重建工作。人类应该重新思考环境、思考全球化，如何在新的框架下继续进步是每个人需要思考的问题。

　　近年来，清洁技术已经出现巨大进步：在即使没有政府的激励措施或碳排放价格的前提下，一些新的绿色技术与传统的替代品相比，已经具有相当的成本竞争力。例如，在发电领域，太阳能〔每兆瓦时 29 美元至 42 美元（MWh）〕和风能（每兆瓦时 26 美元至 54 美元）的平准化成本通常比天然气（每兆瓦时 44 美元至 73 美元）的成本便宜，后者近年来一直是成本最低的碳氢化合物选择。彭博社 NEF 估计，目前在全球约三分之二的人口生活的地方，可再生能源是其最便宜的新发电来源。同样，锂离子电池组的成本已从 2010 年的每千瓦时（kWh）超过 1100 美元降至 2020 年的每千瓦时不到 150 美元，到 2030 年可能还会降至每千瓦时 75 美元以下。预计 2025 年之前，电池组成本将实现里程碑式的突破——低至 100 美元。这样，乘用车领域所有电动汽车车型的估计总拥有成本将与美国内燃机汽车相当。即使在石化等成熟行业中，现代蒸汽裂解装置排放的二氧化碳（CO_2）也不超过更过时的资产的一半，效率更高，每吨成本更低。这些技术都在说明绿色科技正在成为趋势。当下，社会要做的就是给予绿色产业创造价值的机会以及创造价值必要的条件。

低碳背景下的价值创造

纵观历史的长河，人类对未来的技术转变或大规模变革等并没有充分思考并做好准备：1876 年，电报公司（Western Union）的一份内部备忘录得出结论——电话永远不会成为严重的威胁；莱特兄弟在基蒂霍克（Kitty Hawk）起飞前大约两个月，《纽约时报》预测，成功的"飞行器"距离地球还有 100 万到 1000 万年；就在数字技术推动的现代颠覆性变革席卷全球之前，小型计算机领导者数字设备公司（Digital Equipment Corporation）的创始人肯·奥尔森（Ken Olson）认为，任何个人都没有理由拥有家用电脑。如今，在绿色转型的趋势下，很多人表达了同样的思想。绿色溢价让许多事情在短期内望尘莫及，长期会是怎样则没有充分的预测。但清晰的是，提前介入、提前准备才可以创造价值。

以汽车业为例，2000 年初，电动汽车还是遥不可及的产品。电池价格、安全性、充电速度让媒体和民众一度认为电动汽车终将是富人的玩具而非普通居民的交通工具。诞生初期，新能源汽车价格远高于传统燃油车，这让多数人觉得遥不可及。这一幕与当时骑马的人看到第一辆燃油汽车的场景不胜相似。而如今，新能源汽车已经成为一大主流趋势，特别是在中国，新能源汽车的技术已经遥遥领先于全球。

从目前数据看，剔除 2019 年末至 2020 年 5 月期间疫情效应的影响，新能源乘用车产量自 2016 年以来上涨较快，其中 2018 年下滑的重要原因为受新能源汽车退补政策影响。

通过观察资本市场可以看出市场预期的调整以及投资新能源汽车产业的回报率。资本市场对新能源汽车的看法是爆发式的，单从特斯拉公司的股价看，人们也许会说这是天方夜谭，其股价在过去数年中一直平淡无奇却突然拔地而起，更像是突然被点火发射的火箭升空。其实，特斯拉股价的飞速攀升并不是

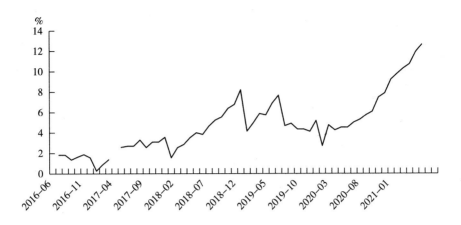

图 15 - 1　新能源乘用车占总产量比例

(资料来源：Wind)

平白无故的。特斯拉公司在 2016 年 4 月 1 日 11 点发布了 Model 3 车型，基础售价 35000 美元。这一售价重新定义了新能源车的消费群体，亲民的价格让普通消费者更加愿意尝试。在开放官网预定之前，仅靠门店排队预定，Model 3 的订单数量已经超过 11. 5 万辆。2021 年 12 月，特斯拉 Model 3 基础款在中国官网的售价为 25. 56 万元人民币。同期，宝马三系轿车起步价为 29. 39 万元人民币，奔驰 C 级轿车起步价为 32. 52 万元人民币，奥迪 A4 轿车起步价为 30. 68 万元人民币。相比传统燃油车，除了豪华程度相对较弱以外，电动车有着更加环保的特性、廉价的使用成本、主动行车安全的技术。

改变不可能思维

部分人会认为新能源的种种设想是不可能的，这是因为他们是以自己成长的时代为背景，而在思考时默认一切将会维持现状。如果一切均如这些人所愿，那么绿色转型确实困难重重。现实中，每一秒钟世界都在发生着改变，在这一秒钟内，全球有新的技术诞生、有新的生命诞生。无法与时俱进是因为人类个体还未进入生物数字化时代。在地球环境逐渐恶化、人类生存空间日益缩小的压力下，绿色转型必须是可能的、有效的。为了维持可能性，人类必须从多方面入手，让思绪固化的问题活跃起来，以达到目标为目的向前推进。

在当前社会下，政府、企业、居民三者必须充分联合。首先，政府需要创造充分的条件让企业在能力范围内向绿色转型；其次，政府必须提供可以进行公平竞争的市场，在这样的市场上，企业的预期利润可以被满足；最后，居民对环境保护需要有基本的认识。在这样的背景下，良好的环境会促使企业自主进行绿色转型，企业的产出也将被消费者认可，供需结合，才有可能长治久安、细水长流，达到本来被认定为不可能的目标。

改变规则

在上一章节中，绿色溢价的问题被充分讨论。绿色溢价是实现绿色转型最大的困难。比如在比尔·盖茨的《气候经济与人类未来》中提到的：美国国内航空燃油的平均售价为每加仑 2.22 美元，在可获得的情况下用于飞机的生物燃料价格为平均每加仑 5.35 美元，那么就存在 3.13 美元的绿色溢价，溢价幅度超过 140%。如果使用生物燃料，绿色溢价将会被转嫁到最终消费者——乘客身上。从需求端来看，乘客希望保护环境但又无力承受高昂的溢价，这对绿色溢价的承受方来说是矛盾的；从供给端来看，比较优势下传统商品提供商占据了价格的绝对优势，这使得普通的环保型企业无法生存（大型企业可以通过不断技术升级降低成本，但这需要大量时间）。只要绿色溢价存在，那么普通企业就会在很长一段时间内把握价格优势，这一情况很可能导致绿色创新动能下降，最终走向消亡。

多数思考的参照物是存在误差的，在这里也一样。普通航空燃油与清洁航空燃油达到的目的是一样的：把飞机上的乘客从一处送往另外一处。如果使用清洁航空燃油则意味着达到同样的目的却花了更大的代价，这在一定程度上可以被看作是效率的降低。但是，这一看法是短视的、不公平的。首先，两者在短期创造的价值相同，但在远期则大不相同。前者会加速气候恶化，最终夺走人类生存的权利；后者则可以帮助人类维持长久的生存权利。其次，清洁航空燃油成本高是因为其科技含量更高。如果用时尚连锁服装店内购买的西服与在香榭丽舍大道购买的西服相比，可能只能发现它们本质都是西服，但背后的价值却大有不同。传统商品与绿色商品也是如此，在对比之前人们就已经知道绿色溢价会让商品失利。为了改善这一误区，首先需要保证"同类竞技"，某公司生产的环保航空燃油应该与其他公司生产的环保航空燃油作对比，在能达到共同效用的背景下进行对比才是正确、有效的。

公平竞争

只要绿色溢价存在，环保企业就会面临压力。树立长期的绿色低碳目标就必须扶持环保企业的成长，消除绿色溢价将有助于市场充分、公平竞争。碳排放交易的出现类似一种平衡手段，它将绿色溢价的成本转移到了传统行业，在一定程度上削弱了环保企业与传统企业之间的差距。

近年来，全球各国都在推进碳排放权交易的形成。2021 年，中国在上海挂牌成立了上海环境能源交易所，实现了对二氧化碳排放权的交易。其他发达国家也开始对碳排放权进行定价交易，欧盟、英国都拥有自己的碳排放权交易市场。为何需要对碳排放权进行定价和交易？

从表面上来看，碳市场的交易能够促进企业减少碳排放以降低自身产品的生产成本，遏制企业向大气中排放大量二氧化碳的行为。

其背后的深层次逻辑在于抹平同一件产品中的传统产品和绿色产品之间的绿色溢价。同一件商品采取无碳或者低碳的生产方式通常面临着更高的成本，这对于尝试进行绿色转型的生产企业而言是不公平的，因为他们做出了尝试却还要处于竞争劣势的地位。政府的调节作用在此时开始显现。政府通过建立碳市场，将碳排放权进行交易。这意味着传统商品生产者的生产成本因为碳排放权而上升了，生产绿色商品的企业则无须购买碳排放权，这使得两种商品的成本趋近于相同，两家企业重新站在相同的市场价位进行竞争。碳排放权的交易是政府引导市场的产物，也是碳中和之路上不可缺少的调和剂。

中国政府针对汽车推出的新能源积分也是同样的思路，对于仍然生产汽油车的企业，中国政府扣除其新能源积分，而生产电动车的企业则根据电动车的产量、规模等因素给企业加上新能源积分。大众汽车 2020 年向生产电动汽车的五菱汽车、特斯拉购买了大量的新能源积分以填补其积分空缺，据市场人士透露，新能源积分售价约 3000 元/分，生产一辆燃油车消耗的积分为 2～3 分，而生产一辆新能源车获得的积分也大致相似。中国政府的这一指导方式将推动车企向新能源方向转型。在积分制下，售价较高的新能源车在这一过程中实质上降低了生产成本，从而能够与燃油车相抗衡。

根据麦肯锡的报告，随着政府的推动和企业减碳意愿的增加，碳信用的需求到 2030 年会增长至少 15 倍，到 2050 年会增长 100 倍。同时，到 2030 年，全球碳信用额的年需求可能高达 1.5 亿至 2.0 亿吨二氧化碳（$GtCO_2$）；到 2050 年，碳信用额可能高达 7 亿至 13 亿 $GtCO_2$。

根据 2021 年自愿碳市场状况的数据，截至 2021 年 8 月 31 日，自愿碳市场已经实现 2.482 亿美元的销售额、2.393 亿个信用额，每个信用额为一吨二氧化碳当量，同时反映了 2021 年 9 月的交易量比 2020 年业绩（1.882 亿个信用额）增长 27%。

碳市场的壮大有助于部分无法实现生产环节零碳的企业如水泥企业实现其零碳目标，即向提供碳捕集服务的公司购买碳排放权或是碳积分，也有助于提升使用绿色技术企业的产品竞争力，加速全行业的绿色转型，最终走向零碳之路。

金融市场助力减排

中国人民银行在 2021 年 6 月 24 日的研究报告称，当前投向清洁能源产业的绿色贷款占比不足 27%，未来仍有极大提升空间。"到 2060 年，清洁能源占比将从目前的不足 20% 逐步提升至 80% 以上，这一过程离不开金融尤其是绿色贷款的大力支持。"中国人民银行研究局表示，金融机构应聚焦碳达峰、碳中和目标，制订明确具体的绿色贷款业务发展规划，重点支持技术领先、有国际竞争力的清洁能源等领域的企业和项目。2020 年以来，绿色贷款持续增长。据人民银行统计，截至 2020 年末，全国绿色贷款余额达 11.95 万亿元，在人民币各项贷款余额中占 6.9%，比年初增长 20.3%，全年贷款增加 2.02 万亿元。

近年来，中国绿色债券市场迅速扩张，整体总计达 2352 只。结构上，目前绿色债券的主要投向为污染防治、清洁交通、生态保护、节能、资源节约与循环利用、清洁能源。从信用主体上看，这些债券均为高信用评级。其中，国有大型企业债券居多，且 78% 评级为 AAA 级。绿色债券的收益率与普通债券差异不大，而由于绿色债券的评价体系还很不完善，因此市场对普通企业绿色债券的接受程度尚可，但对于中小企业、信用评级稍差企业的绿色债券接受程度较低。尤其对于中国而言，中小企业应是零碳之路上不可缺席的角色，因为中小企业创造了中国大多数的就业机会及就业增量，创造了中国 GDP 的 60%。金融市场对绿色债券的接受程度应当进一步加强，绿色债券应当进一步覆盖中国的大多数企业而非以国有企业为主；金融市场内部协会、监管机构应完善绿色债券的顶层设计，明确区分绿色债券与非绿色债券；政府应当对绿色债券提供一定的税收减免支持。

2020 年，国内泛 ESG 公募基金数量已达到 127 只，是迄今为止增长最快的一年。但目前来看，ESG 公募基金的市场份额不到 3%，仍具有较大的增长空间。一方面，监管方应加快对 ESG 基金项目的审批，以及在税收等方面提供一定的优惠支持，推动 ESG 公募基金保持快速增长。另一方面，应当充分调动居民积极性，让个人投资者享受到绿色经济带来的时代红利，吸引个人投资者资金投入 ESG 公募基金。大多数居民对于绿色环保的积极性从支付宝推出的蚂蚁森林便可见一斑。在五年时间里，蚂蚁森林累计带动超过 6.13 亿人参与低碳生活，累计种下 3.26 亿棵树。将绿色标的向广大居民开放，有助于进一步为减碳转型企业提供充足的资金，同时，也让居民从减碳转型过程中获得投资回报。

充分发挥政府的引导和带头作用。目前，全球主流的主权财富基金都将可持续发展作为其投资的考量因素之一，尤其是挪威和阿布扎比一类基金来源于化石燃料开采的主权财富基金。中国的主权基金应带头扩大在绿色金融项目上的资产，中国目前的主权财富基金规模已经达到世界第二，仅中投公司总资产已破万亿美元，外汇局和社保基金还持有超过近 7000 亿美元资产。主权基金扩大对绿色金融资产的购买有助于促进绿色金融的壮大，同时带动其他公募私募基金进入这一领域。

参 考 文 献

［1］余瑾毅．武汉市卫健委通报肺炎疫情［EB/OL］．武汉市卫健委通报肺炎疫情 湖北日报数字报，余瑾毅，2020 – 01 – 01．（2020 – 01 – 01）［2022 – 01 – 11］．https：//epaper. hubeidaily. net/pc/content/202001/01/content _ 15040. html.

［2］国务院新闻办公室．《抗击新冠肺炎疫情的中国行动》白皮书［EB/OL］．（受权发布）《抗击新冠肺炎疫情的中国行动》白皮书，新华网，2020 – 06 – 07．（2020 – 06 – 07）［2022 – 01 – 11］．http：//www. xinhuanet. com/politics/2020 – 06/07/c_ 1126083364. htm.

［3］苗延波．货币简史：从货币的起源到货币的未来［M］．北京：人民日报出版社，2018.

［4］何盛明．财经大辞典［M］．北京：中国财政经济出版社，2013.

［5］张翼，蒋晓宇．1550—1830 年中国白银流入及其影响．PBC Working Paper，No. 2020/11.

［6］张杰．货币白银化与明代社会变革［EB/OL］．中国社会科学网，中国社会科学杂志社［2022 – 01 – 11］．http：//ex. cssn. cn/zx/bwyc/201908/t20190816_ 4958058. shtml.

［7］兰德尔·雷．现代货币理论：主权货币体系的宏观经济学［M］．北京：中信出版集团，2017.

［8］陶婧．议布雷顿森林体系的成立背景及其对最初计划的偏离［J］．贵州大学学报：社会科学版，2005，23（1）：43 – 48.

［9］泰国的货币制度和货币政策［EB/OL］．泰王国驻华大使馆商务处［2022 – 01 – 11］．http：//cn. thaicommerce. cn/newsitem/276528708.

［10］罗维晗．金融的可持续发展性与全球化［EB/OL］．金融的可持续发展性与全球化（Traditional Chinese Edition），Amazon，2020 – 11 – 22.

（2020 – 11 – 22）［2022 – 01 – 11］. https：//www. amazon. com/% E9% 87% 91% E8% 9E% 8D% E7% 9A% 84% E5% 8F% AF% E6% 8C% 81% E7% BB% AD% E5% 8F% 91% E5% B1% 95% E6% 80% A7% E4% B8% 8E% E5% 85% A8% E7% 90% 83% E5% 8C% 96 – Traditional – Chinese – Weihan – Luo – ebook/dp/B08P153SCM.

［11］王国刚，林楠. 中国外汇市场 70 年：发展历程与主要经验［J］. 经济学动态，2019（10）：3 – 10.

［12］钟浙雨. 中国汇率制度变迁及原因分析［J］. 中国国际财经（中英文），2017（4）：133 – 134.

［13］段钢. 发展理论的人类需求分析［J］. 思想战线，2001，27（4）：106 – 110.

［14］李克强. 政府工作报告——2015 年 3 月 5 日第十二届全国人民代表大会第三次会议［J］. 中华人民共和国全国人民代表大会常务委员会公报，2015（2）：191 – 205.

［15］国务院. 国务院关于印发《中国制造 2025》的通知［EB/OL］. 国务院关于印发《中国制造 2025》的通知（国发〔2015〕28 号）_ 政府信息公开专栏，中华人民共和国中央人民政府，2015 – 05 – 08.（2015 – 05 – 08）［2022 – 01 – 11］. http：//www. gov. cn/zhengce/content/2015 – 05/19/content_ 9784. htm.

［16］钱进.《中国制造 2025》“1 + X”规划体系全部发布［J］. 工程建设标准化，2017（2）：21 – 21.

［17］商务部. 我国已签署共建“一带一路”合作文件 205 份，中国一带一路网，2021 – 01 – 30.（2021 – 01 – 30）［2022 – 01 – 11］. https：//www. yidaiyilu. gov. cn/xwzx/gnxw/163241. htm.

［18］新华社. “一带一路”上的标志性工程［EB/OL］.（全球连线）“一带一路”上的标志性工程，环球网，2021 – 11 – 20.（2021 – 11 – 20）［2022 – 01 – 11］. https：//3w. huanqiu. com/a/78fa3c/45fDBie0kYY？agt = 20&tt_ group_ id =7032590098197643807&log_ from =2afbbc285dd9b_ 1637404258130.

［19］招商武汉. RCEP 政策解读之关税减让篇，武汉市商务局，2021 – 05 – 12.（2021 – 05 – 12）［2022 – 01 – 11］. http：//sw. wuhan. gov. cn/zfxxgk/zc/zcjd/202105/t20210512_ 1683482. shtml.

［20］黄顿．国家邮政局发布并解读《2020 年 6 月中国快递发展指数报告》，中国政府网，2020 – 07 – 10．（2020 – 07 – 10）［2022 – 01 – 11］．http：//www. gov. cn/xinwen/2020 – 07/10/content_ 5525588. htm.

［21］经济参考报．DHL 快递白皮书：全球 B2B 电商交易量将大涨［EB/OL］．Dhl 快递白皮书：全球 B2B 电商交易量将大涨，中国中小企业信息网，2021 – 04 – 01．（2021 – 04 – 01）［2022 – 01 – 11］．https：//sme. miit. gov. cn/gjhzpd/gjjj/art/2021/art_ e3232cbff3f3404fac1e0c4847b5b9b0. html#.

［22］李玉文，徐中民，王勇，焦文献．环境库兹涅茨曲线研究进展［J］．中国人口·资源与环境，2005（5）：11 – 18.

［23］Jia H, Liu L, Li Y. 一刀切合适么？再检验中国类污染排放物的环境库兹涅茨曲线［J］．中国会计与财务研究，2021，23（3）.

［24］钟茂初，张学刚．环境库兹涅茨曲线理论及研究的批评综论［J］．中国人口·资源与环境，2010，20（2）：62 – 67.

［25］吴玉鸣，田斌．省域环境库兹涅茨曲线的扩展及其决定因素——空间计量经济学模型实证［J］．地理研究，2012，31（4）：627 – 640.

［26］马俊卿．新华国际时评：中美联合宣言为全球气候治理注入信心，新华网，2021 – 11 – 12．（2021 – 11 – 12）［2022 – 01 – 11］．http：//www. news. cn/world/2021 – 11/12/c_ 1128059734. htm.

［27］GATES B. 气候经济与人类未来：比尔·盖茨给世界的解决方案［M］．北京：中信出版集团，2021.

［28］陈迎，巢清尘．碳达峰，碳中和一百问［M］．北京：人民日报出版社，2021.

［29］MARC L. Economic growth and the business cycle：Characteristics, causes, and policy implications［EB/OL］．EveryCRSReport. com, Congressional Research Service, 2007 – 07 – 05．（2007 – 07 – 05）［2022 – 01 – 11］．https：//www. everycrsreport. com/reports/RL34072. html.

［30］COOLEY T F, PRESCOTT E C. 1. economic growth and business cycles［J］．Frontiers of Business Cycle Research, 1995：35 – 38.

［31］Africa C D C. Africa Identifies First Case of Coronavirus Disease：Statement by the Director of Africa CDC. 2020［J］．2020.

［32］ Sylvers E, Legorano G. As virus spreads, Italy locks down country ［J］. Wall Street Journal. Retrieved, 2020, 20.

［33］ AL JAZEERA. Saudi locks down Qatif as coronavirus surges in the Gulf ［EB/OL］. Coronavirus pandemic News ｜ Al Jazeera, 2020 – 03 – 08. (2020 – 03 – 08) ［2022 – 01 – 11］. https：//www. aljazeera. com/news/2020/3/8/saudi – locks – down – qatif – as – coronavirus – surges – in – the – gulf.

［34］ Yap J C, Stancati M. Chuin – Wei (20 March 2020). California Orders Lockdown for State's 40 million Residents ［J］. Wall Street Journal.

［35］ NBC CHICAGO. Wisconsin governor issues order closing businesses ［EB/OL］. NBC Chicago, 2020 – 03 – 24. (2020 – 03 – 24) ［2022 – 01 – 11］. https：//www. nbcchicago. com/news/coronavirus/wisconsin – governor – issues – order – closing – businesses/2243503/.

［36］ RITCHIE H, MATHIEU E, RODÉS – GUIRAO L, et al. Coronavirus pandemic (COVID – 19) – the data – statistics and Research ［EB/OL］. Our World in Data, 2020 – 03 – 05. (2020 – 03 – 05) ［2022 – 01 – 11］. https：// ourworldindata. org/coronavirus – data.

［37］ SYLVERS E, LEGORANO G. As virus spreads, Italy locks down country ［EB/OL］. The Wall Street Journal, Dow Jones & Company, 2020 – 03 – 09. (2020 – 03 – 09) ［2022 – 01 – 11］. https：//www. wsj. com/articles/italy – bolsters – quarantine – checks – after – initial – lockdown – confusion – 11583756737.

［38］ Cuthbertson A. Coronavirus：France imposes 15 – day lockdown and mobilizes 100000 police to enforce restrictions ［J］. Independent, 2020.

［39］ WIRES N. Germany outlines plan for scaling back Coronavirus Lockdown ［EB/OL］. France 24, 2020 – 04 – 06. (2020 – 04 – 06) ［2022 – 01 – 11］. https：//www. france24. com/en/20200406 – germany – outlines – plan – for – scaling – back – coronavirus – lockdown.

［40］ INDIATODAYIN. Coronavirus in India：277 Indians from Iran reach Jodhpur ［EB/OL］. India Today, 2020 – 03 – 25. (2020 – 03 – 25) ［2022 – 01 – 11］. https：//www. indiatoday. in/india/story/novel – coronavirus – covid19 – latest – news – update – india – lockdown – confirmed – positive – cases –

deaths – uk – usa – italy – iran – china – 1658922 – 2020 – 03 – 24.

［41］Calfas J, Stancati M, Yap C W. California orders lockdown for state's 40 million residents ［J］. Wall Street J, 2020.

［42］USA GOV. Advance Child Tax Credit and economic impact payments – stimulus checks ［EB/OL］. USA Gov, 2022 – 01 – 04. （2022 – 01 – 04）［2022 – 01 – 11］. https：//www. usa. gov/covid – stimulus – checks.

［43］UK lockdown：What are the new coronavirus restrictions? ［EB/OL］. The Guardian, Guardian News and Media, 2020 – 03 – 23. （2020 – 03 – 23）［2022 – 01 – 11］. https：//www. theguardian. com/world/2020/mar/23/uk – lockdown – what – are – new – coronavirus – restrictions.

［44］Stewart H, Mason R, Dodd V. Boris Johnson orders UK lockdown to be enforced by police ［J］. The Guardian, 2020.

［45］Quantitative easing ［EB/OL］. Bank of England, Bank of England ［2022 – 01 – 11］. https：//www. bankofengland. co. uk/monetary – policy/quantitative – easing.

［46］TREASURY H M. Recovery loan scheme ［EB/OL］. GOV. UK, 2021 – 10 – 27. （2021 – 10 – 27）［2022 – 01 – 11］. https：//www. gov. uk/guidance/recovery – loan – scheme? priority – taxon = 774cee22 – d896 – 44c1 – a611 – e3109cce8eae.

［47］Women in the workplace 2021 ［EB/OL］. McKinsey & Company, 2021 – 11 – 02. （2021 – 11 – 02）［2022 – 01 – 11］. https：//www. mckinsey. com/featured – insights/diversity – and – inclusion/women – in – the – workplace.

［48］Jablonska J. Seven charts that show COVID – 19's impact on women's employment ［J］. McKinsey. March 2021, 8.

［49］Irwin D A. The rise of US anti - dumping activity in historical perspective ［J］. World Economy, 2005, 28 （5）：651 – 668.

［50］Eichengreen B. Globalizing capital ［M］. Princeton University Press, 2019.

［51］Maddison A. Growth and interaction in the world economy ［J］. The Roots of Modernity, Washington D. C. , 2005.

［52］ Federico G, Tena – Junguito A. A tale of two globalizations: gains from trade and openness 1800 – 2010 ［J］. Review of World Economics, 2017, 153 (3): 601 – 626.

［53］ Sneader K, Singhal S. And now win the peace': Ten lessons from history for the next normal ［J］. McKinsey & Company Report, 2020.

［54］ Paytas J, Gradeck R, Andrews L. Universities, and the development of industry clusters ［M］. Carnegie Mellon University, Center for Economic Development, 2004.

［55］ Ketels C H M. Industrial policy in the United States ［J］. Journal of Industry, Competition and Rade, 2007, 7 (3): 147 – 167.

［56］ Global Value Chain Development Report 2019: Technological Innovation, Supply Chain Trade, and Workers in a Globalized World (English). Washington, D. C.: World Bank Group.

［57］ Kagermann H, Wahlster W, Helbig J. Securing the future of German manufacturing industry: Recommendations for implementing the strategic initiative INDUSTRIE 4. 0 ［J］. Final Report of the Industrie, 2013, 4 (0).

［58］ Lorenz M, Rüßmann M, Strack R, et al. Man and machine in industry 4. 0: How will technology transform the industrial workforce through 2025 ［J］. The Boston Consulting Group, 2015, 2.

［59］ Önday Ö. What would be the impact of Industry 4. 0 on SMEs: The case of Germany ［J］. International Journal of Management, 2018, 7 (2): 11 – 19.

［60］ Kalsoom T, Ramzan N, Ahmed S, et al. Advances in sensor technologies in the era of smart factory and industry 4. 0 ［J］. Sensors, 2020, 20 (23): 6783.

［61］ Waschneck B, Altenmüller T, Bauernhansl T, et al. Production Scheduling in Complex Job Shops from an Industry 4. 0 Perspective: A Review and Challenges in the Semiconductor Industry ［C］ //SAMI@ iKNOW, 2016: 1 – 12.

［62］ Germany: 1, 500 workers test positive for covid – 19 at meat – processing plant; companycriticised for "failure" to protect workers ［EB/OL］. Business & Human Rights Resource Centre, 2020 – 06 – 23. (2020 – 06 – 23) ［2022 – 01 – 11］. https: //www. business – humanrights. org/en/latest – news/germany –

1500 – workers – test – positive – for – covid – 19 – at – meat – processing – plant – company – criticised – for – failure – to – protect – workers/.

[63] LUCIA M. U. S. factory activity slows; COVID – 19 resurgence hits workers [EB/OL]. Reuters, 2020 – 12 – 02. (2020 – 12 – 02) [2022 – 01 – 11]. https://www. reuters. com/article/usa – economy – idUSK-BN28B5SE.

[64] Peru: Despite of thousands of Mine Workers Contract COVID – 19, government moves to reopen economy [EB/OL]. Business & Human Rights Resource Centre, 2020 – 08 – 13. (2020 – 08 – 13) [2022 – 01 – 11]. https://www. business – humanrights. org/de/neuste – meldungen/peru – despite – of – thousands – of – mine – workers – contract – covid – 19 – government – moves – to – reopen – economy/.

[65] How the mining industry in Australia responded to covid – 19 [EB/OL]. NS Energy, 2021 – 02 – 26. (2021 – 02 – 26) [2022 – 01 – 11]. https://www. nsenergybusiness. com/features/australia – mining – covid – response/.

[66] JACK G, MICAH L. Shipping disruption: Why are so many queuing to get to the US? [EB/OL]. BBC News, 2021 – 10 – 16. (2021 – 10 – 16) [2022 – 01 – 11]. https://www. bbc. com/news/58926842.

[67] CANELA A, CARLUCCIO J, DAMPIERRE G de, et al. How covid – 19 has accelerated changes in the B2B sales landscape in Brazil [EB/OL]. McKinsey & Company, 2020 – 12 – 23. (2020 – 12 – 23) [2022 – 01 – 11]. https://www. mckinsey. com/business – functions/marketing – and – sales/our – insights/how – covid – 19 – has – accelerated – changes – in – the – b2b – sales – landscape – in – brazil.

[68] Global supply chains in a post – pandemic world [EB/OL]. Harvard Business Review, 2021 – 11 – 23. (2021 – 11 – 23) [2022 – 01 – 11]. https://hbr. org/2020/09/global – supply – chains – in – a – post – pandemic – world.

[69] Supply Chains in a post – pandemic world [EB/OL]. BLG, 2021 – 06 – 15. (2021 – 06 – 15) [2022 – 01 – 11]. https://www. blg. com/en/insights/2021/06/supply – chains – in – a – post – pandemic – world.

［70］ Weber E U. What shapes perceptions of global warming ［J］. Wiley-
Interdiscip Rev.：Climate Change, 2010, 1：332 – 342.

［71］ Lockwood Mike. 2010 Solar change and climate：an update in the light of
the current exceptional solarminimum Proc. R. Soc. A. 466303 – 329.

［72］ Lean J L. Cycles and trends in solar irradiance and climate ［J］. Wiley
interdisciplinary reviews：climate change, 2010, 1（1）：111 – 122.

［73］ The causes of climate change ［EB/OL］. NASA, 2021 – 11 – 30.
（2021 – 11 – 30）［2022 – 01 – 11］. https：//climate. nasa. gov/causes/.

［74］ Pachauri R K, Allen M R, Barros V R, et al. Climate change 2014：
synthesis report. Contribution of Working Groups I, II and III to the fifth assessment
report of the Intergovernmental Panel on Climate Change ［M］. Ipcc, 2014.

［75］ Saqib M, Benhmad F. Updated meta – analysis of environmental Kuznets
curve：Where do we stand? ［J］. Environmental Impact Assessment Review, 2021,
86：106503.

［76］ Bulte E H, Van Soest D P. Environmental degradation in developing
countries：households and the（reverse）Environmental Kuznets Curve ［J］. Jour-
nal of Development Economics, 2001, 65（1）：225 – 235.

［77］ Kaufmann R K, Davidsdottir B, Garnham S, et al. The determinants of
atmospheric SO_2 concentrations：reconsidering the environmental Kuznets curve
［J］. Ecological economics, 1998, 25（2）：209 – 220.

［78］ Naradda Gamage S K, Hewa Kuruppuge R, Haq I. Energy consumption,
tourism development, and environmental degradation in Sri Lanka ［J］. Energy
Sources, Part B：Economics, Planning, and Policy, 2017, 12（10）：910 – 916.

［79］ ul Haq I, Zhu S, Shafiq M. Empirical investigation of environmental
Kuznets curve for carbon emission in Morocco ［J］. Ecological Indicators, 2016,
67：491 – 496.

［80］ Ozturk I, Al – Mulali U. Investigating the validity of the environmental
Kuznets curve hypothesis in Cambodia ［J］. Ecological Indicators, 2015, 57：
324 – 330.

［81］ Yu J. Re – examination of "Pollution Haven" or "Pollution Halo" Effect on Foreign Direct Investment ［C］//Foutth International Conference on Economic and Business Management, 2019, 106: 1 – 5.

［82］ Moore T R, Matthews H D, Simmons C, et al. Quantifying changes in extreme weather events in response to warmer global temperature ［J］. Atmosphere – ocean, 2015, 53 (4): 412 – 425.

［83］ Kang L, Ma L, Liu Y. Evaluation of farmland losses from sea level rise and storm surges in the Pearl River Delta region under global climate change ［J］. Journal of Geographical Sciences, 2016, 26 (4): 439 – 456.

［84］ Hanewinkel M, Cullmann D A, Schelhaas M J, et al. Climate change may cause severe loss in the economic value of European forest land ［J］. Nature climate change, 2013, 3 (3): 203 – 207.

［85］ Melvin A M, Larsen P, Boehlert B, et al. Climate change damages to Alaska public infrastructure and the economics of proactive adaptation ［J］. Proceedings of the National Academy of Sciences, 2017, 114 (2): E122 – E131.

［86］ Douglass A R, Newman P A, Solomon S. The Antarctic ozone hole: An update ［J］. 2014.

［87］ Agreement P. Paris agreement ［C］//Report of the Conference of the Parties to the United Nations Framework Convention on Climate Change (21st Session, 2015: Paris). Retrieved December. 2015, 4: 2017.

［88］ NDCRegistry ［EB/OL］. Latestsubmissions, Unfccc, 2022 – 01 – 11. (2022 – 01 – 11) ［2022 – 01 – 11］. https: //www4. unfccc. int/sites/NDCStaging/Pages/LatestSubmissions. aspx.

［89］ Drummond A, Hall L C, Sauer J D, et al. Is public awareness and perceived threat of climate change associated with governmental mitigation targets? ［J］. Climatic change, 2018, 149 (2): 159 – 171.

［90］ Bergquist M, Nilsson A, Schultz P. Experiencing a severe weather event increases concern about climate change ［J］. Frontiers in psychology, 2019, 10: 220.

［91］ Cowell A. Britain Drafts Laws to Slash Carbon Emissions ［J］. The New York Times, 2007.

［92］ Thackeray S J, Robinson S A, Smith P, et al. Civil disobedience movements such as School Strike for the Climate are raising public awareness of the climate change emergency ［J］. 2020.

［93］ Drummond A, Hall L C, Sauer J D, et al. Is public awareness and perceived threat of climate change associated with governmental mitigation targets? ［J］. Climatic change, 2018, 149 （2）: 159 – 171.

［94］ Knight K W. Public awareness and perception of climate change: a quantitative cross – national study ［J］. Environmental Sociology, 2016, 2 （1）: 101 – 113.

［95］ Agriculture and climate change ［EB/OL］. McKinsey & Company, 2020 – 04 – 01. （2020 – 04 – 01） ［2022 – 01 – 11］. https://www. mckinsey. com/ ~ /media/mckinsey/industries/agriculture/our% 20insights/reducing% 20agriculture% 20emissions% 20through% 20improved% 20farming% 20practices/agriculture – and – climate – change. pdf.

［96］ Sustainably securing the future of Agriculture ［EB/OL］. Sustainably securing the future of agriculture, BCG, 2019 – 11 – 01. （2019 – 11 – 01） ［2022 – 01 – 11］. https://image – src. bcg. com/Images/Sustainably_ securing_ the_ future_ of_ agriculture_ tcm9 – 235756. pdf.

［97］ Game changers since 2009 ［EB/OL］. Go Green Agriculture ［2022 – 01 – 11］. https://www. gogreenagriculture. com/Home/.

［98］ Call for action: Seizing the decarbonization opportunity in construction ［EB/OL］. McKinsey & Company, 2021 – 07 – 15. （2021 – 07 – 15） ［2022 – 01 – 11］. https://www. mckinsey. com/industries/engineering – construction – and – building – materials/our – insights/call – for – action – seizing – the – decarbonization – opportunity – in – construction.

［99］ The green premium ［EB/OL］. Breakthrough Energy, ［2022 – 01 – 11］. https://www. breakthroughenergy. org/our – challenge/the – green – premium.

［100］ TEAM E M I. Voluntary Carbon Markets Rocket in 2021, on track to break $ 1B for firstTimePress release ［EB/OL］. Ecosystem Marketplace, 2021 –

09 – 15. (2021 – 09 – 15) [2022 – 01 – 11] . https：//www. ecosystemmarket-place. com/articles/press – release – voluntary – carbon – markets – rocket – in – 2021 – on – track – to – break – 1b – for – first – time/.